フランス会計の展開

複式簿記の生成から現代

仁木久惠

千倉書房

フランス会計の展開
―複式簿記の生成から現代―
目次

目　　次

序　章 …………………………………………………………………… 1

第1部　歴史にみるフランス会計の特徴 …………………… 3

第1章　フランス会計制度の展開 ………………………………… 5

Ⅰ　はじめに …………………………………………………………… 5

Ⅱ　複式簿記の生成から発展 ………………………………………… 6
　1．ルカ・パチョーリと複式簿記 …… 6
　2．スンマの内容とヴェネツィア式簿記の特徴 …… 16
　3．トスカーナ地方と複式簿記 …… 33
　4．メディチ銀行 …… 49

Ⅲ　フランスにおける法と会計の歴史 ……………………………… 72
　1．リヨン市手形交換所規則 …… 72
　2．フランス商事王令 …… 76
　3．ナポレオン商法典 …… 91
　4．1867年会社法 …… 97
　5．1914年所得税法および1917年所得税法 …… 98

Ⅳ　おわりに ………………………………………………………… 100

第2章 プラン・コンタブル・ジェネラル（PCG）の制定と変遷……103

Ⅰ　はじめに……103

Ⅱ　PCGの制定と普及……104
  1. 会計標準化とPCG 1947年版……104
  2. PCG 1957年版……108

Ⅲ　EC会社法第4号指令とPCGの改正……111
  1. PCG改正への始動……111
  2. EC会社法第4号指令原案と修正案……114
  3. イギリス会社法の「真実かつ公正な概観」およびその導入……117
  4. 「離脱」要請の規定……122

Ⅳ　PCG 1982年版……123
  1. PCG 1982年版の特徴……123
  2. 「正規性」と「誠実性」の解釈……124
  3. 「忠実な概観」の解釈……128
  4. 「離脱」の解釈……132
  5. 1983年EC第4号指令調和化法と商法改正……135

Ⅴ　PCGと連結会計基準……137
  1. EC会社法第7号指令と連結会計基準……137
  2. 制度改革―経済の急速な変化と拡大への対応―……139
  3. PCG 1999年版……141

Ⅵ　PCGとIFRS……143
  1. EC規則とIFRS……143
  2. PCGとIFRSのコンバージェンス……145
  3. フランスにおけるIFRSの適用……147
  4. 会計基準機構（ANC）の設立の意義……150

Ⅶ　おわりに……151

目次　iii

第2部　今日のフランス会計 …………………………………… 155

第3章　資産の定義と分析 ……………………………………… 157

　Ⅰ　はじめに ……………………………………………………… 157

　Ⅱ　資産の定義 …………………………………………………… 158
　　1．PCGにおける資産の定義 …… 158
　　2．PCG 1999年版における資産の定義 …… 159

　Ⅲ　資産の定義改正への国家会計審議会における審議過程の分析 … 161
　　1．審議への予備ノート …… 161
　　2．中間報告書（rapport d'étape）1999年12月 …… 164
　　3．意見書草案 …… 167
　　4．資産の定義、計上および評価に関する意見書 No. 2004-15 …… 175

　Ⅳ　PCG 2004年　資産の定義改正 ……………………………… 176
　　1．資産の定義、計上および評価に関する規則 2004-06　2004年 …… 176
　　2．新定義の特徴 …… 179
　　3．資産の要件 …… 183
　　4．新定義の例示による解説 …… 187
　　5．PCGとIAS/IFRSの資産の定義の比較 …… 189

　Ⅴ　おわりに ……………………………………………………… 192

第4章　無形固定資産の会計基準上の発展 …………………… 195

　Ⅰ　はじめに ……………………………………………………… 195

　Ⅱ　PCGにおける無形固定資産勘定の分析 …………………… 196
　　1．1957年版PCG …… 196
　　2．1982年版PCGおよび1986年連結規定 …… 200

  3. 1999 年版 PCG …… 202
  4. 連結会計規則 CRC99-02 …… 205

 Ⅲ PCG および連結会計規則 CRC99-02 の 2004 年改正 …………… 207

  1. PCG 2004 年改正 …… 207
  2. 識別可能性 …… 208
  3. 連結会計規則 CRC99-02 の改正 …… 211

 Ⅳ IAS38 における無形資産 ……………………………………………… 213

  1. のれんと無形資産 …… 213
  2. 識別可能性 …… 215
  3. 自己創設無形資産 …… 219
  4. IAS/IFRS 適用によるフランス企業への影響 …… 221

 Ⅴ おわりに ……………………………………………………………… 224

第 5 章 研究開発費の特性と会計規定 …………………… 227

 Ⅰ はじめに ……………………………………………………………… 227

 Ⅱ OECD フラスカティ・マニュアル ………………………………… 228

  1. OECD とフラスカティ・マニュアル …… 228
  2. 研究開発の区分と定義 …… 229
  3. 研究開発の区分の例示 …… 232

 Ⅲ 研究開発費の資産性と繰延処理 …………………………………… 234

  1. PCG 1957 年版 …… 234
  2. 1970 年代における国家会計審議会の問題提起 …… 236
  3. フラスカティ・マニュアルの影響 …… 237
  4. 研究開発費の特性と会計処理方法の提案 …… 240
  5. 1970 年代の審議のまとめ …… 244

 Ⅳ 研究開発費の資産計上の容認 ……………………………………… 246

  1. PCG 1982 年版 …… 246
  2. EC 会社法第 4 号指令と国内法化 …… 253
  3. PCG 1999 年版 …… 257

　　　　　　　　　　　　　　　　　　　　　　　　　　　目　次　v

　Ⅴ　IAS/IFRS と PCG ……………………………………………… 261
　　　1．PCG 2004 年改正 …… 261
　　　2．将来の経済的便益の蓋然性 …… 272
　　　3．無形資産認識規準における「蓋然性」…… 275
　　　4．内部創設無形資産 …… 277
　Ⅵ　おわりに ………………………………………………………… 278

第6章　研究開発費の先行実態調査 …………………………… 281

　Ⅰ　はじめに ………………………………………………………… 281
　Ⅱ　無形資産におけるフランスの特徴 …………………………… 282
　　　1．慎重性と秘匿性の国別比較 …… 282
　　　2．無形資産の計上状況における国別比較 …… 288
　Ⅲ　IAS/IFRS 適用による無形資産への影響 …………………… 293
　　　1．無形資産およびのれんの増減 …… 293
　　　2．のれんの増減に関する企業別データ …… 298
　Ⅳ　研究開発費の会計処理に関する先行実態調査 ……………… 303
　　　1．フランス企業の研究開発費の資産計上状況 …… 303
　　　2．研究開発費の資産計上と投資情報の関連性 …… 311
　Ⅴ　IAS/IFRS 適用による研究開発費の会計への影響 ………… 314
　　　1．IAS38 の初度適用による研究開発費の会計への影響 …… 314
　　　2．IAS/IFRS 初度適用時の影響に関する企業別事例 …… 319
　　　3．企業会計基準委員会（ASBJ）による欧州企業の事例分析調査 …… 326
　Ⅵ　おわりに ………………………………………………………… 330

終　　章 ……………………………………………………………… 333

参考文献 ……………………………………………………………… 339

資 料

資料 1　L'Oréal ·· 353
資料 2　Hermès International ··· 355
資料 3　Chanel S. A. S. ·· 358
資料 4　LVMH ··· 359
資料 5　Sanofi-Aventis ··· 361
資料 6　PSA Peugeot Citroën ·· 364
資料 7　Renault ·· 365
資料 8　花王株式会社、カネボウ株式会社 ································ 367
資料 9　資生堂株式会社 ·· 370
資料10　ソフトバンク株式会社 ·· 371
資料11　武田薬品工業株式会社、トヨタ自動車株式会社、
　　　　日産自動車株式会社、三菱自動車工業株式会社 ·············· 373

# 序　章

　会計にも国により特色が少なからずある。文化や経済環境により影響を受けるためだ。フランス会計の特質はいかなるものか、それはどのようにして備わってきたのか。歴史を遡り、その発展過程を分析することは、フランス会計の特徴の解明に役立ち、会計の持つ普遍的な意義を見出すことにもなる。

　フランスの会計の歴史は古く、法制化や制度化の面でも世界に先駆けて実施された。中央集権の国としての建国思想は法制の統一にも反映し、延いては会計制度の制定にも影響を及ぼすものだった。やや大きすぎる観点からの会計の捉え方かもしれないが、「統一的」「一元的」であることを常に念頭におくフランスの姿勢は会計にも影響を及ぼしているのではないかと思う。欧州においてはドイツやイタリアのように19世紀になりようやく一国にまとまった国や、現在も連邦制や連合王国制により地方分権が色濃く表れる国があり、フランスのような歴史を持つ国は珍しい。

　第1部は、複式簿記の生成から現在のフランス会計基準（プラン・コンタブル・ジェネラル、以下 PCG：Plan Comptable Général と表す）の制定までを歴史的に考察する。第1章は、複式簿記の生成からフランスへの伝播と普及を焦点に、フランス会計の特性の萌芽を考える。さらに法制度の確立に伴う会計の発展を法規定から検証するものだ。第2章では、PCG の制定、その後の EC 会社法指令による国際的調和や、国際財務報告基準（以下、IAS/IFRS：International Accounting Standards/International Financial Reporting Standards と表す）へのコンバージェンス（一つの焦点や目的に向かって集まっていくことから、収斂や収束と和訳される）という新たな転換期について考察するものである。

　第2部は、IAS/IFRS へのコンバージェンスのための PCG 改正を焦点とし、研究開発費の定義の改正およびその影響を分析する。EU は、2005年から域内の上場企業の連結計算書類に IAS/IFRS を適用することを定めた。この EU 規則は、加盟国に国内会計基準の改正まで要請するものではなく、個別計算書類および非上場企業の連結計算書類については各国の裁量に委ねた。その中で、

フランスは国内基準の改正というあえて難しい道を選び、改正作業に着手したのである。この改正は容易ではなく、非常に長い審議を要した。ここからもIAS/IFRSが持つアングロ・サクソン的特徴に対峙するフランスの会計制度の特徴が浮き彫りとなる。

そして多くの改正点の中でも研究開発費を取り上げ考察する。近年、科学技術力の重要性は広く認識され、企業の研究開発活動への支出は増加し続けている。このような状況にありながら、研究開発費の会計上の取り扱いは、資産計上と費用処理に大別され、会計基準間の差異が大きい項目として挙げられている。企業規模および活動範囲はますます国際化しており、会計情報の比較可能性からも、研究開発費の会計処理の調和化は大きな論点である。

研究開発費に関する会計基準の考察には、研究開発費が属する無形固定資産、およびその上位に位置する資産の規定の検討も必要である。資産および無形固定資産の定義も、IAS/IFRSへのコンバージェンスに際して改正された。規定の変遷過程を検証することもまた、フランスの会計基準の特徴を明確にする。

これらの視点から、第3章「資産の定義と分析」、そして第4章「無形固定資産の会計基準上の発展」を検討するものである。

第5章では、フランス会計基準の特徴を踏まえた上で、「研究開発費の特性と会計規定」を検討する。研究開発費に関して、フランスでは1970年代に議論が始まり、徐々に整備されてきた。審議開始当初は、研究開発の区分の検討、研究開発の特性、および研究開発費の資産性について議論された。ここで議論された事項は、今日の論点に通ずるものであり、研究開発の本質を非常に深く分析しており注目すべきである。

第6章では、「研究開発費の先行実態調査」を検討することにより、研究開発費に関する諸会計規定が機能しているか、またそのような計算書類が会計情報として有用であるかを概観する。各章における考察から、研究開発への支出の適切な会計処理方法を歴史的、理論的、実践的かつグローバルな観点により検討するものである。

第1部
歴史にみるフランス会計の特徴

第1章
フランス会計制度の展開

I　はじめに

　複式簿記なくして、会計は語れない。複式簿記が生成されて約500年経つが、現在も世界中で用いられている。複式簿記を超えるものはまだ現れない。ゆえに複式簿記は完全な原理、あるいは完全な体系を有すると言われている。いかにしてこの革新的発明が成されたのか発展過程を検証することは非常に興味深いものである。

　本章では、なぜ左右対照に書くのか、なぜ貸方と借方と呼ぶのかなど簿記の授業初日に抱く疑問の解明をはじめ、複式簿記発祥の地であるイタリア半島の状況を現存する古文書により分析する。そして、イタリア半島からフランスへはどのようなルートで伝播されたのか推察し、フランス会計の原点を探求するものである。

　フランスの会計用語では複式簿記生成期の用語がいまだに使われている。貸借を示す «débit, crédit» «devoir, avoir»、そして「大きな帳面（grand livre）」という意味の元帳など、言葉の由来も歴史により解明される。また、フランス会計の特徴と称されるさまざまな点も長い歴史の間に培われてきたことが判明する。今日のフランス会計基準を理解する上で歴史的探究は極めて有益である。

II 複式簿記の生成から発展

1. ルカ・パチョーリと複式簿記

　会計の記録は、多くの古代遺跡から発掘されている。現代に至る複式簿記は、会計記録の古文書から、中世後期イタリアにおいて生成されたと考えられている。複式簿記のシステムは、ある日誰かが考案したものではなく、経済活動の中で一歩ずつ進化していったものだ。その生成過程の背景には、13世紀のイタリアの経済発展がある。その頃イタリアでは、商業活動の規模が著しく拡大し、それに伴い信用取引も増え複雑になった。それらの信用取引から生ずる債権債務を記録し把握する必要から人名別の勘定が生まれた。そして、会計実務が発達していく中で複式簿記が誕生し、発展を遂げたのである。

　長い年月をかけ発展した複式簿記のシステムであるが、何をもって「複式簿記」と言うのか、その歴史を見ていくときには重要な点となる。債権債務の備忘記録から始まり、貸借の概念を持ち、それを左右対照に記すことを複式簿記の起源とするならば、すべての取引を複式記帳し、帳簿を締め切り、損益を導きだすことを、複式簿記の完成と捉えることができる。したがって、イタリアにおける複式簿記の生成過程を検証する場合、どの段階の複式簿記を指しているのか、注意することが必要である。

　現存する古文書のみをもとに、複式簿記の起源が推定できるものではないが、そのような会計記録が証拠であることに異論はなく、いくつかの起源説が提唱されている。イタリアと一言で言おうにも、当時はイタリアという統一国家があったわけではなく、イタリア半島には多くの都市国家が存在していた。それぞれの都市国家において発展した産業も異なれば、商慣習も異なり、多様なものであった。そのようなイタリア半島の状況の中で、複式簿記の起源は、トスカーナ説、ジェノヴァ説、ロンバルディア説、ヴェネツィア説、そして同時説[1]に分類されている。それぞれの説は、例えばジェノヴァ説であれば、複式簿記はジェノヴァを起源とし、ジェノヴァから各都市に伝播したとするもの

である。しかし、これらの諸地域説の裏付けとなる会計帳簿には勘定や帳簿の種類に差異が見られることや、元帳を示す帳簿の呼称一つとっても地域により異なることなどから、一都市を起源として伝播したのではなく、同時期に各都市で複式簿記が生成されていったと考えられる。これが同時説と呼ばれるものである。また、それらの起源説からはそれぞれが同じ過程を経ながら複式簿記の完成に向かって発展していったのではないことがわかる。各都市国家において発達し形成された産業や経済のシステムの違いから、必要とされる会計情報も異なり、複式簿記の発展過程も同じではなかった。

古文書によれば、ヴェネツィア説を除く3地域説の裏付けとなる会計帳簿は、いずれも13～14世紀のものであり、それに対し現存するヴェネツィアの会計帳簿は15世紀のもので、時代がやや遅い。その観点からは、複式簿記の起源をヴェネツィアに求めるのは難しい。しかし、今日、「複式簿記といえばヴェネツィア」と言われるほど、両者の関連を知る人は多い。それは、15世紀末、ヴェネツィアにて出版されたルカ・パチョーリ（Luca Pacioli）[2]の著書が鍵となる。1869年、奇しくもイタリア統一の前年、ミラノの会計アカデミーにおいて、ルッキーニ教授（Pr. E. Lucchini）が、1494年に出版された会計に関する書物を発見したことを報告した[3]。それがパチョーリの著書であり、長い間忘れ去られていたものであった。しかしながら、その時以来、崇め奉られるような会計の書となり、会計史の表舞台に再帰したのである。

そのパチョーリの著書の中で、当時ヴェネツィアで行われていた会計実務に基づき、複式簿記が解説されている。パチョーリ自身は、「複式簿記」[4]という

---

[1]　Roover（de）［1974］page 120. 片岡［1988］32ページ。同時説は、1956年、ドゥ・ルーヴァー（Roover, Raymond de）により主張された。
[2]　ラテン語表記では Lucas Paciolus であり、また単数形の Pciolo パチョーロという表記もあるが、本書では Pacioli パチョーリを用いる。
　　パチョーリの呼称については、諸説あるが、「スンマ」の著者名として表記されているのは、「サン・セポルクロ村の修道士ルカ（ラテン語で Fratris Lucas de Burgo Sancti Sepulchri）」であり、多くの古文書には「修道士ルカ（Fra Luca）」と署名されている。
[3]　Degos［1998］page 54.

言葉を使っておらず、「ヴェネツィア式」と述べている。このことから、おそらく当時はまだ「複式簿記」という言葉が生まれていなかったか、あるいは定着していなかったと推測することができる。または、「ヴェネツィア式」という意味には、帳簿組織や転記方法などを含む広い範囲を指すものだったとも考えられる。しかし、いずれにせよ内容は「複式簿記」に他ならない。

　同書は、出版直後から大変な反響を呼んだ。このヴェネツィア式簿記が近代会計に多大な影響を及ぼしたことに異論の余地はなく、高名な数学者であった修道士ルカこと、ルカ・パチョーリは、今日、複式簿記に関する著述で名を馳せることとなった。

・ルカ・パチョーリ

　1494年、ルカ・パチョーリは、複式簿記を論述し、印刷出版した。複式簿記に関する世界で最初の出版物である。1445年頃（1445年から1450年の間）、イタリア中部のトスカーナ地方のサン・セポルクロ村（Borgo San Sepolcro）に生まれたパチョーリは、10代のなかばに、すでに数学の才能を認められていた。同郷で画家としても有名なピエロ・デラ・フランチェスコから数学を学び、また彼により、生涯にわたり庇護を受けることになるウルビーノ公にも紹介された。1464年から6年間、数学の修学のために、当時の大都市ヴェネツィアに赴いた。数学の講義に出席するかたわら、下宿先の大商家の3人の子息の数学の家庭教師を勤めた。その商家での滞在により、彼は貿易実務を中心とする商務を身につけたと言われる。主人の商用の旅行にもたびたび同行したようであり、また彼が子息達に教えていた数学も商人が必要とする実用数学だった。この商家への下宿が、アカデミックな数学の書だけでなく、商業数学や複式簿記を著述するきっかけとなったのである。

　1470年に初めて数学論を書き、その後ルネサンス文化の中心であったフィ

4　1540年、ドメニコ・マンゾーニ（Domenico Manzoni）が著書名に、「複式帳簿（Quaderno doppio）」という用語を使用したのが最初であり、その後「複式（伊語 partita doppio、仏語 partie double）」という言葉が使用されるようになった。

レンツェでの滞在を経てローマに赴いた。ローマでは、後に法王ユリウス2世となるデラ・ローヴェレをはじめ、学識の高いインテリ層やそれをサポートする上流階級の人々と交流を深めた。この頃、20代後半でカトリックのフランチェスコ派の修道士となった。修道士は当時、高い教養を身につけた知識人でもあり、修道士の中でもとりわけ学僧となることは学術研究のためにも有益なことであった。

　そのような学僧は、大学で教鞭をとることも務めの一環であり、パチョーリもまた、ペルージア、フィレンツェ、ピサ、ナポリ、ローマ、ミラノ、ボローニャなど各地の大学で数学を教授した。このように次々と大学に招聘されたことから、彼の数学教育法が大変評価されており、有名な数学教授であったことがうかがえる[5]。また、一定の地に留まらなかったことは、土地により異なる慣習を体験することになり、これは商習慣の差異の言及に役立つことにもなった。

　他方、修道院は宗教上の組織としての役割に加え、当時においては経済活動の一端を担う大きな組織でもあった。ワインをはじめとする食品、手工芸品の生産や販売、また所有地から上がる地代や小作人料などにより収入をあげていたのである。このような修道院の経済活動からも会計実務は必要とされており[6]、パチョーリも修道院という経済活動を行う組織の一員として、商業数学や簿記に関心を示していたことであろう。修道士という立場であっても、決して実務界から無縁ではなかった。

　1490年に故郷に戻ると、彼の4冊目の著書となる数学の集大成の書の執筆に取り掛かった。そして、1494年、ヴェネツィアにて出版されたのが「算術、幾何、比、および比例の全書[7]」だ。一般に「スンマ（Summa）」（全書）と呼ばれ、文字通り数学の百科事典的な著作であり、600ページを超える[8]大著であ

---

[5] 三浦［2012］205ページ。
[6] パチョーリの後、ベネディクト派の修道士、ピエトラ（Pietra, Angelo）が「会計係への指導書（Indirizzo degli Economi）」を1586年に出版し、修道院の会計について解説した。同書はまた、非営利団体の会計分野での最初の出版物である。Chatfield and Vangermeersch［1996］page 463.

る。同書の一部に商業実務への応用となる数学も編纂され、また複式簿記に関する論述も含まれている。それゆえ、スンマは数学の書でありながら、会計史上でも重要な書物として位置づけられている。

その後、幾何学および立体幾何学を解説した「神聖な比率（Divina Proportione）」を執筆し、1509年に出版された。友人であったレオナルド・ダ・ヴィンチが描いた多面体の図形が挿入図として用いられていることでもよく知られる著書である。

パチョーリは1517年に故郷の村で生涯を終えるが、その後、1523年にスンマの第2版[9]が出版された。

・数字と複式簿記

数学者が著した数学の本の一節に、簿記が解説されていることに最初は違和感を覚えるが、この点は当時の数学や学校教育の状況を知ることにより理解することができる。

紀元前から13世紀頃まで、ヨーロッパにおける数学はもっぱら幾何学であった[10]。幾何学の起源はエジプトのナイルの氾濫を防ぐための土地測定[11]

---

[7] 原題は"Summa de Arithmetica, Geometria, Proportioni et Proportionalita"、フランス語訳は"Somme d'Arithmétique, de Géométrice, des Proportions et de la Proportionnalité"

[8] 余白もなく小さな字でぎっしりと書かれている。PIN［1993］page 165 によれば、現代の字組（タイプ・セット）に換算すると、1,500ページ以上となるそうだ。

当時は、紙1枚（1葉）を1フォリオ（foglio, folio）とし、それを二つ折りにして製本していたため、1フォリオで現在の2ページに相当する。現代の外国文献では、1フォリオをページ表（page recto）とページ裏（page verso）と表現して解説していることが多い。

[9] 1494年の初版初刷の後、2刷、3刷がある。初版時に、パチョーリは当時としてはまだ珍しかった著作権をヴェネツィア政府に申請し、10年の著作権が認可されている。第2版は、その著作権の期限後、印刷されたものである。第2版の方が、縮約語が少なくなり、初版より読みやすくなっている。第2版の刊行は、同書の売れ行きが良かったことを示すものである。

なお、本書では、第2版を参考文献として使用している。

[10] Baudet［2014］page 103.

[11] 幾何学という言葉は、「地球」と「測定」を意味するギリシャ語の geo-metry に由来する。

第 1 章　フランス会計制度の展開　11

だったと言われ、その後は哲学的な側面から幾何学が論ぜられていた。他方、アラブではインド数字を用いることにより、算術や代数学が発達していた。

　このインド・アラビア数字[12]のヨーロッパへの伝播と普及が、ヨーロッパの数学を大きく変えることになった。インド・アラビア数字とは、インド発祥の1から9までの九つの数字と位取りの記号「0（ゼロ）」によるものである。これらの組み合わせと10進法により、すべての数を表現することができる。さらに、このインド・アラビア数字により、四則計算を紙に書いて行うことも可能となる。今では当たり前のことであるが、ローマ数字を用いていたヨーロッパでは、簡単な四則計算ですら計算過程を示しながら計算することができず、加減算も計算盤を使用しなければならなかった。

　インド・アラビア数字は、9世紀にアラブ人数学者、ムハンマド・イブン・ムーサ・アル＝クワリズミ（Muhammad ibn Musa Al-Khwarizmi）[13]が著した数学の書で紹介され、12世紀には同書がラテン語に翻訳されヨーロッパにもたらされた。しかし、その時はインド・アラビア数字の普及には至らなかった。その後、1202年にイタリア人数学者のレオナルド・フィボナッチ（Leonardo Fibonacci）[14]が、著書「算術の書（Liber abaci）」[15]の中で、インド・アラビア数字とそれを用いた計算法を紹介した。フィボナッチの著述の目的は、科学者のみならず一般の人々にもインド・アラビア数字と基礎的な算術を伝えることにあった[16]。まさにこの書によって、イタリアにインド・アラビア数字が徐々に

---

[12] インドが発祥だが、アラブ人も用いていたため、今日ではアラビア数字と呼ばれている。当時のアラブ商人は、すでに地中海交易実務で、インドの数字と10進法を用いていた。
[13] Baudet [2014] page 84.
　　名前の日本語表記では、アル＝フワーリズミーという表記もある。また、彼の名前はアルゴリズムの語源でもある。
[14] イタリアの都市、ピサ出身なので、「レオナルド・ピサーノ（Leonardo Pisano）」、あるいは「ピサのレオナルド（Leonardo de Pisa）」とも呼ばれる。
[15] ラテン語の"abaci"は、"abacus"の複数形であり、当時使われていた計算盤の板の部分を示す言葉である。そのため、「算板の書」という訳もある。しかし、この書では、「それらの計算盤に替わり、紙に数字を書いて計算する」という意味で用いられたものである。
[16] Sigler [2002] page 4.

広まり、人々は計算盤を用いずとも計算を行うことが可能になった。

「算術の書」は、基礎的な算術から平方根や立方根に至るまでの代数学を論じたものであるが、他方で商業数学ともいえる実務問題の代数学的解答を説明していることにも注目したい。商品の仕入、販売、交換、出資による組合（英訳では companies）と利益配分、さらに貨幣の合金（alloying of monies）などの解説である。これらの項目は、フィボナッチがアルジェリアの地でアラブの数学を学ぶと同時に、アラブ人との交易を通して身につけたことが基になっている。商務上の実経験があったからこそ、商人が必要とする実務的な代数学を著すことができたのである。この「算術の書」の構成と内容は、300年後のパチョーリの「スンマ」にも大きな影響を与えている。

インド・アラビア数字を知った商人は、これを大いに活用したことと推察される。インド・アラビア数字は取引の記録を容易にし、桁をそろえた金額欄を設けて、合計額を計算することを可能とした。ローマ数字は数を表現するものであり、計算するための数字ではなかった。そのため、書き間違いも見つけにくく、単純な加算すら容易ではなかった。インド・アラビア数字はローマ数字とは比べ物にならない有用なものであり、おそらくそれらの取引記録は、会計記録へと導かれるものであっただろう。

しかし、このように会計には非常に適したインド・アラビア数字であるが、古文書によれば会計記録に用いられたのは、ようやく14世紀になってからであり、金額欄に用いられたのは、15世紀になってからである。それは、インド・アラビア数字の字形が一定の明確な形で伝播していなかったことや、改ざんの問題が理由として挙げられ、1299年フィレンツェで発せられた「両替商組合規定（Statuto dell'Arte del Cambio）」に例を見ることができる。数字の改ざんの容易さを理由に、銀行および両替商の会計帳簿にインド・アラビア数字を使用することを禁じる内容だった。当時の銀行帳簿は、銀行内部の資料としてのみならず、公的な文書として取り扱われていたためである。

多くの帳簿などの会計資料が古文書として現存しているが、これは裁判所に提出された書類として管理保存されたものが多いことによる。債権債務の記録を中心に商取引の記録は公証人により公文書として作成され、係争の折には証

拠書類として用いられていた。しかし、経済の発達と共に商取引の数は増加し、公証人による書類作成では追い付かなくなった。そこで、まず銀行の会計書類が証拠として用いられ、さらに商人自身が作成する元帳などの会計記録も、証拠書類として用いられるようになった。したがって、数字の改ざん問題が残るインド・アラビア数字は、会計記録にはその使用がすぐには認められず時間を要することとなったのである。余白を残さず清書された会計書類にはローマ数字で記されているが、インド・アラビア数字と算術を学んだ商人がその数字を使って商務を行っていたであろうことは推察しうるものである。

　古文書の資料によると、1340年ジェノヴァの財務帳簿は日付、ページ数、金額などすべてローマ数字である。1390年代のロンバルディアでの元帳は、ページ数や年号の一部はインド・アラビア数字だが、金額など他の数字の表記はローマ数字である。1400年代に入ると、ヴェネツィアの元帳には、年を追うごとにインド・アラビア数字が多く用いられるようになり、1436年のヴェネツィアの海運商人バドエル（Badoer, Giacomo）の元帳において、ページ数、日付、金額等すべてがインド・アラビア数字で記入されるに至った。会計書類への普及には、フィボナッチの著書から200年以上の年月を要したことになる。

　次に、インド・アラビア数字の普及が複式簿記の誕生に起因していたか否かについてだが、債権債務の増減を備忘記録として左右対照あるいは上下対照に記録する勘定の誕生を複式簿記の誕生とするのであれば、インド・アラビア数字の普及との関係は見られない。先に検証したように、インド・アラビア数字を知ることにより会計記録をつけるようになり、複式簿記が誕生したわけではなく、商人達はすでに債権債務をローマ数字により左右対照に記録していたのである。インド・アラビア数字は、複式簿記の発達および完成には大きく寄与したであろうが、複式簿記の誕生には直接影響を与えたとは考えられない。

　むしろローマ数字の計算への不適合性から、左右に分ける形式で貸借の欄を設け、すべてを加算により把握しようとしたのではないかと考えられる。複式簿記生成初期の帳簿は元帳に直接記入する方式であり、債権債務を把握することを目的としたものであったに過ぎない。引算を避けるための方策から考えられた記載方法だったのではないかと考える。債権債務の増減を加算のみによ

り、把握する方法である。また、加減算を繰り返さず、加算のみによる方法は、取引高全体を把握することにも役立つものでもあった。

　さらに、ヨーロッパの数学において「負の数」の概念が当時はまだなかったことも、複式簿記の左右対照の勘定形式の要因となったのではないだろうか。インド・アラビア数字と共に代数学がもたらされたのであるが、やはりヨーロッパの数学は幾何学が基本となっており、人々は「何もない」つまり「ゼロ」より小さい「負の数」の概念を持っていなかったのである。したがって、大きな数から小さな数を引く引算はできるが、逆に小さな数から大きな数を引いて「負の数」となることを理解することができなかったのである。

　したがって、債権債務の増減を左右に分けて記録し、合計額の大きい方から小さい方を引き、貸借差額を求め状況を把握したのであろう。このように考えれば、対照式の勘定を設けたことが理解できる。ローマ数字の引算を避け、「負の数」を避ける知恵から生まれた記録様式であったと推察しうる。

　内部資料として商人あるいは会計係がインド・アラビア数字で記録を取っていた可能性は大いにあり得るが、現存している資料とインド・アラビア数字の伝播の状況から、インド・アラビア数字の普及が複式簿記の誕生に連なるものではなかったであろう。しかし、両者はその後うまく結び付き、現在の複式簿記へと発展していくのである。こうして、商人が算術や簿記を知ることは、実務の上で必要不可欠になっていった。

　このような流れの中で、商人達は子弟に、商人として必要な数学や読み書きを習わせるようになった。そのため従来の教会付属の学校とは異なり、実務教育を授ける学校ができ、新たな教育制度が生まれた。教会付属の学校では、ラテン語の読み書きに始まり、幾何学を含む中世以来の学問的教養を教え、大学教育へとつながる。それに対し、実務教育の学校は、土地の言葉の読み書きや、初級算数から算術・代数による実用商業数学および簿記を教えるもので、アバコ学校[17]と呼ばれていた。

　これら2通りの教育システムが確立した中で、パチョーリは大学においてラテン語で幾何学を教える教授でありながら、算術や代数学を中心とする実用数学を教えた経験もある稀な教育者であった。数学の広く深い知識を持ち、優れ

た教育法を身に着けていたパチョーリは、商人が必要とする算術および簿記をまとめ、「スンマ」という大著を出版するに至ったのである。

・ラテン語と印刷

　パチョーリの「スンマ」の影響力が大きかった理由は、ラテン語ではなく庶民の書き言葉となりつつあったトスカーナ地方の言葉で書かれ、印刷出版されたことにある。「スンマ」が対象とした読者は、商人達の子息であり、内容も極めて実務的であった。このような事由から、ラテン語で書く必要はなかったとも考えられるが、彼らが通うアバコ学校でもラテン語の学習過程はあったし[18]、多くの公文書がラテン語であったので、商人達が全くラテン語を知らないわけではなかった。しかし、当時の風潮として、ラテン語ではなく、いわゆる方言（土地の言葉）で書物を書くことが始まり、ダンテ、ペトラルカ、ボッカチオなどが方言で文学作品を著した。そこで用いられたのは、イタリア半島中部のトスカーナ地方の言葉である。それらの文学作品からトスカーナ方言は「共通文学語」として確立し、今日の共通イタリア語へとつながる。

　パチョーリが「スンマ」に用いた言葉もトスカーナ方言である。パチョーリ自身がトスカーナ地方出身であったことも理由の一つとして挙げられようが、ラテン語に次ぐ書き言葉としてトスカーナ方言が広まったことが理由であろう。「スンマ」のウルビーノ公への献辞をラテン語で書きつつ、その中で「スンマは土地の言葉（vernaculo）（つまり、トスカーナ方言）で書く」と述べている。しかし、簿記の論説では、「会計用語はヴェネツィアの言葉を用いる」と

---

[17] アバコ "abaco（＝abbaco)" と呼ばれた学校は、アバコ数学を教える学校という意味である。"abaco" とは、前述のレオナルド・フィボナッチの『算術の書』の算盤を示す「板（abacus, 複数形 abaci）」と同意である。『算術の書』の中で「板」を「紙」に替えて計算することが紹介されたことから、"abaco" は現代のイタリア語においても、「初等算数、算術、算数帳」などの意味で引き継がれている。
　アバコの語源について、パチョーリは、「アラビア方式（modo arabico）の省略形あるいはギリシャ語」（Pacioli [1523] page 19 recto, verso.）と書いている。ギリシャ語では、ἄβακας（ἄβαζ),（abax）「計算盤、算盤」の意味である。

[18] Sangster, Stoner and McCarthy [2008] page 118.

書かれていることも注目するものである。

　また、印刷という側面では、1450年頃ドイツにおけるグーテンベルクの活版印刷技術の発明以来、印刷が急速に広まり、特にヴェネツィアは印刷業の中心ともなった。多くの書籍がヴェネツィアで出版された。ヴェネツィアが印刷業でも栄えたのは、識字率の高さ、出版に際しての資金調達の容易さ、そして販売網の大きさにあったようである。さらに、隆盛をみた産業がますます発展するように、ヴェネツィアの印刷業者の技術は高まり、イタリック体などの美しい活字も生まれ洗練されたものとなった。

　多くの人文系の書籍が印刷される中、数学の本はそれらに比べると初めての出版に遅れをとった。分数を含む数字、図形、記号、そして数式を印刷する技術開発に時間がかかったことが理由であった。数学書の出版が待たれる中、パチョーリは若いころから縁のあるヴェネツィアで、比較的容易に「スンマ」の出版契約をとりつけた。「スンマ」以前にもすでに数冊の数学書が出版されていたようだが、同書は代数および幾何を包括的に論ずる内容と共に、新しい印刷技術による数学の書として、数学史の中でも重要な位置づけがなされている。

2. スンマの内容とヴェネツィア式簿記の特徴

　パチョーリのスンマは、代数および幾何が包括的に論ぜられた数学史上でも類まれな名著である。しかし、現代では数学の功績よりも、「近代会計の父（Father of Modern Accounting）[19]」とまで言われるほどに、複式簿記の著述で有名である。とはいえ、パチョーリがその学識や経験から複式簿記を生み出したわけではなく、また複式簿記について初めて著述したわけでもない。スンマに論ぜられている複式簿記は、同時代ではあるがパチョーリよりも早い時期に、コトルリ（Cotrugli）[20] が著述している。さらに、スンマは当時の商業実務教育の学校で用いられていた手書きのテキストのコピーに過ぎないという批判もあ

---

[19] リトルトン Littleton が、著書「会計発達史―Accounting Evolution to 1900」の中で、パチョーリをこのように称した。

る[21]。それらに反して、パチョーリが会計史上に名を残すことになったのは、スンマが印刷され出版されたことによる。印刷技術が開発されて間もないこの時期に、早くも印刷されたことに大きな意義があり、その出版によりヴェネツィア式の複式簿記が広く伝播されたのである。

・スンマの構成

　数学の書であるスンマは、その冒頭で次のような五つの内容を含むと、分類され、それぞれ要旨が示されている。

1) 算術と代数
2) その応用と商業数学
3) 簿記
4) 各国の商慣習、度量衡、および通貨
5) 幾何学の定理と応用

　パチョーリが示した内容要約では上記のように五つの主な項目に分けられているが、スンマ全体の構成は、まず「算術・代数」と「幾何」の2部に大別されており、第1部の「算術・代数」に関する記述に上記1)～4)の内容が含まれている。構成上は2部構成であるが、量的にも、内容的にも、「算術・代数」に重点がおかれ、「幾何」については、スンマの出版後、別の著書で詳しく解説されている。

　そして、以下のように「部」、「編」、「論説」、「章」[22]が設けられ、編集されている。

---

[20] Chatfield and Vangermeersch [1996] page 183. スンマの出版より36年早い1458年にコトルリは、「商業および完全な商人、Delia Mercatura et del Mercante Perfetto」を著し、その中に複式簿記に関する記述がある。しかし、これが印刷され出版されたのは、100年以上後の1573年であった。

[21] Haulotte and Stevelinck [1975] page 54. Fabio Besta 著、「La Ragionera」、1891年出版、1932年再版。

「部」（原文 Parte、仏訳 Partie）
「編」（原文 Distinctio、仏訳 Distinction）
「論説」（原文 Tractatus、仏訳 Traité）
「章」（原文 Capitolo、仏訳 Chapitre）

「部」から「編」までの内容は、次のようである。また、以下に示す「部」「編」「論説」「章」のタイトルの表示は、パチョーリが付したものもあるが、内容を鑑みて筆者が付したものもある。

第1部（Parte prima）算術・代数
　　第1編　数・数論　　　（　1ページ裏）
　　第2編　基本演算　　　（ 19ページ表）
　　第3編　分数　　　　　（ 47ページ裏）
　　第4編　分数計算　　　（ 53ページ表）
　　第5編　三数法　　　　（ 57ページ表）
　　第6編　比・比例　　　（ 67ページ裏）
　　第7編　仮定法　　　　（ 98ページ裏）
　　第8編　代数　　　　　（111ページ裏）
　　第9編　商業数学　　（150ページ表）
第2部（Parte seconda）幾何[23]
　　第1編　点・線・図形　（　1ページ表）
　　第2編　三角形　　　　（12ページ表）
　　第3編　四角形　　　　（15ページ表）
　　第4編　円　　　　　　（26ページ表）
　　第5編　図形分割　　　（35ページ裏）
　　第6編　立体図形　　　（43ページ裏）

---

[22] 「論説 Tractatus」の下部に、「項 Articles」を設けている箇所もあるが、著書全体に統一的に用いておらず、不規則である。
[23] 第2部のページ番号は、第1部の続きではないため、別冊に書かれたものではないかと推測されている。内容は、ユークリッドの「原論」の抜粋および実用幾何学である。

第7編　実用幾何学　　（50ページ表）
第8編　実用幾何学　　（52ページ裏）

　現代のページ数に直すと、スンマは全616ページとなり、第1部の「算術・代数」が全体の4分の3を占める。簿記に関する論述は、第1部第9編「商業数学」に含まれている。その第9編「商業数学」の内容を次に示す。

第1部　（Parte prima）**算術・代数**
　第9編　（Distinctio nona）**商業数学**
　　第1論説　共同事業・組合（societa）[24]　（150ページ表）　（設問84題）
　　第2論説　家畜の委託飼育　　　　　　　（159ページ裏）　（9題）
　　第3論説　物々交換　　　　　　　　　　（161ページ表）　（48題）
　　第4論説　外貨　　　　　　　　　　　　（167ページ表）　（46題）
　　第5論説　利息　　　　　　　　　　　　（173ページ裏）　（45題 19題）
　　第6論説　貨幣鋳造（合金割合）　　　　（182ページ裏）　（21題）
　　第7論説　旅商　　　　　　　　　　　　（186ページ表）　（14題）
　　第8論説　⎫　　　　　　　　　　　　　（189ページ表）⎫
　　第9論説　⎬　＊　　　　　　　　　　　（192ページ表）⎬（41題）
　　第10論説　⎭　　　　　　　　　　　　　（194ページ表）　（52題）
　　第11論説　勘定と記帳　　　　　　　　（197ページ裏）
　　第12論説　価額　　　　　　　　　　　　（211ページ裏）

　　　　＊第8論説から第10論説にはタイトルが付されていないが、商業活動における問題の提示と代数学的解決を解説している。（外貨交換、報酬、穀物とパンの価格の関係、卵と生地の価値、傭兵の費用対効果など）

---

[24]　タイトルにはsocietaの用語がつかわれているが、文中ではcompagnie, compagniaが用いられている。
　　商業数学の中でも最も設問数が多い。第1問は次のようである。
　　「2人が共同事業を始めた。1人目は50出し、2人目は40出し、そして20儲けた。各々の利益はいくらか。」

「算術・代数」の部の最後に設けられた第 9 編の「商業数学」は、それまでに述べられた基本内容の実務的応用編である。商人が直面するさまざまな問題を数学的にどのように解決するかが示されている。共同出資により結成された組合あるいは会社の利益配分を始め、利息計算、物々交換取引、そして当時の複雑で多種類の外貨や度量衡制度などから生ずる問題の解決が説明されている。このような問題の提示と解決は、11 世紀のフィボナッチの「算盤の書」を踏襲しているものであるが、複式簿記を解説した第 11 論説「勘定と記帳[25]」は、「商業数学」編に加えられた新しい項目である。これらの複式簿記を含む商業数学が、商人の子弟たちが通うアバコ学校で修学する内容であった。

その第 11 論説「勘定と記帳」は、現代のページ数では 26 ページ分に該当する。つまり、簿記に関する部分は、600 ページの大著のうち、わずか 30 ページ足らずしかない。しかし、スンマの 10 年の著作権がきれた 1504 年、簿記についての著述部分が「商人の完全講座（La Scuola Perfetta dei Mercanti）」というタイトルで抜粋され出版されたと伝えられるように、その部分が当時においても注目されていたことが伺える。厳密には、この抜粋出版については著者の名すら記されておらず、スンマの関係は不明瞭である。

このように印刷技術が発明されてから間もない時期に印刷出版され、さらにそれから約 30 年後に再版されたことは、当時におけるスンマの注目度の高さを示しているといえよう。

簿記の解説であるスンマ第 1 部第 9 編第 11 論説「勘定と記帳」は、36 の章からなり、その構成は、まず第 1 章において商人としての必要条件を述べ、そして次の第 2 章から第 4 章までを「財産目録」としてまとめ、続く第 5 章から第 36 章までを「取引記録」として解説している。

このような構成のもと、「勘定と記帳論」では、勘定の意義や帳簿組織など

---

[25] 原題は "Tractatus Particularis de computis et scripturis"、フランス語題は "Traité Particulier des comptes et des écritures" である。現代のフランス語の会計用語では、"comptes" を「勘定、勘定科目」、"écritures" を「仕訳」の意味で用いているので、「勘定と記帳論」という日本語訳を付すことができる。

を説きつつ、複式簿記を解説している。また、そのような簿記の技術的な面のみならず、秩序だった記帳がなぜ必要であるかを論じたものである。

それぞれの章の内容は次のようである。

第1部（Parte prima）算術・代数
　第9編（Distinctio nona）商業数学
　　第11論説（tractatus xi）勘定と記帳
　　　第1章（capitolo primo）商人の必須事項、記帳について
　　第1節（prima parte）財産目録
　　　第2章　財産目録の意義と作成方法
　　　第3章　財産目録モデル
　　　第4章　商人への重要な助言
　　第2節　取引記録
　　　第5章　主要3帳簿
　　　第6章　第1の帳簿、覚書帳
　　　第7章　帳簿の認証
　　　第8章　覚書帳への記入例
　　　第9章　仕入と記帳、9種類の仕入仕訳
　　　第10章　第2の帳簿、仕訳帳
　　　第11章　会計用語、借方と貸方
　　　第12章　借方貸方の記帳例
　　　第13章　第3の帳簿、元帳
　　　第14章　仕訳帳から元帳への転記
　　　第15章　現金と資本金の意義と記帳例
　　　第16章　商品勘定（財産目録および仕訳帳から元帳への転記）
　　　第17章　官庁との会計
　　　第18章　税関との会計
　　　第19章　支払の記帳、現金・掛・為替手形・銀行払
　　　第20章　交換取引の記帳（評価額）
　　　第21章　共同事業・組合（compagnie[26]）の記帳

第 22 章　一般費用の記帳
第 23 章　店舗勘定
第 24 章　銀行勘定
第 25 章　雑損・雑収
第 26 章　旅商の記帳
第 27 章　利益および損失、剰余金および欠損金の記帳
第 28 章　元帳の繰越
第 29 章　帳簿を年度締めしない場合の元帳の年度変更
第 30 章　債権者債務者などへの計算書の作成
第 31 章　誤記帳の訂正
第 32 章　元帳の締切
第 33 章　帳簿の締切
第 34 章　元帳の締切と残高試算表
第 35 章　書類の保管
第 36 章　要約とエピローグ

---

[26] この compagnie は、「パン（食事）を共にすること」から「一緒にいること、仲間」という意味の俗ラテン語 compania を語源とする。仏語の compagnie、英語の company となる言葉である。

　Geijisbeek [1914] および Cripps [1994] の英訳本では、Compagnie は Partnership と訳されている。

　Jouanique [1995] page 121 は、パチョーリがスンマの中で、「共同事業・組合」の意味で使用している Societa（仏語 société）と Compagnie（仏語 compagnie）の用語の区別について、次のように解説している。

　「Compagnie とは、資本や特別な助力を求めることより、商人一人の力量以上となるあらゆる商業形態である。Compagnie は Société（会社、組合）と同義である。両用語の詳細な差異は、Société は 2、3 人の商人からなるが、Compagnie は通常多くの人数で形成されることである。パチョーリの言う Compagnie は、Société（会社、組合）のことであり、フィレンツェで生成された事業形態であるコンパニア Compagnia とは異なる。」と説明が付されている。

　このように、パチョーリの意としては、Compagnie は各当事者が出資をして共同の事業を営む共同事業体の「組合」ないし「会社」のことであり、小規模なものを示すものである。現代のイタリア語およびフランス語では、「会社」の意味として、伊語 societa、仏語 société を用い、伊語 compagnia、仏語 compagnie を用いることはほとんどない。

各章の内容から、複式簿記の解説書として簿記全体を網羅しているのがわかる。表現によっては内容の理解が困難な部分もあるが、商人として取引を開始、あるいは起業するところから、日々の取引の記帳、そして帳簿の締切、残高および利益勘定までを、流れを追って解説している。また、単に簿記のテクニックのみを説明するのではなく、「なぜ、そうすべきか」という理由を示すことによって、会計記録の意義や会計の本質を説くものである。このように本質を説くことは、あらゆる事象への対処を示唆する非常に有用なものである。さらに、商人が必要とする資質や知識についても言及している。

「理由」をつまびらかにしている点は、パチョーリの大きな特徴である。パチョーリ以後の解説書物はいずれも、多くの取引例を挙げ、仕訳モデルを例示し説明することが中心となっている。それに対し、パチョーリは取引記録、つまり会計記録の必要性を明らかにし、その記録から利益を計算する方法を教示し、計算の重要性、つまり利益を把握する意味も説いている。

また、この論説が百科事典的書物の一節であることからも、詳細な事例の解説ではなく、会計の本質と基本を説くことに重きを置いたものと考えられる。

・スンマの主要な解説

パチョーリの解説の概要を示しながら特徴となる主要な点をまとめ、分析する。

■ 商人として必須なもの

複式簿記の実務的な解説の前に、パチョーリはまず商人の資質に言及し、続いて解説の方針を示している。第1章の冒頭において、商業活動を効果的に進めるための3要件があげられている。それは、(1) 十分な資力（財産）、(2) 計算能力、(3) 取引の処理能力である。

第1の「十分な資力」については、「唯一必要なものは財産である」という中世からの格言を引用し、まず商行為の開始には資本となる資産が必要であることを説いている。一方で裸一貫からの成功例も述べているが、それは商人としての信用・信頼による評判のおかげであると、信用の重要性も説くものである。

第2の「計算能力」については、商業活動において常に求められるのは、正確な記録能力および速い計算能力を有することであると述べている。さまざまな取引において規則や規範が示されようとも、そのような能力を有していない者には、すべてが無駄になると説明している。

第3の「取引の処理能力」については、すべての取引を秩序正しく記すこと、つまり、貸方・借方の二面的に記録する（複式簿記の）方式に基づき、すべての取引の全容を、簡潔かつ順序良く、正しく記帳することであると述べている。すべての取引を網羅し、明瞭で正確に記帳する必要を示している。これは、国を問わず現代のいわゆる会計原則に盛り込まれている内容の原点といえる。また、このような記帳により、後日、取引を迅速に検索することができるとしている。帳簿の記録から取引の全容を検索し再現することを言及している点も非常に興味深い。

商人としての必須要件に続いて、簿記を解説する手順や方針が述べられている。この部分は、大きく三つの部分に分けることができる。

まず、説明にはパチョーリが最も優れていると認めるヴェネツィア式を採用するとし、この方式はすべての場合に適用でき応用しうるものであると述べている。

そして、全体の構成を、まず「財産目録」、それに続き「取引の記帳」の解説に二分するとしている。これは、財産目録の作成と日々の記帳は、共に必要なことであるが、異なる会計作業であることを明示するものである。さらに、この構成と章立ては、商売の開始、取引の記録、決算準備作業、決算まで、間に特殊な項目を挟みながら、会計の一連の流れに沿ったものになっている。また、この第11論説（tractatus xi）「勘定と記帳」には他の論説と異なり「章の目次」が付されている。この点について、章とページ数の表示により、読者が容易に必要な部分を見つけることができると述べ、同論説の利便性を強調している。

最後に、「取引の記帳」では、仕訳帳と元帳を設けるとし、仕訳帳から元帳へ明瞭に転記することの重要性を述べている。仕訳帳を設ける点は、ヴェネツィア式の大きな特徴である。そして、仕訳帳からの転記の際、どこに転記し

たかを仕訳帳に明確に記載しなければならないとしている。それは、後日、転記先を容易に見つけられるようにするためであると、理由も付している。この箇所でも、記帳後の検索について再び言及していることから、当時も会計上の「探し出す」作業がつきものであり、それを簡便にするノウハウが求められていたことを示すものである。

■ 財産目録の作成

第1節「財産目録」では、商人が商売を開始するとき、まず「財産目録」を作成する必要であることを説き、その作成方法を例示することで説明している。主な点は次のとおりである。

- 日時、場所、記録者名を記録した1枚の紙あるいは1冊の帳簿に作成する。
- 同一日に作成する。
- すべての動産・不動産を、現金など価値が高く見失いやすいものから記載し、不動産など見失うことがあり得ないものはそれらに続いて記載する。
- 規則正しく、明確に記載する。
- 債権では、債務者の資産状況も記す。資産のない債務者への債権は、回収できない債権となる可能性があるためである。
- 債務も、債権者名と共に記載する。

この「財産目録」の部分では、まだそれら財産を、何枚・何個など度量衡法によって記録することが述べられている。それらに金銭の評価額をいかに付すかは、第12章に書かれている。

■ 取引記録

第2節「取引記録」は、第5章から最終章の第36章にわたる主要部分であり、パチョーリはヴェネツィア式による取引の会計記録の方法を次のように解説している。

- 3帳簿制の採用
  会計帳簿として、「覚書帳」[27]「仕訳帳（日記帳）」[28]「元帳」[29]の3種類の帳簿を

採用する。

　まず、「覚書帳」は、日々の取引を略することなく、誰が、何を、いつ、どこでのすべてを明確に記録するものである。これは、簿記の知識のない人であっても記入することができ、記録することを忘れないことが肝心である。商人自身や会計係が多忙で記入できない時は、家人が代わって記入すべきである。

　そして、「覚書帳」に記載された内容を、「仕訳帳」に借方・貸方の様式をもって記帳する。重複や、詳細になりすぎないよう注意する。

　続いて、「仕訳帳」の仕訳を、「元帳」のそれぞれの勘定に、転記する。元帳は、仕訳帳に比べ2倍のページ数の大きな帳簿[30]となる。元帳の各勘定にはアルファベット順に索引をつけ、勘定の検索が容易になるようにする。また、現金勘定は常に元帳の最初のページに記入する。それは、現金勘定は常に動きがあり、最も取引が多いからである。

　このように3種類の帳簿を使用することは、仮に元帳を紛失することがあっても会計記録のすべてを失うことにはならず、残りの帳簿から会計記録を再生できるためである。

・借方と貸方

　ヴェネツィアの仕訳帳で使用されている用語、「PER（〜より）」と「A（〜へ）」の意味は、「PER」は「debitore（債務者・借方）」、「A」は「creditore（債権者・貸方）」を示す。仕訳帳には必ず「PER」から書き始める。それは、まず「debitore（債務者）」を明らかにするためである。

・転記

　覚書帳を基に仕訳帳へ記帳する際、転記済みのものには斜線を引き、転記済みであることを明らかにする。

---

[27] 原文は squartafolio、「四つ切の紙」の意味で、メモ帳を意味したものと思われる。
[28] 原文は giornal、仏語は journal であり、共に日記帳を意味する。
[29] 原文は quaderno、帳面・帳簿の意味である。quaderno grande（大きな帳簿）あるいは libro（本、帳面、帳簿）と表記している箇所もある。
[30] 仏語では、現在でも元帳の事を「大きな帳簿（grand livre）」という。従来、実際に仕訳帳などより一回り大きい帳面が利用されていたことによる。

また、仕訳帳から元帳への転記は、必ず借方勘定と貸方勘定の両勘定へ転記することになる。転記の際は、仕訳欄に転記先を貸借共に明確に記載する。さらに、元帳の各勘定では、相手勘定の記載箇所である元帳のページ数も記載する。これにより、仕訳が元帳のどこに転記されたかが明らかになり、元帳の勘定科目同士も照合が容易になる。

　このように元帳のすべての勘定は、関連しあっているのである。貸方記入を伴わない借方記入はなく、借方記入を伴わない貸方記入はない。

・財産目録から仕訳帳への記帳
　財産目録の記録を仕訳帳へ記帳する。借方に現金から記帳を始める。動産・不動産を金銭価額で表すには、時価を用い、低いよりはむしろ高い価額を付す方がよい。
　借方の相手勘定は、資本である。

・商品勘定
　財産目録から仕訳帳、そして元帳のそれぞれの商品勘定の借方への転記から開始する。商品別の損益は、元帳の各商品勘定を締め切った時、借方が貸方より大きければ損失であり、その逆であれば利益である。

・誤記帳の訂正
　誤記帳を抹消するのではなく、誤記帳の訂正である旨を示して逆仕訳をする。それに続いて、正しい仕訳を記帳する。

・帳簿の照合
　仕訳帳および元帳への記帳が正しいか照合するときは、一人で行うよりも仲間と一緒に照合する方がよい。

・合計残高試算表による検証
　帳簿の正確さを明らかにするため、一枚の紙に、元帳のすべての勘定の合計額を貸借対照に書き、その総合計を比較する。貸借の合計額が一致すれば、元帳は正しく記入され締め切られたと判断できる。貸借が不一致の場合は、誤り

がある。

・元帳の締切
　元帳のすべての勘定を一つ一つ締め切る。その方法は、借方と貸方を合計し、その差額を少ない方へ加え、合計を一致させる。差額、つまり残高を仕訳帳に記帳する必要はなく、新しい元帳へ繰り越す。
　費用勘定は繰り越さず、損益勘定に振り替える。費用勘定の貸方への記入はまれである。「損益勘定、借方」として締め切る。

・損益計算
　すべての勘定の締め切り後、損益勘定の借方と貸方の合計額から利益と損失がわかる。貸方が借方より多ければ利益が発生したことを示す。利益と損失の確定後、資本勘定へ振り替え、損益勘定を締め切る。

・ヴェネツィア式の特徴
　スンマに表された解説により、ヴェネツィア式簿記の特徴はもとより、その時代の簿記の発展の程度が明らかになる。それと共に、会計に求められていた社会的な意義までも知りうるものである。
　ヴェネツィア式簿記の特徴として仕訳帳の使用があるが、その仕訳帳への記帳方法の解説において、借方・貸方を示す新しい用語が紹介されている。その用語から貸借の意味が明確となり、仕訳帳への誤記帳の防止に効果があったのではないかと考える。
　会計記録の出発点は、債権債務の備忘記録である。特に債権の記録であり、とりわけ銀行の顧客記録である債権記録から発祥している。債権記録をいかに効率よく見やすく作成するかという工夫から、債権の増減を左右あるいは上下対照に示す勘定が考案された。そして、貸付時と回収時の取引を、債権の増減および現金の増減の二面から捉え、債権勘定と現金勘定をそれぞれに記録し、照合し検証するようになった。これが取引の二面的な捉え方であり、複式簿記の考え方である。さらに取引が拡大すると、債務者ごとの勘定が生まれ、これが債務者別の人名勘定と呼ばれるものである。

その債権債務勘定において、借方・貸方という呼称が生まれたが、ヴェネツィア、トスカーナ、ジェノヴァ、そしてロンバルディアとイタリア半島の主要地域においてもその呼称は統一されたものではなかった。しかし、銀行あるいは商人の債権記録が簿記の発祥であることから、債務者（debitore）と債権者（creditore）が考え方の基となり、債務者（debitore）を記録する側を借方（debito）、債権者（creditore）を記録する側を貸方（credito）という用語を用いるようになっていた。

出発は銀行の貸付金の債権リストであることから、銀行は債務者リストを作成した。まず発生した債権リスト、つまり債務者リストがあり、それを回収した時に右側に回収額を記入した。したがって、左側が債務者リスト（debitore）であり、借方（debito）となる。また左側の欄は、「支払う（dare）」という用語も使われていた。これは、左側にリスティングされている債務者は、銀行に「支払う」ということである。それに対する右側の欄は、銀行の債務であり、銀行に対する債権者（creditore）のリスト（預金者リスト）であるので、貸方（credito）となる。そして「払い戻される（avere）」「支払われる」の意味が用いられた。

スンマにおいても他の地域と同様の意味合いで、借方を「debitore（債務者）」あるいは「dare（払う）」、貸方を「creditore（債権者）」あるいは「avere（払われる・受け取る）」という表現が用いられている。しかし、他地域には見られない点として、それらの用語と共に新たに、借方を「PER（～から）」、貸方を「A（～へ）」という呼称が追加されている。これは、仕訳帳への記帳の際に用いる用語としており、仕訳帳は必ず左側の借方側から「PER（～から）」を行頭に明記して記帳し、次に右側の貸方を「A（～へ）」を行頭に明記して記帳するとしている。この「PER（～から）」と「A（～へ）」の用語もヴェネツィア式の特徴で、仕訳帳の使用と共に慣習化していたものである。とりわけスンマでは、必ず「借方・PER」から書き始める理由を、まず債務者を明示するためであると説明している。この用語の使用と定着は、仕訳帳において、借方貸方を明確に示すために有用であったためであると考えられる。それらの用語を対照的に示すと図1-1のようになる[31]。

図1-1 借方・貸方 debito・credito について

	debito 借方	credito 貸方	
主語は債務者	debito 債権 debitore（債務者） 〜は、私に借りている dare（支払う） 〜は、私に払う ⇩ ←（主語の転換）	credito 債務 creditore（債権者） 〜は、私に貸している avere（支払われる・受け取る） 〜は、私から払われる ⇩ ←（主語の転換）	主語は債権者
主語は自分	Per（〜から） 私は、〜から支払われる	A（〜へ） 私は、〜へ支払う	主語は自分

出典：筆者作成。

　この「PER（〜から）」と「A（〜へ）」という用語は、従来の借方・貸方である債権者・債務者から派生した credito・debito、および dare（払う）・avere（払われる・受け取る）という用語に加え、スンマにおいてヴェネツィア式として解説が付されたもので、非常に重要な点である。ここには、ただ単に新しい呼称の追加ということだけではなく、文法的に考え方の変化がある。従来の借方貸方の呼称は、帳簿が銀行の債権債務記録を発祥としていることに大きく影響を受けている。その記帳は、銀行が主語ではなく、債権者あるいは債務者が主語となる考え方である。したがって従来のものは、借方を「〜は、銀行に借りている」「〜は、銀行に払うべき」として債務者（つまり銀行からみる

---

[31] フランス語との対応は次のようである。括弧内が仏語。
　per（par）, a（à）, dare（devoir）, avere（avoir）, debitore（débiteur）, creditore（créditeur）, debito（débit）, credito（crédit）
　フランス語では今日でも、「いくらお払いすればいいですか？（Combien je vous dois?）」や、「払戻請求書（facture d'avoir）」「Avoir を発行する」など、一般的な意味では devoir（＝英語 must）「〜しなければならない」と avoir（＝英語 have）「持つ」を、会計用語からの「払う」と「払われる・受け取る」という特殊な意味でも日常会話に使用している。

と債権）を表し、貸方を「〜は、銀行に貸している（預金している）」「〜は、銀行から払われるべき」と債権者（つまり銀行からみると債務）を表す。

　このような自分を主語としない書き方は、公証人の文書から派生していると考えられる。債権債務の書類はすべて公証人により作成されていたことによる。「債務者 A は、私（債権者 B）に…支払う」、あるいは「債権者 X は、私（債務者 B）から…払い戻される。（払われる）」という形式である。

　「PER（〜から）」（英語 by, from）と「A（〜へ）」（英語 to, for）を用いるということは、主語を転換することを意味し、主語は「自分」になるわけである。「私は、〜から（PER）払われる」として債務者を借方に記帳し、「私は、〜へ（A）払う」として債権者を貸方に記帳する。主語を自分に置き換える方が、明らかにわかりやすく、「PER（〜から）」と「A（〜へ）」という用語の使用は、極めて有益なものであったと考えられる。

　商人にとり債権債務が発生する取引相手が銀行だけであれば、さして問題はなかったであろうが、商人間あるいは顧客との間でも信用取引が行われるようになり、その頻度が増してくると、自分が主語ではない債権債務の記帳は混乱を招く原因ともなっていたのかもしれない。このような点から「PER（〜から）」と「A（〜へ）」の用語は理解が容易であったと考える。また、違う観点からは、この時代にすでに信用取引がかなり拡大していたと見ることができる。

　日本語の借方貸方の用語は、原初の債務者・債権者の考え方に基づいており、自分を主語として考えるものではない。「私が借りている」のではなく「私に借りている人」の意味で「借方」とし、「私が貸している」のではなく「私に貸している人」の意味で「貸方」としている。

　また、勘定の発展という点に注目すれば、この債権の人名別の勘定である人名勘定から出発し、現金出納や商品売買の物財勘定が生まれ、そして費用・収益に用いる名目勘定が設けられ、損益勘定・残高勘定に至る。記帳の解説の中でこれらの勘定が用いられていることから、人名勘定から名目勘定までの発展をすでに遂げていたことがわかる。

　さらに、ヴェネツィア式の勘定の特徴では、商品別に商品勘定を設けている

ことが挙げられる。この商品別勘定により、商品ごとの損益を把握することが可能となる。これは商品売買を中心とした海洋交易ならではの特色であるといえる。これと同様に、その主要産業からの影響で、旅商の勘定を設けることも、ヴェネツィアの特徴である。

加えて、ヴェネツィア式簿記の特徴の中でも、特筆すべきことは、仕訳帳の使用にある。他地域では、元帳しか存在せず、取引を直接元帳のそれぞれの勘定に記帳していた。どのような取引があったかを記しているメモ帳の役目の覚書帳から、その取引をどのように貸借に仕訳したかを日付順に記帳するのが仕訳帳である。この仕訳帳は、取引記録から会計記録への変換を示すもので、仕訳帳を介在させることにより元帳への記帳も正確さが増し、貸借一致の精度が高まったのではないかと推察する。

また、仕訳帳の存在は、元帳だけが唯一の会計帳簿であるのと異なり、仮に元帳を失うことがあっても、会計が再現できるという利点があるとパチョーリは指摘している。これは、会計帳簿が商人の備忘記録でしかなかった時代に比べ、重要度が増していたことを示すものである。さらに、取引を帳簿から再現するという意味においては、仕訳帳の役割は大きい。元帳の勘定ごとにバラバラになってしまった記録から、取引の全容を拾い出すことは容易なことではない。また仕訳帳に記載された仕訳は、その会計記録が間違いなく取引全体を記帳したものであると立証するものともなる。

そして、仕訳帳の記帳が元帳のどこに転記されたか明示する重要性もスンマにおいて繰り返し述べられており、仕訳帳と元帳の照合も、チェック・マークをつけながら複数人数で行うことを奨励している。このような帳簿からの検証可能性、そして照合や貸借一致による会計記録の正確性を重視するのは、当時の会計記録の持つ社会的な意義の広がりを示すものといえよう。

商取引に伴い発生する債権債務の証拠となる書類は、元来、公証人が作成するものであった。しかし、経済規模の拡大により、その数は増加の一途をたどり、公証人が書類を作成するのでは追い付かなくなった。そこで、公証人の書類に次いで係争時の証拠として用いられたのが銀行の帳簿である。スンマにおいても、銀行の帳簿は常に公的なものであり、証拠力を有すると記されてい

る。しかし、銀行を介さない商人間の信用取引の増大には対処しかねるため、商人の会計記録も証拠として採用されるに至った。商人は自分のために、公証人作成の書類と同じ証拠力が認められる正しい会計記録をつけることが必要となったのである。そして、自己防衛のためにさらに精緻で正確な会計記録を作成する努力を払い、簿記が発展していったものと考えられる。

　一方、損益の計算、とりわけ年次決算に関しては、ヴェネツィア商人の関心はさして高くなかった。スンマにおいても定期的な決算を行うべきという記述はない。仕入れた商品が完売した段階で、その商品ごとの損益には関心があっただろうが、全体の損益の把握についての関心は希薄であり、会計の目的としていない。それは、家族経営が中心であったというヴェネツィアならではの経営形態が理由である。他人との共同出資による事業体ではないため、利益分配のための損益計算は必要なく、定期的に損益計算を行う慣習が根付いていなかった。

　このようにスンマには、ヴェネツィア式の特徴ある3帳簿制、貸借の明確な概念、およびそれに基づく記帳方法が述べられている。そして、一つの取引を二面的に捉え貸借両側に複式記帳することにより、記帳の正確性を検証する術があることを説明し、帳簿の正しさの担保としているのである。正確な会計記録をつけることが、当時の命題であったことは異論の余地がない。

3. トスカーナ地方と複式簿記

・トスカーナの経済発展

　海洋貿易で隆盛をみたヴェネツィアやジェノヴァに対し、内陸のトスカーナ地方は、商社兼銀行から発展した経済を確立した地域であり、会計のあり方も異なるものであった。

　13世紀、海洋貿易で輸入されたオリエントの商品と、東方へ輸出する北方ヨーロッパ地方で生産される毛織物の交易の地として、フランス北東部に位置するシャンパーニュ伯領の4都市[32]で大市（les Grandes Foires de Champagne）

---

[32] Lagny, Provins, Troyes, Bar-sur-Aube の4都市。

が開かれ、活況を呈していた。大市では利用者の安全が確保され、店舗、宿泊、倉庫など施設が整えられており、4都市を巡回する形でほぼ年中、どこかの都市で大市が開催されていた。この大市にオリエントの商品を持ってやって来るのがイタリア商人であった。彼らは、輸入元の海洋都市の商人ではなく、内陸の主にトスカーナ地方の商人であった。このトスカーナ人達は、商品を売買する商人であったが、同時に銀行家でもあり、大市に集まる商人達に対し貸付や決済業務を行った。彼らの金融業務なくしては大市の繁栄もなかったといえよう。

　しかし、13世紀末以降、パリ、ブルージュ、ロンドンなどの都市が発展し、交易も行商から定住の商社や商店へと変わっていった。この経済環境の変化に伴い、シャンパーニュ大市は急速に衰退し、それと共にトスカーナ地方シエナの銀行も衰退した。それに次いで、都市の発展と共に現れたのが、同じくトスカーナ地方フィレンツェの商社兼銀行である。

　これらトスカーナ地方の事業形態の特徴は、海洋貿易に見られる航海ごとの事業組織ではなく、「コンパニア（compagnia）」と呼ばれる継続的な事業組織を形成したことにある。13世紀頃の初期のコンパニアは、やはり家族や血縁で結成され、それら一族の出資が中心であった。一族によるコンパニアとはいえ、そのようなコンパニアが結集して、大コンパニアを形成することもあった。そして、事業規模が拡大してくると、一族以外からの出資を受け入れるようになり、出資者をパートナーとしてコンパニアに迎え入れた。出資者は、出資比率に基づき利益が配分されるが、損失の場合も同様に責任を負うもので無限責任であった。また、彼らは出資するだけではなく、労働の供与も義務付けられており、複数のコンパニアのパートナーとなることは禁じられていた。このようにしてパートナーの結束は強固なものとなり、大規模なコンパニアが形成され、その経営の基盤となったのである。

　コンパニアは継続的な事業体ではあったが、それは今日の継続企業とも異なり、パートナーシップの契約期間に基づくものであった。通常、2～3年から長くて5年位であり、契約期間の終了と同時にコンパニアも解散した。しかし、引き続き新たな契約が開始され、事業を継続した。同じ屋号を使用するた

め、長期にわたる継続した事業体のように見えたのである。

　さらに、商社兼銀行のコンパニアは、パートナーからの出資のみならず、外部の人からも「預金」という形で資金を調達した。この豊富な資金力により、事業を拡大し、大規模化していった。自己資本に加えて負債による資金、そして為替手形の発明が、トスカーナ地方の銀行業の発展の理由である。

　シエナの商社兼銀行の衰退の後、14世紀初頭に現れたのがフィレンツェの商社である。激しい過当競争の後、大規模に発展したのが、バルディ（Bardi）、ペルッツィ（Peruzzi）、そしてアッチャイウォーリ（Acciaiuoli）の三大商社である。イタリア半島内の諸都市、フランスのアヴィニヨンやパリ、ロンドン、ブルージュ、北アフリカを含む地中海、エーゲ海にまで拠点を増やした。三大商社のうち2番目の規模であったペルッツィ社は、ロンドンからキプロス島まで19の拠点を持ち、約90人の社員を雇用していた。その10万フローリン金貨に及ぶ資本金は、当時は考えられないほどの巨額なものであった[33]。100人近い社員も当時の規模では、相当に大きいものである。

　創業一族と外部パートナーとの出資割合に関しては、バルディ社の1311年の資料では、出資総数58口のうち、6名の一族が過半数である36.75口（63％）、5名の外部パートナーが21.25口（37％）という割合であった[34]。規模の拡大に伴い、外部パートナーも増えたのだが、一族の持分が過半数となるよう留意していた。同時期1312年のペルッツィ社の出資割合も一族が過半数であった。しかし、20年後の1331年にはパートナーは一族が8名、外部パートナーが9名となり、それ以降出資割合が逆転した。この逆転により、一族は強固な経営権限を手放すことになるのだが、そうしなければならない経営上の理由、つまり衰退が始まっていたと分析されている[35]。

　この栄華を誇った三大商社も、わずか50年足らずの、1345年頃に相次いで破綻してしまう。理由は、回収不能に陥った巨額債権である。これら資金力の

---

[33]　Roover (de) [1966] pages 2-3.
[34]　Roover (de) [1966] pages 77-78.
[35]　Roover (de) [1948] page 31.

豊富なトスカーナの商社兼銀行は、常に戦費の調達に追われていた王族や法王庁、そして貴族に重宝され、多額の貸付を行っていた。その見返りとして、彼らには関税徴収や羊毛輸出の独占権など多くの間接的利益が供されていた。破綻の主な原因は、イギリスのエドワード3世の債務不履行であった。アッチャイウォーリ社は、エドワード3世との取引はなかったものの、ナポリ王と法王庁の政争に巻き込まれ破綻した。

　三大商社の後に頭角を現したのが、ダティーニ（Datini）社である。ダティーニ氏は当時法王庁が置かれていたフランスのアヴィニョンで商売を始め、順調に経営をすすめた。法王庁がローマに戻ると決まると、出身地であるトスカーナ地方のプラートに戻った。そして、経営手腕に長けたダティーニ氏は、プラートを本拠地とし、拠点を次々に開設し、事業を拡大していった。このダティーニ社の事業形態もパートナーと共に経営するコンパニアであり、その点では先の三大商社と同じである。しかし、プラートにある中核組織と各地の拠点の関係が異なっていた。先の三大商社は、フィレンツェの本部が各拠点を完全にコントロールする強固な連携によるもので、いわば本店と支店の関係だった。それに対し、ダティーニ社は、プラート所在の本部が拠点を統括するものの、三大商社に比べると連携の度合いは緩いものであった[36]。つまり、各拠点は、その地における経営環境等に従い、経営上の自由裁量が認められていたのである。これは、三大商社の本店と支店という関係とは異なり、それぞれの拠点が独自のコンパニアとして設立され、経営上も自立したものであったことを示す。三大商社に見られたようにある一支店、例えばロンドンが原因で、全社が破綻するというスキームとは異なるものである。このような中央の管理下にありながらも自立した経営という図式は、持株会社の原点と認識されている。

　ダティーニ社に見られる持株会社形式がさらに発展したものが、メディチ銀

---

[36] Roover (de) [1974] page 145. de Rooverは、各拠点のことを「自立した実体（autonomous entities）」と解説しているが、同書では、「本店・本部（headquarter）」と「支店（branch）」という表現を用いている。

行である。15世紀のメディチ一族の繁栄は、フィレンツェをその名の由来通り「花の都」とまで言わしめるほど比類のないものであった。銀行業の成功により莫大な資産を獲得したメディチ家は、経済的主役を担うのみならず、政治の舞台でも活躍し、また芸術振興でも歴史上類をみないものである。1450年頃のメディチ家繁栄のピークの頃には、イタリア半島に五つの銀行（ミラノ、ナポリ、ピサ、ローマ、ヴェネツィア）、アルプス以北に四つの銀行（アヴィニョン、リヨン、ブルージュ、ロンドン）、そして毛織物会社2社、絹織物会社1社を有しており、それらはメディチ家が75%を出資するメディチ銀行の傘下にあった。その中核的存在であるフィレンツェのメディチ銀行が、それぞれ傘下の銀行や織物会社に50%超を出資し統括していた。各銀行や織物会社は、自立したパートナーシップであり、独立組織であった。つまり、独自の資本と、独自のパートナー、そして独自の会計を持っていた。しかし、このような自立性を有しながらも、メディチ銀行傘下の組織に50%超を出資していることになるメディチ家が、経営をコントロールし、支配する仕組みが確立されていた。このメディチ銀行の組織は、持株会社に極めて近いものであり、パートナーシップの結合体とみることができる[37]。また銀行業で獲得した利益により、毛織物業や絹織物業など製造業を興し、フィレンツェの基幹産業として発展させたこともメディチ家の功績として着目すべき点である。

・トスカーナの会計

トスカーナ地方の商人達は、13世紀にフランスのシャンパーニュ大市に出向き、銀行家を兼ねつつ国際的な活躍を始めた。そして、彼らはコンパニアと呼ばれるパートナーシップによる事業形態を形成し、経営規模を拡大していった。ヴェネツィアなどの海洋都市とは全く異なる経済環境であり、必然的に求められる会計情報も異なるものだった。会計の発展過程も、その特徴あるトス

---

[37] Roover (de) [1974] page 153. de Roover は、「corporations や joint stock companies よりもむしろ combination of partnerships であるという基本的な差異はあるが、メディチ銀行の組織は持株会社の組織に近似するものであった。」と述べている。

カーナ地方の経済環境から影響を受け、とりわけコンパニア組織の進歩に伴う経済規模の拡大や複雑化が会計を大きく発展させることになった。

現存する最古の勘定式会計記録は、1211年のフィレンツェの銀行家によるボローニャの定期市での貸付と回収の記録である。わずか2枚の断片的な記録しか残っておらず、帳簿や帳簿組織の全体像を知ることはできないが、一定の形式に従った記録が行われていたことを示しており、その後の記帳実務の発展を伺わせる。この勘定式の会計記録は、借方と貸方が上下対照となる形式が採用されている。

その他の13世紀末までのトスカーナ地方の会計記録の中では、次の二つの帳簿に発展を見ることができる。一つはシエナの商社[38]の現金出納帳であり、左に入金、右に出金と左右対照に記録したものが残っている。もう一つは、フィレンツェの商人[39]のシャンパーニュ大市での貸付金の記録である。記帳形式は上下対照であるが、貸付金勘定とその貸付先に対応する人名勘定が設けられており、記帳にはクロスレファレンスも付されている。このように、トスカーナは上下対照形式ではあるが、記帳を効率的かつ明瞭に行う努力の結果、対照勘定形式が実践的に採用されていたのである。

14世紀になり、コンパニアの形成による取引の増加や拠点の多数化は、さらなる会計の発展を促す動機となった。フィレンツェのペルッツィ社、バルディ社、およびアッチャイウォーリ社の三大商社の会計記録にもその形跡が伺える。この三社の膨大であったろう会計記録の大半は長い年月の間に失われているが、破綻処理の時に商務裁判所に提出された会計書類は、裁判所の文書庫

---

[38] Roover (de) [1974] page 127. シエナの最大規模のサリンベーニ (Salimbeni) 商会の1277年から1282年までの現金出納帳である。この左右対照の記録は、1281年12月8日から11日のわずか3日間の出納係不在時に代理の者が一枚の紙に記録したものである。後日、この記録を、出納係は現金出納帳に写している。

[39] Roover (de) [1974] page 123. リニエリ・フィニ (Rinieri Fini) とその兄弟による貸付金記録である。クロスレファレンスも示されており、取引を二面的に複式記帳している点から、複式簿記のトスカーナ起源説の根拠とされる帳簿である。しかし、帳簿全体が現存しているわけではなく、すべての取引が複式記帳されていたかどうか検証しえない。また帳簿締切手続等、不明点が多いため、複式簿記とは言い難いとされる。

に保管され、現存するものが多い。ペルッツィ社とバルディ社の2社の会計記録の分析によると[40]、最初は上下対照の勘定形式を用いた記帳であったが、取引数が増加するに従い、一冊の帳簿の前半を借方、後半を貸方とする前後形式が採用されるようになった。ペルッツィ社の帳簿を例に挙げると、前半の130フォリオ（葉）までが借方、131フォリオ以降が貸方と二分されている。そのうち、支出項目（主に預金者への支払利息）は借方部分のうち112フォリオ以降にあり、収入項目は貸方部分の最後128フォリオ以降に記帳されている[41]。この前後形式は、上下対照形式から左右対照形式への移行期とされる。しかし、これは対照勘定形式を採用しているものの、取引を二面的に捉えた複式記帳ではなく、増減を対照的に記入しただけでのものであり、複式簿記に至る一歩手前でのものであった。

　コンパニアの規模から考えると、多くの会計係が存在し、複数の帳簿があったと思われるが、そのような状況で、適宜に正確に記帳するために記帳方法は試行錯誤が繰り返されたことであろう。またコンパニアという形態のもとでは、パートナーへの利益分配の計算が重要であり、そのために損益計算が行われるようになった。パートナーの契約終了時には必ず損益が計算され、利益分配し、コンパニアは一旦解散した。そして解散時の残高は次の契約の開始残高へと振り替えられた。

　勘定式帳簿が用いられていたが、すべての取引が複式記帳されているわけではなかったため、損益計算は「財産法」により行われた[42]。実地棚卸に基づき、総資産から総負債および資本金を差し引いて算定されたのである。このような損益計算は、まだ定期的なものではなかったが、損益を確定するという目的のため、決算を行うことが定着していった。この点に、トスカーナ地方の会計の発展が特徴づけられる。損益計算を重視するがゆえに、決算を行うことが

---

[40] de Roover [1974] pages 128-136.
[41] de Roover [1974] page 135.
[42] de Roover [1974] page 135.「バルディおよびペルッツィにおいて、損益は、実地棚卸に基づく財産目録および財務記録から算出された。複式簿記による利益算定の過程を示すものは何もない。」と述べられている。

慣習となったのである。これは、決算や損益計算に関心が低かったヴェネツィアの会計と相対するものである。

・ダティーニ社の会計

　トスカーナ地方における単式簿記から複式簿記への移行は、14世紀後半に隆盛をみたダティーニ社の会計記録を検証することにより明らかになる。ダティーニ社は、創業者ダティーニ氏に後継者がなく一代で終わり、その莫大な資産は慈善基金として残された。基金の受託者は彼のポリシーを継承し、すべての記録を保管するものとした。その基金は、500年を経た今日も存続している。基金が管理する彼の屋敷には、彼の商業活動の記録もすべて残されていた。500冊に及ぶ帳簿、10万通の商業文書、契約書、為替手形、船荷証券、保険証書、小切手など膨大な量のもので、「ダティーニ文書」と呼ばれている。これらの文書をひもとくことにより、ダティーニ氏の経営手腕や構築した経営形態が明らかとなると同時に、会計実務の発展も明確となる。それはまさに単式簿記から複式簿記への移行期であり、複式簿記が完全に実施された時であったと言っても過言ではない。そのような会計実務の高度な発展は、大規模な企業体となったコンパニアを統括管理することを可能とし、それは優れた経営手腕として高い評価を受けることになったのである。

　1363年、アヴィニヨンの法王庁のお膝元で、ダティーニ氏は初めてパートナーとして出資し商社の経営に参画した。そして法王庁のローマ帰還に伴い、1382年に彼も故郷のトスカーナ地方プラートに戻り起業し、事業を大きく発展させた。

　彼の業績は、①1363〜1373年アヴィニヨン前期、②1373〜1382年アヴィニヨン後期、③1382〜1410年プラートの三つの期間に区分することができる[43]。第1期のアヴィニヨン前期は、断続的に異なる商人達と小規模なコンパニアを形成し、事業活動を行っていた。コンパニアのパートナーではあるが、出資も少額であり、出資割合も少なく、かつ契約内容も契約期間（コンパニアの継続

---

[43] Villain-Gandossi [1969] page 1.

期間）もばらばらであった。第2期のアヴィニョン後期は、独立期であり、パートナーと共にコンパニアを形成するのではなく、個人事業であった。事業内容は南フランスを中心とする多種の商品取引および両替であり、先のコンパニア参加時期に得た経験をもとに、直接取引や独占取引を含め強固な事業基盤を築いた。そして、第3期のプラート帰還後は、二人の決まったパートナーとコンパニアを形成し、1410年にダティーニ氏が没するまで続けられた[44]。起業の地、アヴィニョンをはじめ、イタリア半島内に本部プラート、そしてピサ、フィレンツェ、ジェノヴァの3拠点、スペインに2支店を持つバルセロナ拠点を設け、商社5社、製造業2社、個人会社2社を設立し、フィレンツェには銀行も設けていた。この拡大した経営組織は、個人会社を除き、それぞれの拠点がコンパニアの形式をとるものであった。本部と各拠点との関係は、拠点の独立採算としながらも、本部の強いコントロール下にあるもので、並列的でありながら同時に縦のつながりを有する特異なものだった。

　この三つの期間の区分は、会計期間のあり方にも対応するものである。コンパニアは、契約終了時に決算を行い、利益を確定し配分していた。したがって、第1期の会計期間は、コンパニアの契約期間が不規則であったため、その契約期間に応じて10カ月から2年以上に及ぶものまであり、統一された期間ではなかった。第2期は、完全な個人企業のため、会計期間に関しては不明である。第3期の会計期間は、わずかな例外はあったが、1月1日から12月31日までの1年と定められ、定期的な決算が行われた。つまり、毎年12月31日にコンパニアは解散し、翌日の1月1日に新たな契約のコンパニアが発足していたことを示すものである。これは継続企業の一定期間の決算ではなく、契約終了時の利益配分のための決算であり、それを原則暦年の1年間としたものであった。パートナーも、事業内容も、屋号も変わらないが、契約上コンパニアは解散と設立を繰り返していたのである。決算後の残高は、新年の新コンパニアの開始残高として振り替えられた[45]。形式的には、コンパニアの契約期間に

---

[44] Villain-Gandossi [1969] page X. 1363年の起業年から1416年まで会計記帳は続けられ、現在も保存されている。

基づくわけだが、もちろん期間損益の計算のための策である。

　ここに見られるように、ダティーニ氏は1年という会計期間を設け、厳格にそれを遵守したのである。コンパニアの契約に基づく利益配分のためとはいえ、期間損益の概念が生じていたことは明らかであり、経営上の有益な指標として用いられたことであろう。

　しかし、本部プラート、アヴィニヨンおよびフィレンツェ以外の拠点は、会計期間は一定ではなく、従来のようにコンパニアの契約期間に基づいていた様子がうかがえる。これは各拠点の自由裁量に委ねた結果なのか、本部の命令が及ばなかったのかは不明であるが、各拠点は決算報告の義務を負い、報告書は本拠地に集められ統括管理されたことは確かである。

・ダティーニ社の帳簿組織と記帳

　ダティーニ文書において、アヴィニヨンの帳簿の数が群を抜いて多く、現存する帳簿574冊のうち176冊がアヴィニヨンのもので[46]、本部プラートの冊数をも大きく上回る。それは、プラートに本部を構えたのちも、事業活動の中心拠点がアヴィニヨンにあったことによる。

　アヴィニヨン後期にあたる1376〜1379年の塩[47]の取引に関し、製塩から販売までを記した帳簿の分析[48]により、当時の帳簿組織や記帳状況をみることができる。

　帳簿に使われている言語は、トスカーナ地方の言葉である。ダティーニ氏や、記帳を担当しプラート帰還後はパートナーとなるボニンセーニャ・ディ・マッテオ（Boninsegna di Matteo）など、トスカーナ人が多かったことも理由に

---

[45] Villain-Gandossi [1969] page 2.
[46] Melis [1962] page 10.
[47] フランスの地中海沿岸のローヌ河河口地域は、強い日差しと風により、塩の産地であった。塩は必需品であり、かつ枯渇することのない資源である。歴代のフランス王や諸侯も製塩事業には力を入れており、製塩のための造成工事も行った。製塩に適した土地であるとともに、ローヌ河や地中海など交通の便にも恵まれていたことが製塩業の発達の要因であった。
[48] Villain-Gandossi [1969].

あげられている。そして従来通りローマ数字により記されている。偽造防止のため金銭に関する書類にはローマ数字の使用が続けられていたためだが、帳簿への記載はローマ数字によるものの、計算時には記帳担当者がインド・アラビア数字を使っていたであろうと解説されている[49]。

　この製塩事業の元帳は124フォリオ（248ページ）からなり、前後式の複式記帳が採用されている。前半が借方、後半が貸方で、インド・アラビア数字でページ数が付され、小さな字で、ぎっしりかつ整然と記帳されている。前後式の記帳方法に関すれば、この元帳に先立ちアヴィニヨン前期の1367年の元帳の開始ページにも「元帳は300フォリオ（葉）からなり、勘定別に日付順に、150フォリオまでを借方、151フォリオから最終葉までを貸方を記録する[50]」と記載されている。つまり、一定のフォリオ（葉）数をあらかじめ綴じ、フォリオ番号（ページ数）を振り、記帳を開始したことを示している。また、製塩事業の元帳には、フォリオとフォリオの間に薄い紙が所々に挟まれており、人名勘定（売掛、買掛など人別の債権債務勘定）の集計表などが記されている。

　貸借の用語は、dare（借方）とavere（貸方）が用いられ[51]、対照形式による複式記帳である。複式記帳では貸借の合計額は一致することがすでに理解され、貸借不一致の場合は、記帳に誤りがあることも認識されていたのである[52]。

　帳簿組織に関すれば、元帳に転記されるまでに複数の付属帳簿が用いられている。それらは、すべて取引ごとに、規則的に記帳されている。帳簿の記帳形式では、覚書帳（ricordanze）と日記帳（memoria）の2種類がある。日記帳と和訳を付すが、仕訳日記帳を示すものではなく、覚書帳の一種である。覚書帳

---

[49] Villain-Gandossi [1969] page 15.
[50] Villain-Gandossi [1969] page 23.
[51] Villain-Gandossiは、貸借のフランス語訳について、「混同を避けるため、«dèe dare» はdoit donnerではなくse trouve devoirとし、«dèe avere» はdoit avoirではなくse trouve avoirとする」と述べている。また、人名勘定で使われている «dèe dare» はdoit donner、«anne dato» はa donnéとし、«dèe avere» はdoit avoir、«anne auto» はa reçuとする」と記している。
[52] Villain-Gandossi [1969] page 17.

図1-2　帳簿の種類と記帳の流れ

には、会計情報のみならず取引の必要情報全体が記されている。日記帳は日付毎に時系列に記帳されていたことから、覚書帳の記載形式とはやや異なるものであった[53]。帳簿の種類と記帳の流れを図1-2に示す。

覚書帳および日記帳から、元帳あるいは現金出納帳や商品勘定帳に転記された。転記先、転記元のクロス・リファレンスがきちんと記入されていることも注目すべき点である。

商品勘定については、この製塩事業の場合、商品勘定はもちろん塩の勘定であり、他に塩の受払簿（有高帳）も塩田ごと、倉庫ごと、店舗ごとに設けられ塩の流通が記録された。多種の商品を扱う場合は、商品ごとに商品勘定が設けられていた。商品勘定の借方には仕入帳から仕入価額が転記され、貸方には売上帳から売価により転記された。現在の総記法のような記帳であるが、期末棚卸高を用いる期末処理の方法がまだ確立されていなかったため、人為的に設けた決算期には売上利益を算定することはできていない。

仕訳帳は、まだこの時期には用いられていないが、この複数帳簿制による帳簿組織や記帳の体系化は、年を追うごとに進歩し精緻さを増している。それは、第1に規則正しい記帳、第2に日付順および取引ごとの記帳、そして最後に一定期間の要約表の作成が行われていることなどに見られる。また勘定の数

---

[53] Melis [1962] page 358.

や体系も無尽蔵に案件ごとに増やすのではなく、グループ化し元帳に記帳するよう配慮されていた。

人名勘定の締切に関しては、貸借が一致している場合は、斜線を引き、勘定を消去している。また、貸借不一致の場合、金額が僅少な場合は、誤謬とし、勘定を消去するが、重要なものは検証し次期繰越として開始残高に引き継がれた[54]。商品勘定の実地棚卸も行われており、実地棚卸高と帳簿残高が一致すべきことも認識されていた。

・前後式から左右対称の記帳へ

トスカーナ地方における左右対照形式の採用の事例では、1382年のフィレンツェの商人パリアーニ（Pariani）の帳簿が最も古く、その元帳には「ヴェネツィア式」と冒頭に明記され[55]、記帳が開始されている。この頃が、まさに前後対照から左右対照への移行期であり、現存するダティーニ社の帳簿においては、1383年に設立されたピサ拠点の元帳に左右対照の記帳が認められる[56]。設立年の元帳からすでに左右対照が採用された理由として、ピサ拠点の会計担当者の知識が優れていたこと、また従来からの帳簿を移行していく手間がなく新規に始められたことなどが挙げられている[57]。

ただし、元帳に用いられた左右対照形式は、当初、人名勘定のみだった。また、それらの記帳が単に左右対照に記帳しただけではなく、複式記帳であったか否かも論点となり、複式記帳であるとするには、異論も唱えられた。それは、元帳上に現金勘定がなく、現金出納帳へ記帳されていることへの指摘であったが、各勘定と現金出納帳の照合が可能であるため複式記帳を否定するものではないとされ[58]、複式記帳に関しては移行期が終わり、定着したとみられている[59]。

---

[54] Villain-Gandossi [1969] pages 18-19.
[55] Roover (de) [1974] page 144.
[56] Villain-Gandossi [1969] page 22.
[57] Melis [1962] page 403.
[58] Roover (de) [1974] page 146.

人名勘定にまず左右対照形式が用いられたのは、やはり債権債務の把握が重要事項であったことによる。続いて、左右対照形式は現金勘定、商品勘定、そして一般費用勘定へと広がっていった。左右対照形式の採用は、上下式や前後式に比べ、効率がよく優れていると認識されたからであろう。これらダティーニ社やパリアーニ氏の帳簿から、1380年代前半に左右対照式がトスカーナ地方の会計に導入され定着していったことが明らかになる。その後1386年までにはダティーニ社のピサ拠点およびフィレンツェ拠点は完全に左右対照形式に移行し、さらに1393年にはダティーニ社全拠点において左右対照形式で記帳が行われたと見られる[60]。

・損益計算書の作成

ダティーニ社の会計では数々の実務上の進歩に加え、さらに損益計算書が作成されている点に、複式簿記の著しい発展が認められる。従来から損益計算を重視していたトスカーナ地方であるが、複式記帳が完全に遂行される以前は、損益は資産と負債の実地棚卸により作成される「ビランチオ（bilancio）[61]」に基づいて計算されていた。ビランチオによる損益計算の方法とは、資産から負債および資本を差し引く、つまりビランチオ上の貸借差額により計算するものである。この「財産法」による算出方法では、損益の額は把握できるが、損益の源泉を知ることはできないという欠点がある。複式記帳が採用されていても、部分的であったり、不正確であったりすれば、損益計算書を作成することはできない。そのためダティーニ社でも複式記帳を開始していたが、初期には実地棚卸のビランチオを作成し損益を算定していた。しかし、その後の複式記

---

[59] Villain-Gandossi [1969] page 23.
[60] Peragallo [1938] page 27.
[61] 現在では、ビランチオ（bilancio）は、貸借対照表を意味する。当時は実地棚卸に基づく資産および負債の一覧であった。財産表と異なるのは、実地棚卸高を時価評価していた点や、資本金、未払金、引当金などの項目が含まれていた点である。また、その頃のものは、左右対照の貸借に分かれた一覧表ではなく、長いリスト状の記載であった。フランス語では、ビラン（bilan）と呼ばれ、現在では貸借対照表を示す。

表1-1　アヴィニヨン　1367年10月25日〜1368年9月27日[62]

1368年9月27日において、店舗商品、家具、備品	3141f. 23s. 4d.*
日記帳Bおよび元帳黄色Aより債権	6518f. 23s. 4d.
商品、備品、債権の合計	9660f. 22s. 8d.
元帳の負債合計、FrancieschoとToroの2人のパートナーの資本金を含む。	7838f. 18s. 9d
1367年10月25日から1368年9月27日までの10カ月22日間の利益	1822f. 3s. 11d
この利益を2人のパートナーFrancieschoとToroに分配する。	
利益の半分をFrancieschoに。	911f. 2s.
利益の半分をToroに。	911f. 1s. 11d

注：*数字は、すべてアルファベットによるスペルとローマ数字で表記されている。

表1-2　ダティーニ社ピサ拠点1397年11月25日〜1399年8月15日損益勘定[63]

家事費（賄い費）		商品販売益	1000f.	6s. 1d.
1398/9/5〜1399/8/15	211f. 1s. 9d.	為替利益	145f.	4s. 3d.
利益		受取手数料	208f.	20s. 4d.
次期繰越	142f. 18s. 11d.			
パートナーManno持分へ	333f. 6s. 8d.			
パートナーFranciescho持分へ	666f. 13s. 4d.			
合　計	1354f. -s. 8d.	合　計	1354f.	-s. 8d.

帳の完遂は、「損益法」による損益計算を可能にし、損益計算書の作成を実現したのである。逆に言えば、損益計算書の作成は、すべての取引が複式簿記により正確に記帳されるようになったことを意味する。

　現存するダティーニ社の決算書のうち、ビランチオに基づく「財産法」による書類と「損益法」による書類を例示すると次のとおりである。1368年アヴィニヨン拠点の書類と、その約30年後の1399年ピサ拠点の書類である（表1-1、表1-2）。

---

[62]　Peragallo [1938] pages 28-29.
[63]　Melis [1962] page 185.

この二つの書類が示すとおり損益の計算方法は、実地棚卸に基づくビランチオの貸借差額から求める方法から、収益と費用の損益勘定から求める方法へと進歩している。いつから損益法による算定を可能としたのか、その正確な時期は不明であるが、アヴィニョン初期の起業間もない頃から30年の間に損益法に移行したことは確かである。一方、いずれの書類も利益算出後にその利益処分も表記している共通点があり、利益算定の目的が配当にあったことが明らかになる。

　後者の損益勘定からの利益算定の手順は、損益勘定をまず締め切り、損益を算定し、続いて利益処分を行っている。そして利益処分の記帳後に資産・負債および資本を締め切っているため、ここで記載される資本金は、利益処分後の資本金であるので、作成されるのは閉鎖残高勘定ではなく次期の開始残高となる。損益計算書が作成されるようになってからは、この次期開始残高勘定がビランチオと呼ばれるようになり、実地棚卸から作成するビランチオとは全く異なるものとなった。

　損益計算書が作成できるようになったとはいえ、誤記帳や計算間違いも当然発生していたし、貸借が一致した残高試算表を作成していたわけではないので、先に損益勘定を締め切ると、貸借不一致の場合はその誤差がすべて次期繰越残高に影響した。その貸借不一致額は誤謬（errori）として次期に繰り越され、検証不能の場合は次期の損益で解消された。

　また、損益計算書の作成は、経営分析に有用であったことも明らかであり、会計記録の用途の拡大につながるものである。さらに、各拠点から本部へ会計報告が行われていたことにも注目すべきである。拠点の会計報告の徹底と、本部による報告書のチェックは、拡大したコンパニアを統括する効果的な手段であった。これらの記帳技術の進歩、定期的な決算および会計報告が、ダティーニ社の発展に大きく寄与したであろうことは疑いの余地がない。

　このような複式簿記の発展は、コンパニアという企業形態に伴う、損益計算の必要から生じたトスカーナ地方の特徴的な帰結であり、複式簿記完成への重要な進展として位置づけられる。

4. メディチ銀行

・メディチ銀行の創立から破綻

　トスカーナの歴史のみならず、ヨーロッパの歴史においても重要な位置を占めるメディチ家、その繁栄をもたらしたメディチ銀行の数々の資料を分析することは、経済、経営、そして会計分野の研究において意義深いものである。

　メディチ家の起源は明らかではないが、メディチ銀行グループの商標としても用いられていたメディチ家の紋章は、丸薬を意匠としたものと言われ、またメディチ（Medici）は医師（medici）に由来しているとも言われることから、医師あるいは薬剤師の家柄であったというのが通説となっている。1397年、フィレンツェにてメディチ銀行は創設され、以来5代のメディチ家当主により、1494年の破綻まで約100年に渡り経営が続けられた。フィレンツェでの銀行創設に先立ち、創業者であるジョヴァンニ（Giovanni）は、兄フランチェスコ（Francesco）と共に遠縁が経営する銀行で修業し、同行のローマ支店の責任者に抜擢された。経営者である親戚の引退に伴いローマにおける事業をジョヴァンニが、フィレンツェの事業を兄が承継した。その後、ジョヴァンニは自己の事業本拠地をローマからフィレンツェに移し、先に三大商社として名を馳せたバルディ一族の一人をパートナーとし、1397年にメディチ銀行を創設したのである。

　メディチ銀行もダティーニ社や三大商社と同じく、組織形態はコンパニアであった。つまり、創業者一族と外部のパートナーの出資によるものであった。このメディチ銀行と三大商社には少なからず相違点がある。まず、三大商社が多くのパートナーにより出資されていたのに対し、メディチ銀行は少数のパートナーによるものだった。そして、一族の出資割合を半分以上にする点は一致しているが、メディチ銀行の場合は破綻するまで過半数を維持していた。また、メディチ銀行では、本部および各拠点の一族以外の責任者を経営組織上パートナーとし、出資を求め、無限責任とした。これは、彼らに責任を持たせるための方策であった。三大商社は、拠点の責任者達にも給与という形で報酬を払っていたのに対し、メディチ銀行は出資分に相当する割合で利益配分し報

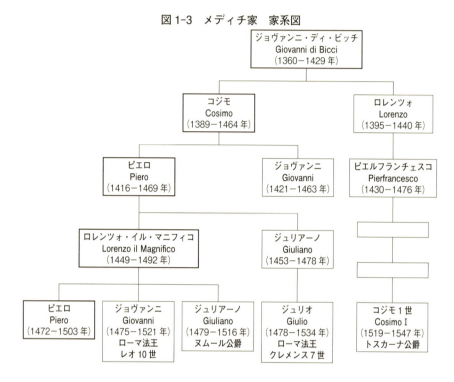

図1-3 メディチ家　家系図

酬とするとともに、生活実費を支給していた。各拠点の経営は一定の契約範囲はあるものの、責任者の自由裁量に任せ、報酬も利益を出資割合で分配する形をとった。つまり、責任者自身の経営手腕に基づく報酬となるわけだ。

このような出資割合、経営者組織や利益分配などは、秘密帳[64]と呼ばれる記

---

[64] libre segreti（confidential ledgers）と呼ばれるもので、パートナー勘定（出資の増減）、利益勘定（利益処分）、拠点別出資額、メディチ銀行および全拠点の損益計算、および従業員の給与を含む人事項目などが記されている。会計担当者に任されたものではなく、パートナーの1人が記帳し保管していた。パートナー以外の者は見ることができなかったため、秘密帳と呼ばれていた。常に同じ形式に基づいて記載されており、資本割合の変遷など重要な資料となる。

発見された秘密帳のうち、1冊目は創立者であるジョヴァンニ・デ・メディチ、2冊目はイラリオン・デ・バルディ、3冊目はジョヴァンニ・ベンチの手による記入であることが判明している。

表 1-3　メディチ銀行資本割合の変遷

出資者	出資額 フローリン[65]	出資割合 (%)
1397 年創立[66]〜1420 年	(8,000)	
ジョヴァンニ・ディ・ビッチ・デ・メディチ 　Giovanni di Bicci de' Medici	6,000	75
ベネデット・ディ・リッパチオ・デ・バルディ 　Benedetto di Lippaccio de' Bardi	2,000	25
＊ジョヴァンニ 1420 年引退 　　＊ベネデット・デ・バルディ（1420 年死去）		
1420〜1435 年	(24,000)	
コジモ・ディ・ジョヴァンニ・デ・メディチ[67] 　Cosimo di Giovanni de' Medici	8000	33
ロレンツォ・ディ・ジョヴァンニ・デ・メディチ 　Lorenzo di Giovanni de' Medici	8000	33
イラリオン・ディ・リッパチオ・デ・バルディ 　Ilarione di Lippacio de' Bardi	8000	33
＊イラリオン・デ・バルディ（1433 年死去）		
1435〜1441 年	(44,000)	
コジモ・ディ・ジョヴァンニ・デ・メディチ 　Cosimo di Giovanni de' Medici	16,000	36
ロレンツォ・ディ・ジョヴァンニ・デ・メディチ 　Lorenzo di Giovanni de' Medici	16,000	36
ジョヴァンニ・ダメリゴ・ベンチ 　Giovanni d'Amerigo Benci	6,000	14
アントニオ・ディ・フランチェスコ・サルターティ 　Antonio di Francesco Salutati	6,000	14
＊ロレンツォ（1440 年死去）		
1441 年	(44,000)	
コジモおよびロレンツォ出資分 　　＊ロレンツォの息子が幼少だったためコジモが代行	32,000	72
ジョヴァンニ・ダメリゴ・ベンチ 　Giovanni d'Amerigo Benci	6,000	14
アントニオ・ディ・フランチェスコ・サルターティ 　Antonio di Francesco Salutati（1443 年死去）	6,000	14
1451 年	(72,000)	
ピエロ・ディ・コジモ・デ・メディチ 　Piero di Cosimo de' Medici	13,500	18.75
ジョヴァンニ・ディ・コジモ・デ・メディチ 　Giovanni di Cosimo de' Medici	13,500	18.75
ピエルフランチェスコ・ディ・ロレンツォ・デ・メディチ 　Pierfrancesco di Lorenzo de' Medici	27,000	37.50
ジョヴァンニ・ダメリゴ・ベンチ 　Giovanni d'Amerigo Benci（1455 年死去）	18,000	25
＊アントニオ・サルターティ相続人持分 　　＊コジモ（1464 年死去） 　　＊ジョヴァンニ・ディ・コジモ（コジモの次男） 　　　（1463 年死去）	3,083	

出典：Roover de [1964] を参考に筆者作成。

録簿に記されている。メディチ銀行の資料も長い年月の間に失われたものが多いが、1950年に発見された3冊の秘密帳は、メディチ銀行の分析に非常に有用な資料だ。1冊目が1397年設立～1420年、2冊目が1420～1435年、そして3冊目が1435～1451年と、約50年間の記録が綴られており、冊数の区切りはメディチ銀行の組織変更の節目となっている。

1397年創業者のジョヴァンニは、継承したローマに事業拠点を置き、フィレンツェにメディチ銀行の本部を構えた。その数年後の1400年にナポリ（1426年閉鎖）、1401年ヴェネツィアと銀行業の拡大を図りつつ、毛織物製造業にも着手し、1402年に毛織物会社を設立した。ジョヴァンニが引退する1420年までの創設期には、事業拠点はイタリア半島内にとどまっており、アルプス以北へはまだ進出していなかった。また、メディチ銀行の利益の大半はジョヴァンニが事業を継承したローマで、法王庁との取引によるものであった。

2代目のコジモは才覚に長けた経営者であり、初代が創設した基盤を大きく拡張し盤石な経営体制を整えた。コジモの時代を大きく三つに分けると、事業を継承した1420年（31歳）から1435年までの第1期は、事業の拡大よりもむ

---

[65] フィレンツェの通貨単位。イタリア語ではフィオリーノ（fiorino）、仏語のフローリン（florin）を経て英語もflorinとなる。1252年フィレンツェの紋章である百合の花の模様のフィオリーノ金貨が発行されたことによる。金の含有量を変えなかったことにより、その安定性ゆえ国際通貨となり、ヨーロッパの金貨のスタンダードになっていた。1フローリン＝20ソルディ＝240デナーリ（1florin＝20soldi＝240denari）である。

　これに続き、1284年にヴェネツィアはドゥカード金貨を発行した。ヴェネツィアは、ドゥカード（ducado）をフローリンのサイズや重量に準じたものにしたが、両国の度量衡制度が異なっていたため、重量にわずかな差が生じた。両金貨とも純度約99.5％の金を約3.5g含み、当時の冶金精製技術の最高の純度であった。

[66] Roover（de）[1966] page 39. 創設に際し、もう1人のパートナー、ジェンティレ・ブオーニ（Gentile Buoni）と共に、メディチ5,500フローリン、バルディ2,000フローリン、ブオーニ2,500フローリン（合計10,000フローリン）と設定したが、ブオーニの経営手腕の評判が芳しくなかったため、パートナーから除き、出資割合も変更された。

[67] 当時のイタリア人の名前は数多くなく、また一族の中では同じ名前が繰り返し命名される場合があるので、混同を避けるため、名前の次に父親の名前を続け、そして姓を示す方法がとられていた。つまり、（本人の名）、ディ（di）（英語のofの意味）（父親の名）、（姓）という表記となる。父の名があることで、親子関係や兄弟関係が明らかになる。

しろ充実に主眼をおいた時期であった。新たな拠点の設立はジュネーブのみだが、各拠点の利益の増加は顕著である。また、この時期にコジモはフィレンツェの政争により 1433 年に 10 年間のフィレンツェ追放の判決を受けてヴェネツィアに亡命した。しかし、わずか 1 年でフィレンツェへの復帰が叶った。この追放と復帰は、むしろコジモの強力な政治的基盤の構築に寄与し、大きな権力を握ることになった。

　フィレンツェ復帰の翌年 1435 年には新しい総支配人（パートナー）2 名を迎え経営組織を刷新し、資本金額も 24,000 フローリンから 44,000 フローリンへと増額した。この年からが第 2 期にあたり、事業拡張の時期である。イタリア半島内にとどまっていた拠点もアヴィニョン、バーゼル、ブルージュ、ロンドンと拡がり、フィレンツェには毛織物会社 1 社、絹織物会社 1 社が新たに加わった。利益総額も創業者の時代に比べて、約 2 倍に増加している。ローマから上がる利益額は、創業者時代とほぼ同水準を維持しているが、利益総額に対する割合は 50% 超から約 30% に減少している。これは他拠点の利益の増加を示すものであり、メディチ銀行グループの順調な経営のあらわれである。

　第 3 期は、コジモの引退の年、1451 年以降である。甥が 20 歳となり、コジモが代行していた弟の持分を甥に戻し、コジモ自身の持分は 30 歳代となった息子 2 人に引き継いだ。この組織変更により、資本割合はメディチ家 4 分の 3（コジモの息子がそれぞれ 4 分の 1、甥が 2 分の 1）、敏腕総支配人ベンチの持分 4 分の 1 となり、資本も 72,000 フローリンと増額した。こうしてコジモの名前は経営組織から消えたが、実質上の引退ではなかったようだ。とはいえ、次世代への引き継ぎは着々と行われ、病弱だった長男ピエロに代わり、次男のジョヴァンニが総支配人としてビジネス面での経験を積んでいった。しかし、次男はわずか 42 歳で、父コジモより 1 年早く世を去った。この 1451 年以降の期間には、ミラノの拠点が新たに設立されたのみであり、積極的な拡大路線ではなかった。1464 年にリヨンにも設立されるが、これはジュネーブの拠点をリヨンに移転したものであり、拠点の増加ではない。1469 年コジモ死去の頃が、メディチ銀行の最盛期と言われている。

　コジモがつくり上げたメディチ銀行の組織は、現存する 1451 年のメディチ

表1-4 メディチ銀行貸借対照表 1451年3月24日

(通貨単位：フローリン)

資　産		
フィレンツェ・ローカル・バンク		12,952
アヴィニヨン		8,400
ブルージュ		10,800
ジュネーブ		11,807
ロンドン		4,800
ヴェネツィア		7,700
銀行業務合計		56,459
毛織物会社		2,500
毛織物会社		3,500
絹織物会社		4,800
絹織物会社　未処分利益		7,824
合　計		75,083
負　債		
資　本		
ピエロ・ディ・コジモ・デ・メディチ	13,500	
ジョヴァンニ・ディ・コジモ・デ・メディチ	13,500	
ピエルフランチェスコ・ディ・ロレンツォ・デ・メディチ	27,000	54,000
ジョヴァンニ・ダメリゴ・ベンチ		18,000
資本合計		72,000
アントニオ・サルターティ遺留分		3,083
合　計		75,083

出典：de Roover [1966] 67 page[68].

　銀行の貸借対照表（表1-4）および資本関係書類（表1-5）から明らかになる。独立したコンパニアである各地の銀行および企業はメディチ銀行傘下にあり、その企業グループの図式は、現在の持ち株会社と同様である。

---

[68]　原典は、フィレンツェ国立古文書館 ASF (Archivio di Stato di Firenze) 所蔵、君主制以前のメディチ家資料 MAP (Mediceo avanti il Principato), filza153, doc. 3, folio 92-97.

表1-5 メディチ銀行資本関係 1451年3月25日

拠点	出資者	現地通貨額	フィレンツェ通貨額	出資割合
アヴィニヨン		小フローリン	フローリン	
	メディチ銀行	14,000	8,400	87.50
	パートナー G. Zampini	1,000	600	6.25
	パートナー V. di B. Peruzzi	1,000	600	6.25
	合計	16,000	9,600	100
ブルージュ		ポンド (goat)	フローリン	
	メディチ銀行	2,160	10,800	72.00
	パートナー G. de' Pigli	540	2,700	18.00
	パートナー A. J. Tani	300	1,500	10.00
	合計	3,000	15,000	100
ジュネーブ		エキュ (64)	フローリン	
	メディチ銀行	10,500	11,807	87.50
	パートナー F. di T. Sassetti	1,500	1,687	12.50
	合計	12,000	13,494	100
ロンドン		ポンド (sterling)	フローリン	
	メディチ銀行	800	4,800	80.00
	パートナー G. de' Pigli	200	1,200	20.00
	パートナー S. Nori	…	…	…
	合計	1000	6,000	100
ピサ			フローリン	
	メディチ家		2,000	33.30
	パートナー C. de' Mrsuppini		2,000	33.30
	パートナー U. Martelli		1,000	16.70
	パートナー M. Masi		1,000	16.70
	合計		6,000	100
ヴェネツィア		ドゥカート	フローリン	
	メディチ銀行	7,000	7,700	100.00
	パートナー A. Martelli	…	…	…
	合計	7,000	7,700	100
毛織物会社			フローリン	
	メディチ銀行		3,500	58.30
	パートナー A. Giuntini		2,500	41.70
	合計		6,000	100
毛織物会社			フローリン	
	メディチ銀行		2,500	62.50
	パートナー A. di Taddeo		1,500	37.50
	合計		4,000	100

絹織物会社

		フローリン	
	メディチ銀行	4,800	66.70
	パートナー B. Berlinghieri	1,800	25.00
	パートナー J. Tanaglia	600	8.30
	合計	7,200	100
	メディチ銀行　持分	54,307	
	フィレンツェ・ローカル・バンク	12,952	
	絹織物会社未処分利益	7,824	
	合計	75,083	

出典：de Roover [1966] 67 page[69]．

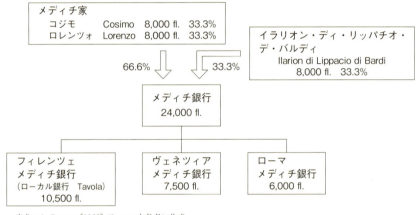

図1-4　メディチ銀行経営組織図　1420年

出典：de Roover [1966] 49 pageを参考に作成．

　3代目当主となったピエロは「痛風持ちのピエロ」「病弱なピエロ」と呼ばれ、寝室から経営上の指示を出していたと言われる。実務経験は少なかったが、父コジモの死の直後に起こった破産と倒産の恐慌状態のなかで、堅実なかじ取りを行った。それまでの拡大路線を変更し、縮小へと向かった。ヴェネ

---

[69] 原点は、ASF, MAP（Mediceo avanti il Principato), filza153, doc. 3.

第1章　フランス会計制度の展開　57

図1-5　メディチ銀行経営組織図　1451年3月25日[70]

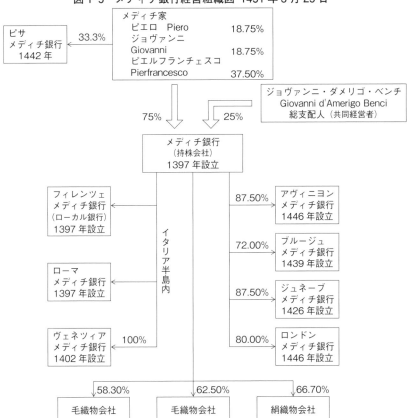

注：＊ミラノ・メディチ銀行 1452年設立。
出典：de Roover [1966] 67 page および 83 page を参考に作成。

---

[70] フィレンツェには、各拠点の銀行や企業を傘下におく持株会社としてのメディチ銀行と、傘下にあるローカル銀行があった。2行の業務内容は当然異なり、フィレンツェ市街にあるが所在地も異なっていた。2行は、持株会社の方をバンコ（Banco）、ローカル銀行の方をタヴォラ（Tavola）と呼び分けられていた。Banco も Tavola も台（ベンチやテーブル）を意味し、両替商や銀行家が市に出向いて、台を置いて仕事をしていたことに由来する呼称である。Banco はイタリア語では Banca となり銀行を意味するようになった。他の言語での銀行の意味もここから派生したものである。

ツィアをも含む不採算拠点の閉鎖や不良債権の整理などを行い、ロンドンではエドワード4世への債権、ミラノではスフォルツァ家への債権など、大口取引を清算した。当主となってわずか5年で死去し、4代目となるロレンツォに引き継がれた。

　ロレンツォが当主となった時は、20歳の若さであった。すでにルネサンス文化の中心として名声を馳せていたフィレンツェは、素晴らしい芸術家を多く輩出していた。そのような芸術家の擁護や育成のパトロンとして、メディチ家は文化史上でも後世に名を残している。また、メディチ家は政治権力も掌握しており、「偉大なるロレンツォ」と称される彼も、政治や芸術の分野での手腕は認められていたが、銀行経営には関心も薄くその評価は決して高いものではなかった。この頃にはメディチ銀行は巨額の赤字を抱えていたとされる。歴代の当主には有能な総支配人がパートナーとして経営を共に担っていたが、そのような人材に恵まれなかったことも4代目にとって不幸なことであった。

　1492年にロレンツォが43歳で亡くなり、20歳の長男ピエロが引き継いだ。ところが、直後の1494年のフランス王シャルル8世のフィレンツェ侵攻により、フィレンツェから追放となり、メディチ銀行も破綻する。銀行の破綻は、繁栄のピークであった2代目の死後以降の衰退によるものであり、決してこの追放ばかりが原因ではない。こうして5代にわたって当主が経営に携わったメディチ銀行の時代は終わった（図1-4、図1-5）[71]。

---

[71]　メディチ銀行は破綻したが、これはメディチ家の終焉ではなく、1512年再びフィレンツェの政界に復帰した。そして1532年、神聖ローマ帝国カール5世の命により、メディチ家当主はフィレンツェ公となり、国名をフィレンツェ公国と改めた。メディチ家の台頭以来、名ばかりの共和制であったが、これによりフィレンツェは名実ともに君主制へと移行したことになる。さらに、フィレンツェ公国はトスカーナ公国、次いでトスカーナ大公国へと移行し、領土もトスカーナ地方全域に拡大した。初代トスカーナ公から7代目のトスカーナ大公までメディチ家が世襲の君主となり、その間に法王2名、フランス王妃2名を輩出した。そして、7代目大公の没年（1737年）をもってメディチ家の血筋も絶えることとなった。

・メディチ銀行の会計報告書

　前段では、メディチ銀行の創立から破綻までの歴史を、トスカーナ地方の特徴的な事業形態であるコンパニアの発展を中心に検証した。イタリア半島内外での銀行拠点および織物製造会社を、フィレンツェのメディチ銀行本部の傘下に置き、持ち株会社の様式を構築し完璧な形で運営していたことは、何世紀も経た現代でも驚くに値する。各銀行拠点の経営に自由裁量を認めつつ統括する方法と手腕は高く評価され、経営学の視点からも数々の分析と研究がなされている。

　15世紀における一大国際企業であるメディチ銀行は、規模の拡大、収益の増加にともない往々に生ずる管理能力の問題にも卓越した手腕で対処し、それは他に類をみない。その各拠点の統括と管理に有益であったのが、定期的な決算と会計報告であった。各拠点のパートナーである責任者は、毎年帳簿を締め切り、決算を行い、会計報告書をフィレンツェの本部に送ることが義務付けられていた。そして、フィレンツェ本部の総支配人は、提出された会計書類に入念に目を通し、経営や財務状態を把握し、各拠点へ適切な指示を行った。現存する各拠点の会計書類には、総支配人の細かなチェックとコメントが残されている。

　年に一度の決算は経営上非常に有益であったとともに、各拠点のパートナーの報酬、つまり利益配分のため、利益の算定は必要不可欠なものであった。また、利益の源泉を示す損益計算書も、経営上重要性を増していったものと考えられる。

・ミラノ・メディチ銀行

　ミラノ・メディチ銀行は、1452年に設立された。2代目の敏腕経営者コジモの存命中であったが、3代目当主「病弱なピエロ」の時代である。現在発見されている3冊の秘密帳は、ちょうど1451年の経営組織の代替わりのときが3冊目の終わりとなっている。そのため、このミラノの設立およびその後の経営状態については、秘密帳上での記述は発見されていない。この拠点の設立は、商業上の需要によるものではなく、ミラノ公爵およびスフォルツァ家の政治的

理由からのものだった。しかし、1460年のミラノ・メディチ銀行の会計報告書は、現存する会計報告書の中で、欠落や判読不能箇所がなく唯一完全に残っているものであるため、資料として非常に貴重なものである。

　1460年3月24日[72]締めの決算報告書類は、4月12日に本部に送付された年次報告書の添付書類である。この会計書類は、(1) 現金有高明細表、(2) 本部秘密帳上の残高、(3) 収益・費用勘定の集計（損益計算書に該当）、(4) 元帳の貸借対照表科目残高およびその集計表（貸借対照表に該当）の4種類に分けられる。

　この会計書類は、フィレンツェの国立古文書館に保管されているが、そこでの編纂の通りに書類を並べると、会計書類としてばらばらになり、内容を把握しかねることになる。これは、一部を除き書類にページの記載がないため、長い年月の間に順番が狂い、古文書館での保管もオリジナルのページ順と異なるものになったと推察する。オリジナルのページ順は定かではないが、全8フォリオ（葉）（1フォリオはページ表裏の現代の2ページ分に相当）にわたる決算書類を表1-6に示す。

　これらフィレンツェ暦1459年度（1459年3月25日～1460年3月24日）のミラノ・メディチ銀行決算報告書類は、ローマ数字ではなくインド・アラビア数字で記載されている。これは数字の周知のみならず、会計書類が債権債務の証拠書類以外の役割も担うに至ったことを示す。

　また、ダティーニ社の会計期間では、本部は1月1日からの1年であったが、他の拠点の会計期間は統一されていなかったのに対し、メディチ銀行は、このミラノ拠点でもみられるように、ミラノ公国が採用していたピサ暦ではなく本部と同じフィレンツェ暦の1年を会計期間としている。次項で検証するフランスのリヨン拠点もフィレンツェ暦が適用されており、ヴェネツィア拠点やアヴィニヨン拠点などでも同様にフィレンツェ暦で会計期間が定められてい

---

[72] 当時のフィレンツェ共和国の暦年は、3月25日を始まりとした。3月25日はキリスト教の受胎告知の日で、12月25日のキリスト生誕祭（クリスマス）の9カ月前である。したがって、会計上も3月24日が年次決算日であり、貸借対照表日となる。

表1-6　1459年度ミラノ・メディチ銀行決算報告書類[*1]

	書類の種類	ページ数[*2]
(1)	現金有高明細表　その①	35ページ表
	その②	35ページ裏
	その③	38ページ表
	（余白ページ）	38ページ裏
(2)	秘密帳残高（借方1項目、貸方20項目）	36ページ表
	（余白ページ）	36ページ裏
(3)	収益・費用勘定集計表（P/Lに該当）	37ページ表
	（余白ページ）	37ページ裏
(4-1)	元帳　借方残高明細　その①（31項目）	34ページ表
	その②（30項目）	34ページ裏
	その③（22項目）	39ページ表
	貸方残高明細　その①（34項目）	39ページ裏
	その②（26項目）	40ページ表
(4-2)	借方残高（資産）集計表	40ページ裏
	貸方残高（負債・資本）集計表	41ページ表
	（余白ページ）	41ページ裏

注：[*1]　書類の内容から考えうる並べ方による。（筆者考案）
　　[*2]　フィレンツェ国立古文書館の保管編纂のページ数。
(1) は、手元現金有高で、そのうち多種類の外国通貨はミラノ公国の通貨であるリラに換算され表示されている。
(2) は、フィレンツェの総支配人が保管している秘密帳に記載されているミラノ・メディチ銀行の勘定残高表であり、資本、繰越利益および預金に関するものである。
(3) は、収益と費用の集計表であり、損益計算書に該当する。
(4) は、元帳の貸借対照表科目の残高（4-1）と、そのページごとの合計額および秘密帳の合計額を集計した表（4-2）から成る。両者は、先に明細表、次いで集計表と続いて記されており、二つで一つの書類と捉えることができる。元帳の残高明細は、借方が3ページにわたり83項目、貸方が2ページ60項目である。

た。会計期間は全拠点で統一され、それは本部の経営統括上の理由から生じたものであろう。ここに期間損益の概念が定着し実践されたことが確認できる。

表 1-7 ［決算報告書類 (2)］フィレンツェ本部の秘密帳上の残高*

（単位：ミラノ・リラ[73] £）

貸方	£	s.	d.
預金（15項目合計額）	175.050	10	0
出資金（メディチ家）	40.000	0	0
出資金（支配人）	3.000	0	0
1457年繰越利益	30.206	2	10
1458年繰越利益	28.410	3	8
当期利益	27.785	3	3
合　　計	304.451	19	9
借方			
メディチ家	42.485	3	1

　メディチ・ミラノ銀行の会計報告書類の主要部分を表1-7～表1-9に示す。

　［決算報告書類 (2)］（表1-7）は、フィレンツェ本部の秘密帳上の残高である。貸方には20項目が記されている。原典では、預金（債権者）15項目の他、資本金2項目、過年度未処分利益2項目が順不同に記載されており、最後に当期利益27,785 £3s 3d が記されている。前述の表は、わかりやすくするため筆者が貸付金15項目の小計を記し、順序を並べ替えたものである。メディチ家およびパートナーの出資金は資本として記載されている。資本金の約4倍にも上る預金は、大きな資金調達源であるが、出資金ではなくあくまで預金として扱われている。秘密帳の性格から考えれば、ここに預金者リストを記載することは不可解であり、資本と負債が区別されていないことを示すものであるが、記載の理由は不明である。

　［決算報告書類 (3)］（表1-8）は、損益計算書に該当するものである。この

---

[73] ミラノ公国の通貨単位は、リラ（Lira）（ラテン語 libra リブラが語源、リブラは同時に重量単位でもあり、仏語の livre リーヴル、英語の pound ポンドも同様）で、1£（lira）= 20 soldi, 1 soldi = 12 denari である。

表 1-8 ［決算報告書類（3）］ミラノ・メディチ銀行損益計算書*
フィレンツェ暦1459年度（自1459年3月25日　至1460年3月24日）
(単位：ミラノ・リラ£)

	£	s.	d.		£	s.	d.
家具減価償却費	169	3	6	パヴィア公庫収入 1/2	603	8	0
支払家賃	200	0	0	現金為替差益	1,648	10	10
家計費（賄い費）	12,000	10	1	絹・錦糸織物販売益	7,104	17	3
一般費用（銀行費用）	1,161	1	3	為替・商品売買手数料	1,482	18	9
	2,730	14	10	英国産羊毛販売益	1,527	0	0
				仕入付随費用貸方残高	1,207	11	9
				ローマ為替取引利益	160	0	0
				ジュネーブ大市			
				為替取引利益	3,043	13	4
				宝石・ベルト販売益	3,025	18	3
				ミラノ公爵受取利息	10,711	19	11
					30,515	18	1

書類のみ紙面の長辺を横に使い、左右対照に記している。収益と費用から当期利益は記載されていないが、算定すると 27,785 £3s 3d で一致する。ミラノ公爵からの受取利息が桁違いに多く、ミラノ拠点の設立理由が政治的なものであったことが裏付けられる。

［決算報告書類（4-2）］（表 1-9）は、元帳残高集計表で、貸借対照表科目の合計表である。この書類の前に編集された貸借対照表科目の元帳上の残高をページごとに集計したものから貸借の総合計額を算出したものだ。借方（資産項目）、貸方（負債・資本項目）からなり、本来であれば貸借が一致しなければならないが、差額が914 £16s 5d 発生している。この差額については、「誤り(errore)である」と明記されている。そして、その下部に終了（finito）と記され、文字どおり会計報告の終了を示している。記帳に誤りがあったと認識し、その額も算出しているが、この差額は総資産額から見れば非常に僅少なものである。この点からも、正確な複式記帳が実践されていたことが伺える。

貸借対照表科目の元帳残高明細をもとに、de Roover がまとめた貸借対照表を表 1-10 に示す[74]。

64　第1部　歴史にみるフランス会計の特徴

表1-9　[決算報告書類（4-2）]　ミラノ・メディチ銀行元帳残高集計表（貸借対照表科目）＊

フィレンツェ暦1459年度（1460年3月24日）

	£	s.	d.
元帳借方残高明細　その①　合計額	64,205	4	8
元帳借方残高明細　その②　合計額	269,100	17	3
元帳借方残高明細　その③　合計額	212,592	12	3
秘密帳借方残高合計額	42,485	3	1
元帳・秘密帳借方残高合計	588,383	17	3
貸借差額	914	16	5

	£	s.	d.
元帳貸方残高明細　その①　合計額	168,421	17	1
元帳貸方残高明細　その②　合計額	116,424	16	10
秘密帳貸方残高合計額	304,451	19	9
元帳・秘密帳貸方残高合計	589,298	13	8

注：＊各書類の表題は筆者が加筆したもので、原典には何も記されていない。
出典：ASF, MAP, Filza n.83, doc.9.

　ここに見られるように、見越繰延勘定が計上されている。どの程度精緻なものであったかは不明であるが、発生主義に基づく期間損益の算定を目的としていたことは明らかである。さらに損益計算書では減価償却費の計上も見られ、他拠点では不良債権や租税に対する引当金も計上されている。引当金の計上などから、正確な期間損益を追求する姿勢と共に保守主義の発想も伺える。
　また、収益費用からの損益計算では、販売益として表記されているため、売上高や費用総額による取引規模を把握しかねるが、表1-10の貸借対照表により事業規模も推定しうるものである。そして貸借対照表からも、ミラノ拠点が商取引の必要から設立されたものではなく、ミラノ公爵やスフォルツァ家との金融取引が主であったことが明らかとなる。これは、会計書類から経営分析が

74　Roover (de) [1966] pages 264-265.

表1-10 ミラノ・メディチ銀行貸借対照表

1460年3月24日（単位：ミラノ・リラ£）

資　　　産				負　　　債			
元帳借方残高	£	s.	d.	元帳貸方残高	£	s.	d.
現金	25,776	5	7	借入金	200	0	0
預金	8,516	18	4	その他未払金	45,563	17	8
商品	42,114	4	1	ミラノ公爵旧勘定	311	4	6
家具備品	2,000	0	0	外国取引先勘定	69,291	17	4
その他未収金	76,033	6	3	スフォルツァ家勘定	2,380	8	4
不良債権	351	16	9	前受金	997	19	6
スフォルツァ家勘定	19,013	5	4	長期債務	99,917	9	6
外国取引先勘定	21,000	10	6	定期預金（借入金）	66,183	17	1
未収金	106,396	5	5	小　　計	284,846	13	11
統治者貸付金	232,893	18	10				
うち　ミラノ公爵	*218,072*	*8*	*10*				
マンドヴァ領主	*14,664*	*0*	*0*	秘密帳貸方残高			
モデナ司教	*157*	*10*	*0*	定期預金（借入金）	175,050	10	0
受取手形	7,603	13	7	資本金	43,000	0	0
前払給与	2,438	0	6	未処分利益	86,401	9	9
前払家計費	1,760	7	9	うち 1457年度	*30,206*	*2*	*10*
秘密帳借方残高				1458年度	*28,410*	*3*	*8*
メディチ家	42,485	3	1	当期利益	*27,785*	*3*	*3*
合　　計	588,383	16	0	小　　計	304,451	19	9
誤謬（計算ミス）*		1	3				
貸借不一致額	914	16	5				
	589,298	13	8		589,298	13	8

注：*この貸借対照表作成者（de Rooveer）により発見された加算計算上の誤りであり、原典の会計報告には見られない。
出典：de Roover作成、筆者一部加筆修正、ASF, MAP, Filza n.83. doc.9.

可能であることを裏付けるものである。そして、債権債務の記帳の正確性を担保しうることから定着した複式簿記は、財務諸表の作成へと進展し、さらに経営分析上の活用へと発展したのである。

・リヨン・メディチ銀行

　シャンパーニュ大市が衰退したのち、国際交易の場としてジュネーブ大市が台頭した。パリから遠く離れたリヨンの繁栄を目的に、フランスの国策として、1462年ルイ11世はフランス商人がジュネーブ大市に赴くのを禁じ、続いて1463年3月8日の王令で、それまで年2回だったリヨン大市を年4回、計60日の開催と定めた。それに伴いトスカーナ人を中心とする多くの両替商や銀行がリヨンにやって来た。メディチもジュネーブ・メディチ銀行を閉め、リヨンに移転し、1464年リヨン・メディチ銀行を設立した。完全にリヨンに移行するまでは、ジュネーブにも事務所を置いていた。

　リヨン大市で主に取引されたのは、欧州北方の毛織物や地中海貿易の商品ではなく、イタリア半島で生産された高品質の絹織物であった。

　リヨン・メディチ銀行の会計書類では、1466年度の決算報告が現存している。これ以降、一揃いの会計書類が現存しないため[75]、入念に分析研究が行われている。前項で検証した1459年度ミラノ・メディチ銀行の決算報告書には現金出納帳の残高明細が含まれていたが、リヨンの書類には含まれていない。これは書類の保管上の欠落によるものかどうかは不明であるが、大市での銀行業務遂行に際し多種類の通貨を取り扱ったはずなので手元現金有高の明細はあってしかるべきである。しかし、貸借対照表には明らかに現金出納帳に基づく残高の記載が認められるため、書類の構成上は問題ない。また、各ページの最終行に記してある合計額に判読不能な箇所がある。ミラノの報告書が現存する完全なものとみなされ、リヨンの報告書が完全なものと認められないのはこのような理由からであろう。

　リヨン・メディチ銀行の決算報告書類は、表1-11のような構成となっている。

　ミラノの報告書から7年後に作成されたものであるが、書類の構成に明らかに進歩が見られる。ミラノの書類は、現金出納帳、秘密帳、元帳の残高が帳簿

---

[75] Roover (de) [1966] page 291.

第1章 フランス会計制度の展開　67

表1-11　フィレンツェ暦1466年度リヨン・メディチ銀行
　　　　決算報告書類

	書類の種類	ページ数[*1]
(1)	貸借対照表科目　借方残高明細	
	元帳　借方残高明細　その①（54項目）	301ページ表
	その②（50項目）	301ページ裏
	その③（51項目）	303ページ表
	その④（17項目）	303ページ裏
	現金残高	同上
	秘密帳借方残高（1項目）	同上
(2)	貸借対照表科目　貸方残高明細	
	元帳　貸方残高明細　その①（54項目）	304ページ表
	その②（18項目）	304ページ裏
	秘密帳貸方残高（24項目）	同上
(3-1)	費用項目明細（30項目）	305ページ表
(3-2)	収益・費用（P/Lに該当）	305ページ裏

注：[*1]　フィレンツェ国立古文書館の保管編纂のページ数。
　　[*2]　302ページ表裏は、明らかに他の書類が誤って混入している。

ごとにまとめられていたが、リヨンの書類は、貸借対照表を構成する借方と貸方に大別してまとめられ、資産と負債・資本の区分になっている。また、費用項目に関しても、まず明細を示し、次にその明細合計を用いて、収益と費用差額から当期利益を算出している。

　8ページにわたる書類であるが、大別すると(1)貸借対照表借方（4ページ）、(2)貸借対照表貸方（2ページ）、(3)損益計算書（2ページ）となり、ミラノに比べ、わかりやすくなっている。資産（172項目）、負債（元帳72項目、秘密帳18項目）、資本（6項目）、収益（24項目）、費用（40項目、うち利息9項目）が記載されている。

　原典の各ページの合計額と概要を表1-12、表1-13に示す。これらの表は、勘定明細は省略するが、原典の表示に従ったものである。

表1-12　貸借対照表項目

借方		エキュ	s.	d.
1ページ表	元帳残高　54項目（合計額　判読不明）			
1ページ裏	元帳残高　50項目（合計額　判読不明）			
2ページ表	元帳残高　51項目	25,083	5	
2ページ裏	元帳残高　17項目	1,858	8	
	現金残高	2,248	1	
	秘密帳残高（絹取引3,900エキュの2/3）	2,600		
	2ページ裏　合計	23,376	9	7

貸方		エキュ	s.	d.
3ページ表	元帳残高　54項目	37,786	15	9
3ページ裏	元帳残高　18項目	16,473	11	8
	秘密帳　借入金（預金）他	27,321	13	10
	資本金　メディチ家	8,200		
	パートナー　Sassetti	1,500		
	パートナー　Zaccheria	1,200		
	パートナー　Nori	1,500		
	資本金合計	12,400		
	過年度未処分利益	5,575	5	
	当期利益	8,493	7	6
	3ページ裏合計	70,263	18	

注：*貸方総合計は原典には示されていないが、108,050エキュ13s. 9d. である。
出典：ASF, MAP, Filza n.83. doc.49.

　De Rooverが勘定残高明細から作成した貸借対照表[76]と損益計算書[77]はおのおの表1-14、表1-15に示す。
　貸借対照表からは、資本金の3倍以上に相当する預金を資金として運用して

---

[76] Roover (de)［1966］pages 292-293.
[77] Roover (de)［1966］page 268.

表 1-13　損益計算書

		エキュ	s.	d.	エキュ	s.	d.
4ページ表	費用　30項目				1,930	1	5
	費用貸方残高	523	10	10	1,930	1	5
	費用純額	1,406	10	9			
4ページ裏	収益　23項目				12,432	5	3
	費用合計				3,938	17	6
	当期利益				8,493	7	6
	費用　支払利息9項目	2,532	7	2			
	（前頁費用合計）	1,406	10	9	3,938	17	9

出典：ASF, MAP, Filza n.83. doc.49.

いることがわかる。それらはわずか19名の預金者からなる大口預金であり、パートナーの出資金を上回る預金金額が半分以上を占める。他の債権債務は多数の小口のものであり、リヨン大市での商人との取引であると見られる。損益計算書では、従業員の賄い費を除けば、支払利息が最も多額であり、原典においても支払利息を他の費用と別途表記していることからも、その重要性と本業である銀行としての姿勢がうかがえる。他方、銀行業務の他に、絹織物取引も手掛けていたことも明らかとなる。

　詳しい分析はもとより、一瞥しただけで精緻な記帳が行われていたことが読み取れる。残高明細が詳細すぎたり、順不同であったりすることを除けば、貸借対照表と損益計算書の作成に至っている。損益勘定と残高勘定の混同も見られない。これらの書類は、複式簿記が実務上においても理論通りに実践されたことを示すものであり、複式簿記の完成と評価しても過言ではないだろう。

　また、債権債務者間の係争時において、公証人作成の書類がない場合は、銀行の書類が証拠として採用されていた点を考慮すれば、銀行の会計業務はとりわけ慎重で正確であったことであろう。会計担当者の知識も技量も他の業種に比べ、優れていたことは想像に難くない。つまり、当時の最高の会計書類ということである。

　このリヨンの書類は、メディチ銀行破綻の約30年前のものである。破綻ま

表 1-14 リヨン・メディチ銀行貸借対照表
1467 年 3 月 24 日　　　　　　　　（単位：エキュ 64）

資　産	エキュ	s.	d.	負　債	エキュ	s.	d
固定資産				未払金			
家具	572	12	10	小口債務	6,235	8	7
馬	418	4	8	前払為替手形	2,143	14	0
小　計	*990*	*17*	*6*	ヴェニス顧客勘定	2,544	16	1
流動資産				引受為替手形	2,762	8	8
現金	2,248	1	0	外国取引先勘定	20,453	1	4
商品（銀、織物他）	8,134	7	1	香料受託販売	63	7	6
小口債権	36,827	13	9	小　計	*34,202*	*16*	*2*
不良債権	683	13	6	預金			
統治者貸付金	18,580	12	6	預金者	41,931	7	9
外国取引先勘定	8,161	3	11	未払金、引当金他			
メディチ各社勘定	14,575	0	0	F. サセッティ未払金	3,068	7	4
公庫	2,011	9	9	未払給与	1,602	17	9
小　計	*91,222*	*1*	*6*	不良債権・未払給与引当	719	8	6
特別勘定				その他	7	13	3
F. トヴァリア勘定	9,991	13	6	小　計	*5,398*	*6*	*10*
絹織物前渡金	4,428	9	0	リヨン銀行旧勘定	49	10	6
前払給与	307	4	0	資　本			
その他	1,049	19	9	資本金	12,400	0	0
小　計	*15,777*	*6*	*3*	過年度未処分利益	5,575	5	0
合　計	107,990	5	3	当期利益	8,493	7	6
誤謬・貸借不一致	60	8	6	小　計	*26,468*	*12*	*6*
合　計	108,050	13	9	合　計	108,050	13	9

での 30 年の間には、さらに会計技術も進歩し完成度を高めたであろう。メディチ銀行の破綻とパチョーリのスンマ発刊は、偶然にも同じ年の 1494 年である。イタリア半島の異なる経済環境にある両国において、それぞれの発展過

表1-15　リヨン・メディチ銀行損益計算書

フィレンツェ暦1466年度（自1466年3月25日　至1467年3月24日）

（単位：エキュ64）

	エキュ	s.	d.	エキュ	s.	d.
現金差益				728	10	6
為替取引収益	エキュ	s.	d.			
フィレンツェ	2,682	8	0			
ローマ	1,300	0	0			
アヴィニヨン	365	12	5			
ミラノ	63	3	4	4,661	3	9
法王庁利息および勅書収益				3,630	13	0
商品販売益				111	18	0
絹織物販売益				2,600	0	0
ジュネーブ事務所収益				700	0	0
受取手数料および仲介手数料				523	10	10
収益合計				12,955	16	1
一般費用	エキュ	s.	d.			
事務用消耗品費	17	13	0			
支払運賃	21	0	0			
書簡送付料	46	12	0			
家計費（従業員生活費）	1,096	16	6			
支払家賃	188	18	0			
家事従業員給与	49	11	0			
贈答費	77	0	8			
家具減価償却費	40	0	0			
自由裁量費用	352	0	3			
寄付金	15	0	0			
盗難損失	25	10	0	1,930	1	5
				11,025	14	8
支払利息				2,533	7	2
利　益				8,493	7	6

程を経て複式簿記が生成されたのである。

　複式簿記の生成過程をヴェネツィアとトスカーナを例にとり検証してきたが、それぞれの特徴ある経済環境から必要とする会計を発展させてきたもので

ある。ヴェネツィアの会計について、簿記の教科書を題材に検証し、トスカーナについては実際の会計書類に基づき検証した。検証方法の違いはあるものの、同時期の両国の会計の状況を顕著に示すものであった。

ヴェネツィアの特徴は、左右対照の記帳、仕訳帳の使用、そして貸方と借方の表現方法の発展であった。もとより貸借の呼び方は、主語が自分ではなかったため、混乱があったのではないかと想像する。日本語での呼称は、複式簿記の理論を外国から輸入する際、直訳したものであり、ヴェネツィアが発明した自分を主語にする方法に基づいていない。

ヴェネツィアに対し、トスカーナは銀行の会計として発展してきた。もちろんトスカーナにも簿記の学校は存在し、教科書もあったが、何より半公文書として扱われた銀行の書類が古文書として多く現存していることから、実際の会計書類を検証する方法を採用した。これらの古文書を紐解くことは、会計の発展を見ると共に、コンパニアの経営術を分析することにも有用なことである。

銀行の書類であること、そしてコンパニアが必要とする会計情報により、トスカーナの会計は特徴づけられる。それは、損益計算書に見られる複式簿記の完成と、年次決算の確立である。フランスと非常に深い結びつきにあったトスカーナにより、フランスの会計もトスカーナの銀行会計に大きな影響を受けることになる。

III　フランスにおける法と会計の歴史

1. リヨン市手形交換所規則

1673年、ルイ14世治世下において制定された「商事王令」は、世界最初の成文商法として名高い。そして、商人の記帳義務を明確に定めた最初の商法でもある。本項では、イタリア半島諸国で生成した複式簿記が、その後フランスでどのように導入され定着していったのかを法制の観点から検証する。

ルイ14世は王権強化のため、法整備にも着手した。それは、フランスの各地にある慣習法を一つに統一することであった。商事王令の前に、訴訟の手続

きを統一するため、「1667年民事訴訟王令」「1670年刑事訴訟王令」がすでに発令されていた。これらの王令は、各地におけるそれぞれの法令や規則をもとに起草された。中でも民事訴訟王令と商事王令は、リヨンで施行されていた規定を参考にしたとされる。1655年のリヨン大市裁判所の訴訟手続規則と、1667年のリヨン商取引と為替手形の支払に関する王令である。

リヨンでは、ルイ11世の王令により1463年以来、年4回の大市が催されていた。数代の王にわたる治世において、国内産業保護のために輸出入禁止令が発令されたり、逆にリヨンに税関を設けてすべての輸出入の玄関口としたり、経済状況や組合勢力により変遷があったが、大市の開催は続けられていた。大市では、2週間の取引期間が設けられたが、その期間支払業務は一切行われず、商談に続いて金融業者達を交えて決済業務が始められるという日程だった。支払は主に為替手形によるもので、審査に約3日、引受や決済に約3日と続く。最初は露店で行われていた金融業務だったが、すぐに手形交換所が建設された。このようにしてリヨンは流通と金融で繁栄したのである。商人間の係争には大市裁判所が設けられ、その手続きを定めた「リヨン大市裁判所訴訟手続規則[78]」が1655年に発令されるに至った。その後1669年に、リヨン大市裁判所は、商事裁判所に改められた。

リヨン大市裁判所訴訟手続規則では商人の移動を考慮し、申立てから結審まで原則最長3日とするなど迅速な手続きが定められている。訴訟手続規則は全169条からなり、「商人の帳簿 (livres des marchands)」に関する記述もある。第9章「虚偽証拠の申立て」の第83条には、「商人の帳簿、私文書、公的機関発行以外の謄本や受取などの文書は、虚偽証拠の申立ての対象となり、証人、あるいは他の文書や手形との比較により虚偽鑑定が行われる」と規定されている。この規定は、商人の帳簿が証拠書類として提出されうることを受けたものであり、帳簿の証拠能力が認められていることを示すものである。それらの申立てを証明する方法として、自白、証人、そして専門家による報告書の採用の

---

[78] Stile [1657].

規定があり、報告書の項に第118条「報告書は三種類目の証明であり、報告書の利用は必要かつ頻繁である。商品の品質、帳簿の改ざん、組合や会社の帳簿の精査に用いられる」旨の規定があり、続いて第119条「商人の帳簿の不備、改変、改ざん、粉飾に関する場合」の専門家の選任、調査期間等が定められている。商人の帳簿の調査には、商人、公証人、代書人を、帳簿の綴じ直しについては、帳簿の製本職人を指名できる旨（第123条）、会社の帳簿では、専門家の人数の自由（第124条）も規定されている。ただし、規定中すべて「帳簿（livres）」と述べられているだけで、それが元帳を示すのか他の帳簿を示すのか不明であるが、元帳を示すと考えられる。

訴訟手続規則に続き、「1662年6月2日リヨンの商取引と為替手形の支払に関する王令[79]」が公布された。これは、商取引での支払と、為替手形の引受や決済にかかる王令である。全21条からなり、第20条に帳簿に関し次のように規定されている。「リヨン大市において特権を与えられたすべての銀行家、手形帳保有者、卸売商人、および商人は、書式にのっとった帳簿に記帳しなければならない。またすべての小売商店主および小売商人は、日記帳を記帳しなければならない。さもなければ破産の場合、詐欺破産者と宣告され、相当の刑を言い渡される。」このように、金融業務に直接関係する者および取引規模の大きい商人には、より厳格な記帳を義務付けている。ここで記されている帳簿は、「正しく、あるべき書式に従った（en bonne et due forme）」という意味から「正式な」ものであり、また帳簿（livres）という一言ではなく、「元帳（livres de raison[80]）」と明確に示されている。一方、小規模取引に従事する商人には、「日記帳（livres des journaux）」の記帳が義務付けられているが、これは仕訳帳を示すものではなく、取引日記帳を示すものであると考えられる。したがって、金融業務従事者および大規模商務従事者には簿記の知識が必要とさ

---

[79] Ordonnance [1667].
[80] raison は、「勘定」を意味し、livre de comptes と同意。grand livre de raison「（勘定）元帳」という表記もあり、livre de raison は次第に grand livre「元帳」という用語に変わる。

れ、正しく記帳された帳簿が要求されているのであり、「義務」と明示されていることに注目しなければならない。

　また他方、リヨン大市の諸状況から、信用取引の拡大とそれに伴う係争の増加も見てとれる。大市の開催日程から、主に信用取引が行われていたことは明らかであり、決済業務上の商人間あるいは金融業者との係争が頻発していたことも大市裁判所訴訟手続規則や支払いに関する王令から知りうるものである。そのような状況下で、これらの法が発令され、秩序の構築を目指したのである。債権債務の記録から発祥した簿記であるが、再び債権債務の証拠として重要性を再認することになった。

　さらに、「リヨンの商取引と為替手形の支払に関する王令」において、破産と詐欺破産は規定上明確に区別されている。第18条で、「破産者（Faillis）」と「詐欺破産者（Banqueroutiers[81]）」の両単語を併記し、両者が同じ意味ではないことを示している。第20条では、さらに明確に「詐欺破産者（Banqueroutiers frauduleux）」とし、「不正な・詐欺的な」という意味の形容詞である «frauduleux» を用いている。不幸にして破産した者と、悪意をもって詐欺破産する者を区別した上で規定が設けられている。

　このリヨンの法令以前にも詐欺破産に関しては、1536年のフランソワ1世の王令以来、数々の法令が公布されているが、それらは主として詐欺破産には厳罰をもって処するという刑罰についての規定である。このリヨンの王令のように、正しい帳簿の提出により詐欺破産の嫌疑を晴らしうるという規定は初めてのものであり、後の「商事王令」に引き継がれる。

---

[81] Banqueroutier（破産者）、Banqueroute（破産）は、不正行為として現代でも単純破産者（failli）と区別されている。Banqueroute の語源は、イタリア語の banco rotta（仏語 banc cassé）である。中世において、金融業者は市などで仕事台（banco、仏語 banc）を客との間に置き取引を行っていた。破綻した金融業者は、公衆の前でその仕事台を壊さ（rotta、仏語 cassé）なければならなかった。この行為に由来した言葉である。

2. フランス商事王令[82]

　フランスの会計制度は、17世紀に入り黄金期を迎えた[83]。それは、絶対主義国家の基盤が整い、国内の商工業の活性化を推進するかたわら、対外貿易にも積極的に進出したルイ14世（在位1643〜1715年）の時代である。1673年に公布された世界最初の成文商法には、「記帳義務」が規定され、また「複式簿記」という文言も法律上初めて用いられた。

　法制度の観点からも、この商事王令は各地の慣習法から一国の統一した法令への大きな発展である。商業について、それぞれの地域や業種に設けられていた従来の規則や規定とは異なり、フランスの国全体に適用される統一的な法令が制定されたのである。そのような近代的な法制度の中で、会計の義務について規定が設けられたことは重要な意義を持つ。

　蔵相コルベール（Jean-Baptiste Colbert）が推進した重商主義政策により、繁栄をみたフランスであるが、商法制定への要因として、商業倫理の構築というパラドクサルな面がある。国家財政においても、繁栄の陰に潜む放漫財政や倫理的腐敗があり、それらを排除し財政を立て直す必要があった。コルベールは財政再建政策の一環として商工業の奨励を掲げ、その阻害要因となっていた実業界の不安要素を除去すべく、諮問機関[84]を設けて商法の整備に着手したのである[85]。

　そして、ジャック・サヴァリー（Jacques Savary）が中心となり起草したフランス初の商法は、1673年に、王令として制定された。「商業のための、フランスおよびナヴァルの王、ルイ14世の王令」という正式名称であるこの法は、

---

[82] Ordonnance［1673］「卸売並びに小売を行う大商人および普通商人の商業のための規則（Règlement pour le commerce des négocians et marchands, tant en gros qu'en détail）」とサブタイトルが記されている。本稿では、négocianを大商人、marchandを普通商人と和訳を付す。

[83] Degos［1998］page 79.

[84] 法令起草の中心的役割を担ったサヴァリー（Savary）を含む、Conseil de réformeと呼ばれた諮問機関。

[85] Richard［2005］page 2.

「1673年商事王令(Ordonnance de 1673)」、あるいは起草者の名をとって「サヴァリー法典(Code Savary)」と呼ばれている。この法典は、12章、全122条からなり、その前文に記されているように、商取引の確実性を保持し、商人間での不正をなくし、信用を確保することを目的としている。

王令は次のような構成である。

- 第1章　卸売並びに小売を行う徒弟、大商人、普通商人
- 第2章　銀行業および仲買業の従事者
- 第3章　大商人、普通商人、銀行家の帳簿および記録
- 第4章　会社
- 第5章　為替手形および手形発行約定
- 第6章　為替手形および戻り手形の利息
- 第7章　債務不履行者の投獄
- 第8章　財産分離
- 第9章　支払免除および支払猶予
- 第10章　財産譲渡
- 第11章　破産および詐欺破産
- 第12章　商事裁判所権

第1章第1条から3条は、大商人および普通商人になるために必要な徒弟修業等について記されている。そして第4条で、「商店主(親方)を希望する者は、自分の望む商業に適切な程度の、複式簿記および単式簿記による帳簿および記録に関して、為替手形に関して、算術に関して、オーヌ尺に関して、リーヴルとマール[86]の重量に関して、商品の寸法と品質に関して、試問を受けなければならない」と規定を設けている。商人として簿記の知識が必要であることを示すものであり、「複式簿記」という用語が法令に明記されたのは、これが他国に先駆け初めてのことであった。このような規定が設けられた背景とし

---

[86] 1オーヌ(aune)は、1.2メートル。布を図るのに用いられた。リーヴルは500gの重量単位。マールは金銀など貴金属を図る重量の単位で、8オンスに相当する。

て、「複式簿記」のフランスにおける普及の程度を知ることにもなる。
　第3章は、全10条の条文すべてが帳簿とその記帳についての規定で、次のようである。

　　第1条　卸売並びに小売を行う大商人および普通商人は、すべての取引、為替手形、債権債務、家事に支出した金銭を記載した帳簿を備えなければならない。
　　第2条　両替業および銀行業に従事する者は、係争時の解決手段として、すべての取引を記載した仕訳帳を備えなければならない。
　　第3条　卸売並びに小売を行う大商人および普通商人は、商事裁判所がある市においては商事裁判官の1人により、他の地では市長あるいは助役の1人により、手数料や税金を払うことなく、帳簿の最初と最後のページ（葉）に署名を受け、さらに最初と最後のページ（葉）に、商事裁判官、市長、助役の任を受けたものの略署とページ数記入を受け、その旨を最初のページに記さなければならない。
　　第4条　両替業および銀行業の従事者は、商事裁判官の1人により、帳簿の各ページ（葉）にページ数、署名、略署を受け、最初のページにその旨、両替業および銀行業従事者の名前、帳簿の種類を記し、市庁舎の商事裁判所書記局に登記しなければならない。帳簿の種類とは、当該帳簿が仕訳帳であるか、現金出納帳であるか、1冊目か2冊目か、さらにそれ以降の冊子かを指す。
　　第5条　仕訳帳は、日付順に、ブランク（空白）なく、各項目および末尾で区切り、記帳しなければならず、マージン（左右上下の余白）には何も書き込んではならない。
　　第6条　すべての大商人、普通商人、両替業および銀行業従事者は、本王令公布後6カ月以内に、前条文で命じたように署名、ページ（葉）数、略署の記入を受けた新しい日記帳および帳簿を備えなければならない。またその中に、旧帳簿の要約を含むこともできる。
　　第7条　すべての卸売並びに小売を行う大商人および普通商人は、受け取った書簡を束ね、送付した書簡の写しを記録しておかなければならない。
　　第8条　すべての普通商人は、同6カ月以内に（王令公布後6カ月以内に）、すべての動産および不動産、債権債務の財産目録を自署のもとに作成し、2年ごと

に照合し更新しなければならない。
　第9条　相続、財産共有、および破産の場合の会社分割を除いて、裁判所は、仕訳帳、帳簿、および財産目録の提出を要求あるいは命令することはできない。
　第10条　しかしながら、大商人あるいは普通商人が自らの仕訳帳および帳簿の使用を望む場合、または相手側がそれを信頼することを申し出た場合には、係争に関する部分を抜粋し提示することを命ずることができる。

　第11章「破産および詐欺破産」では、第3条と第11条に帳簿に関連した規定がある。

　　第3条　大商人、普通商人、および銀行家は、上記第3章第1、2、3、4、5、6、および7条に規定される様式による、ページ（葉）数、および略署がなされたすべての帳簿を、判事および商事裁判官の書記局があれば書記局へ、なければ共通の、あるいは債権者の選択する市庁舎の書記局へ提示しなければならない。
　　第11条　卸売並びに小売を行う大商人および普通商人、および銀行家が破産した時、上記に命じたように署名および略署のある帳簿および仕訳帳を提示しなければ、詐欺破産とみなされうる。

　これらの条文が、商法における帳簿に関する規定である。まず、商人、両替商、および銀行家に帳簿備え付けの義務、つまり記帳義務を唱えている。商人には、単に帳簿という語彙が用いられている。それに対し、両替商および銀行家には、複式簿記による記帳を前提とした仕訳帳（仕訳日記帳）を備えなければならないとし、係争の際の資料となるべき、より厳格なものが求められているのである。
　それは、書式に従った正規の帳簿であることを示す署名やページ数の記入にも顕著に表れている。商人の帳簿は、商務裁判官あるいは市の助役による署名、最初と最後のページにページ数記入と略署が求められている。それに対し、金融業者の帳簿への署名は商事裁判官でなければならず、各ページにページ数と略署を受けることが必要とされている。これらの点は、金融業者の帳簿

が半公的な書類として扱われていた中世イタリアからの慣習によるものであり、係争時の証拠力の高さを示すものである。

そして、破産と詐欺破産の章では、この帳簿の証拠力について述べられている。規定された要件を満たす帳簿が提示できない商人や金融業者は、破産時に詐欺破産と宣告される可能性があることを記している。詐欺破産と宣告されれば、もちろん厳罰に処せられることになり、この王令では死刑の適用を規定している。要件を満たした帳簿は、係争の解決のみならず、死刑という厳罰の裁定についても重要な証拠となりうるのである。

次に、帳簿、帳簿の証拠力、および財産目録作成について、検討を加えたい。

・帳簿

「帳簿」に関して、記帳義務の条文中の用語が何を指しているのか不明確であると批判が王令公布当初からあった。例えば、第3章第1条、商人は「帳簿（livre）」にすべての取引を記帳する旨の規定については、商人の「帳簿」とは、何を指すのかという疑問が寄せられた。その一方で、第2条、金融業者は「仕訳（日記）帳（livre journal）（以下、仕訳帳と表記）」にすべての取引を記帳する旨の規定には、「仕訳帳」と明示されていた。これは、1539年12月の王令（Edit）でもすでに金融業者が「仕訳帳」を備えることが義務付けられ周知されていたことによる。金融業者の取引における最初の行動は帳簿を備えることであり、法的義務の一つとされていたことから、王令ではその対象を商人に広げ一般化しただけだと捉えられた[87]。

また、この1条と2条は、原文のフランス語では、それぞれ単数で、«un livre» および «un livre journal» と記されている。それに対し、帳簿の書式を規定した4条および5条では «les livres» と複数形を用いている。この単数と複数をあえて使い分けて表現した意味が問われた。

---

[87] Messé [1846] page 112.

王令の条文の解釈を記した数々の出版物においては、次のように説明されている。1703年の注釈書[88]は、1条の帳簿は何であるかについて、「商人は、覚書帳（carnetまたはbrouillards）、仕訳帳（journal）、元帳（grand livre）、現金出納帳（livre de caisse）、仕入帳（livre d'achats）、売上帳（livres de ventes）など多種類の帳簿を使用しているが、1条の条文が示す帳簿は元帳である」と述べている。しかし、「最も重要なのは仕訳帳で、それは仕訳帳が他の帳簿の記帳や勘定を検証するものであるから」と解説している。この注釈書は、小規模な小売商人に焦点をあて解説しているものと考えられる。簿記の生成過程で考察したように、記帳は信用取引、つまり小規模な小売業者にあっては売掛金および買掛金の記録から始められ、その帳簿は人名勘定を重視した元帳であり、覚書から元帳の各勘定への転記により作成されるものであった。このような流れから、商人の帳簿とは元帳であるとする解釈が付された。しかし、一方で仕訳帳の重要性をあえて強調している点も注目すべきである。

　次に、王令の起草者であるジャック・サヴァリーの息子、ジャック・サヴァリー・デ・ブリュロン（Jacques Savary des Bruslons）が1720年に著した「商業の一般辞書[89]」での説明を要約すると次のようである。「複数形の帳簿（livres）は、商人や銀行家が使用する多種の帳簿を示すが、単数形の帳簿（livre）は仕訳帳（journal）を示す。王令により義務付けられているのは、仕訳帳である。多種類の帳簿があり、取引の性質や規模により異なるものが使用される。一般的に複式簿記と単式簿記の帳簿があるが、ごく小規模な商人（petites Merciers）においては単式簿記の帳簿で十分であり、普通商人においては仕訳帳と元帳が求められる。さらに、大商人は複式簿記による諸帳簿の記帳が求められる。複式簿記の諸帳簿とは、覚書帳、仕訳帳、および元帳の3種類を指す。1673年の王令、1条、3条および5条に記された商人の帳簿とは、仕訳帳である。」

---

[88] Bornier [1703] page 393.
[89] Savary des Bruslons [1741] page 168.「商業の一般辞書」は1720年初版であるが、本稿では1741年版を参照する。

1703年の注釈書では、1条の示す帳簿、つまり商人に求められる帳簿は「元帳」であると解説されたが、その約20年後には「仕訳帳」であると解釈の変化が見られる。イタリアでの複式簿記の発展過程で考察したように、覚書帳から元帳へ転記し、元帳残高から損益計算書を作成するのが一般的であった。とりわけトスカーナの銀行の会計書類の分析ではそれが顕著に示された。それに対し、ヴェネツィアのルカ・パチョーリはその著書で、仕訳帳の使用を記した。覚書帳をもとに仕訳帳へ記帳し、仕訳帳から元帳へ転記する方法、そしてそれと共に仕訳帳を使用する意義も説かれていた。仕訳帳を用いる方法は、1500年頃に始まった新しいものであった。

王令において、金融業者に対しては明確に「仕訳帳」の記帳義務を示していることは、「元帳」の記帳は法令で明記せずともすでに根付いていたと解釈することができる。また、5条で、「仕訳帳」の記帳上の注意が述べられていることからも、王令の目的の一つが「仕訳帳」の普及であったとも考えられる。このように捉えると、1条の「商人」の記帳義務の解釈も、年月の経過とともに、「元帳」から「仕訳帳」へと進歩的変化を遂げたとみることができる。

この潮流を裏付けるものとして、1761年に新版が発刊された「1673年王令の新解釈[90]」がある。1条の「帳簿」は「仕訳帳」と呼んでいるものであるという一言に加え、それは5条に示すものであると説明している。商人が記帳しなければならない帳簿とは、金融業に従事するものと同じく、仕訳帳であるという解釈が確立したわけだ。このように仕訳帳へすべての取引を記帳する義務が商法に初めて規定されたのである。

・帳簿の証拠能力

商人の帳簿の歴史については、証拠能力という側面からもその発展を見ることができる。係争時に証拠として認められる書類は、公証人作成の書類、次に銀行家の会計書類、そして商人の帳簿にも拡大していくのである。1675年の

---

[90] Nouveau Commentaire [1761] page 32.

第 1 章　フランス会計制度の展開　　83

　サヴァリーの著書「完全な商人」において、銀行家は公人（personnes publiques）であり、係争時には取引の説明をしなければならず、その取引を記した帳簿は裁判において信用される旨の記述がある[91]。これは、商事王令の公布当時、すでに銀行家の帳簿が証拠能力を有する書類として扱われていたことを示すものである。商人の帳簿に関しては、リヨン大市での諸法令に証拠として採用される規定は見られたが、それをさらに明確に規定したのが 1673 年の商事王令である。この解釈は、1703 年の商事王令注釈書にも引用されている。

　1673 年商事王令では、第 11 章詐欺破産において、第 3 章「帳簿」の 1 条から 7 条の要件を満たした帳簿の提出が規定されている。それらの帳簿に求められる要件のなかでも、3 条商人の帳簿の様式、4 条金融業者の帳簿の様式、5 条仕訳帳の記帳上の禁止事項が注目される。これらの要件は、帳簿の証拠能力を担保するためのものであり、追加や削除が不可能な記帳による唯一の帳簿であることを示すために求められたものである。

　しかし、5 条に示されたように仕訳帳に余白を残さずマージンへ記入しないことは、商人も自分の注意として遵守できるが、正式な帳簿であることを証明するために署名、ページ数や略署の記入を役所に求めるという極めて厳格な規定を商人たちは守れたのだろうか。まず、3 条および 4 条で記された複数形の帳簿は何を指すのかについて、「1673 年王令の新解釈」は、「この条文は仕訳帳のみを指し、その他の帳簿ではない[92]」と 3 条を解説している。王令には複数形で帳簿と記されているため、王令発令当初から仕訳帳のみと理解されていたのかどうかは不明であるが、1761 年版の注釈書には仕訳帳のみを指すと明記されている。

　次にその 3 条が定める厳格な様式についてだが、これは王令発令直後から大変な混乱を招いたようである。パリのような大きな町では、当然商人の数も膨大で、彼らの帳簿に王令が求める様式を施すことは役所にとって不可能なことであった。パリのみならず他の大きな町の役所も同様の状況に陥った[93]。そこ

---

[91] Savary [1675] livre I, page 282.
[92] Nouveau Commentaire [1761] pages 34–35.

で印紙を貼付することが考案され、1674年4月3日の法令（un arrêt du conseil）で公布しようとしたが寸でのところで廃案となった。このようにして、3条の帳簿の様式は有名無実化し、注釈書1761年版には「この条文は、今日では実務上すでに遵守されていない。商務裁判においても同様である。そして、この遵守の欠如は（他の）法令（arrêts）により認められ、今では仕訳帳に署名、略署、およびページ数の記入は求められない。（中略）この署名や略署の欠如は、商人の破産の際に、不正を推定するものとはもはやならない。法に定められた様式を怠ることであるが、これは他のところで（商人の）信用が示された場合、容認されるものである」と記述されている。

帳簿の証拠能力を担保するための規定であったが、遵守されることはなかった。だがそれゆえに、帳簿の証拠能力が失われたわけではなく、様式を満たさなくとも証拠として認められうることは前述の注釈書からも明らかである。

当時の高名な簿記論者であるドゥ・ラ・ポルト（de la Porte）も、その著書で3条の帳簿の様式が守られていない状況を把握しつつ、帳簿の証拠能力について言及している[94]。要約すると次のようである。

「帳簿についての実施状況について：主たる帳簿であり、最も必要な、仕訳帳と呼ぶ帳簿の記帳を規定した王令1条は、正しく実施されている。その帳簿は、すべての根底になるものであり、他の帳簿作成に役立つ秩序正しいものだからである。3条の帳簿へのページ数と略署の記入はほとんど守られていない。

商人の帳簿が法廷で証拠となるか、またどのような証拠となるか：

規定の様式に従った帳簿は、非常な重きを持つものである。しかしながら、それらの帳簿だけではその所有者（商人）のための証拠とはならならず、他の状況の助けがある場合に帳簿は強力な証拠として用いられる。また、商人の帳簿がその商人にとり不利な事実である場合、その帳簿の記帳内容が真実ではないことが明らかにされない限り、（不利な事実も）証拠として用いられる。」

---

[93] Merlin [1808] pages 513-514.
[94] La Porte (de) [1769] pages préface viii-ix.

他の注釈書の「帳簿は証拠能力を有する」というものに比べ、ドゥ・ラ・ポルトは証拠能力について一歩踏み込んだ解釈を示している。帳簿の証拠能力は認めるが、自己のための証拠としては帳簿のみでは不足であるとしている。また自分の帳簿が自身の不利な状況を示す場合も、それの記帳内容が否定されない限り、証拠として採用されることも確認している。
　このように、金融業者の帳簿に続き、商人の帳簿も司法上の証拠として認められることが王令に規定され、一般に認められるまでになったことが明らかになる。

・財産目録
　8条は、普通商人に財産目録（inventaire）の作成を規定するものである。この規定の対象は、普通商人のみであり、大商人および金融業者に対するものではない。法令上規定されているわけではないが、普通商人以外は複式簿記による記帳が前提であった。それに対し、単式簿記の記帳も容認されている普通商人は、王令発令後6カ月以内に財産目録を作成し、2年毎に更改しなければならないと定められたのである。
　王令第11章「破産と詐欺破産」の2条に、破産した者は、所有するものおよび返済すべきものすべてを債権者に対して示さなければならない旨の規定がある。この条項を満たす書類が資産および負債のすべてを記載した財産目録であり、第3章「帳簿」8条に規定するものであると解説されている。
　財産目録の作成が要求される理由として、王令の諸注釈書は自己の財産状況を把握することの重要性を最初に述べ、続いて二つの理由を挙げている[95]。まず、将来発生する支払、つまり債権者への負債の返済を把握するためとし、次に、破産した場合、不正を疑われないためであるとしている。
　王令の起草者であるジャック・サヴァリーは、注釈書とも評される「完全な商人」を出版するが、彼は同書で、財産目録の作成につき、2年毎では不十分

---

[95] Nouveau Commentaire［1761］pages 38-39. および Bornier［1703］page 398.

で1年毎に作成するのが望ましいと述べている[96]。また財産目録の作成は、自己の状況を知るために最も有用であると強調する。資産と債務の状況を正しく把握していれば、債務の返済が可能であることに気づかず破産してしまうような状況を回避できるとし、財産状態を認知することの重要性を説いている。そして、不幸にも破産してしまった場合にも、債権者に対して自分のとりうる行動の裏付けとなるものであるとしている。このような彼の解説が、その後に出版された王令の注釈書に踏襲され、財産目録作成の意義とされたのである。

・ジャック・サヴァリー「完全な商人」

　商人として成功をおさめ、その見識を財相コルベールに認められ、商事王令の起草委員会の中心人物として王令制定に貢献したジャック・サヴァリーは、王令制定の2年後、1675年に「完全な商人」という題の著書を出版した。これは、商事王令の注釈書とも評され、その条項の解説とともに、商人が必要とするさまざまな知識を説くものであり、2巻全67章、1巻432ページ、2巻323ページの大著である。翌1676年にドイツ語訳、そして1679年には第2版が出版された。最終版の1777年まで、イタリア語、オランダ語、および英語への翻訳を含め、約100年にわたり増刷が続けられた名著である。その内容は、会計に関することのみならず、度量衡、為替手形、通貨、国外事情など、商事王令の条項に含まれたすべての事項についての解説であり、王令第4章「会社」についても詳細な説明を加えている。

　王令の起草者であるから、その解説は適確以上の何物でもなく、王令制定後に出版された注釈書もサヴァリーの解説を引用しているものが多い。しかし、状況の変化や時の経過とともに変化した解釈もある。例えば、王令第3章4条の帳簿へのページ数や略署の要求は、実際は遵守されなかったが、サヴァリーの著書の中では、仕入帳や売掛帳にもそのような様式が求められている[97]。

　サヴァリーの著書も、パチョーリの著書に見られるように、商人に要求され

---

[96] Savary [1675] livre I, page 321.
[97] Savary [1675] livre I, page 291.

る会計の意義を説明しているのが特徴である。多くの簿記書が取引とその仕訳の例示という会計の技術的側面の説明が多いのに対し、基礎的な説明にもページを費やし詳細な説明を加えている。

複式簿記については、基本帳簿は覚書帳、仕訳帳および元帳の3種類とし、実務上必要となる補助帳簿として、仕入帳、売掛帳および現金出納帳を挙げ、それぞれの帳簿への記帳例を示して解説している。主要な補助帳簿は、この3種類としているが、9種類の補助帳簿の使用例も紹介している。これらは中規模な商人に対するものであるが、単式簿記を採用する小規模な商人に対する記述も含まれている。

その中でも、とりわけ財産目録の作成は、詳細に解説されている。財産目録により、単式簿記では計算しえない純資産の算定方法（資産から負債を控除する方法）を示すことに始まり、財産目録作成上の注意事項を列挙している。1年毎の作成が望ましいこと、作成目的の第一義は自分で資産状況を把握するためであること、作成時期は取引の少ない8月が好ましいなど詳細なアドヴァイスまで盛り込まれている。また、低下主義の説明とその採用の意義、見越繰延費用の計上など、財産目録から貸借対照表の作成への移行が想定される項目も取り上げられていることにも注目するものである。

王令が強調する記帳の義務について、法的証拠となりうる有益な点も述べるものだが、何より「商業界にいて、帳簿をつけない商人がいるだろうか[98]」という一文のような、解説の端々にあらわれる重みのある言葉は商人達の賛同を得るものであっただろう。

・クロード・イルソンの簿記解説書

商事王令制定後、財相コルベールは会計学者であるクロード・イルソンに対して王令第3章「帳簿」関し、特に規定の実施について諮問した。規定を遵守するために必要となる会計知識の解説を依頼したとされる。そして、1678年

---

[98] Savary [1675] livre I, page 253.

にイルソンは、それに答える著書を出版した。その内容は、著書のタイトルにある通り、王令他諸法律、学説、および慣習により認められているすべての会計のため方法を解説するものである。方法（méthode）とは、複式簿記、単式簿記、そして収入・支出・戻しによるの3種類であるとしている。3種類目の収入・支出・戻りの方法というのは、特に公会計に関わるものであり、彼は著書の対象を商人に限っていない。商事王令の規定には公会計は含まれていないが、イルソンはその著書を表す時に、やや大きな見地から会計を捉えたものである。とはいえ、彼は複式簿記論者であるので、商人の会計には複式簿記によることを推奨している。

その著書は次のような章立てでまとめられている。

第1章　法令により規定する必要性、会計学の先人達の諸説
第2章　記帳の義務および一般法則
第3章　仕訳帳
第4章　収入・支出・戻りによる記帳方法
第5章　貸方借方を用いた元帳の記帳方法[99]
第6章　複式簿記による元帳
第7章　前章までに解説した記帳に関する実例と実態
第8章　3種類の記帳方法の長短所
第9章　会計帳簿の種類
第10章　商業および会計用語

これら10章の文章による説明に続き、仕訳帳および元帳の記入例が約200ページにわたり記されている。第2章から第6章には、帳簿の種類ごとに、その帳簿の本質および記帳の法則が、それぞれ6から7の規則に分けられ明確に体系的に述べられている。

---

[99] 5章で解説される帳簿は、ただ貸借を左右対照に設け、債権債務等の増減を記帳するものを指し、複式記帳による貸借の元帳ではない。

第2章の一般法則の内容は次のようである。

　第1規則　仕訳帳は取引を時系列に、元帳は取引の種類により記帳するものである。
　第2規則　帳簿はよく綴じられなければならない。王令3条にあるように略署名および続き番号によるページ数記入がなされなければならない。
　第3規則　帳簿は明瞭でなければならない。整然さや明確さを欠いてはならない。
　第4規則　帳簿は真実でなければならない。
　第5規則　帳簿はいかなる収入も省略してはならない。
　第6規則　会計担当者は経営に関することのみ記帳せねばならない。
　第7規則　取引を遅滞なく記帳しなければならず、月や年のずれがあってはならない。

　各章、各規則とも要点が適確に解説され、理論と実務の融合が見られる。パチョーリ以後も幾多の会計解説書が出版されたが、このように原則を述べ、それを理論付けし、実務への適用を表す方法は当時ではあまり例がない。特に第2章の一般法則（règle générale）には、現代の会計原則に通ずるものもあり、非常に興味深い。
　第2章の前段には、次のような記述があり、一般規則の必要性が説かれている[100]。「仮に記帳することが、取引を管理する人たちの備忘記録のためでしかないのであれば、各人が良いと思うものを規定すればよいのであり、記帳方法に多大な慎重さと正確さをもった規則を決める必要はない。しかし、この記帳の方法は往々にして裁判で助けとなるものである。それは、各人が採用した手段が持つ属性を示し、合理的かつ合法的であることを、しかるべき場所で表明するためである。」このように、ただ記帳すればよいわけではなく、慎重で正確な規則に従った記帳が必要で、そのような記帳方法が合理的で合法的とみなされ、裁判での証拠となりうると述べている。

---

[100]　Irson［1678］partie I, b ter.

また、会計担当者が記帳する帳簿は、「忠実（fidèles）」かつ「正確（exacts）」でなければならないとも述べられている[101]。帳簿に正確さを求めることは疑問もなく、あえて取り上げるものではないが、用いられた「忠実（fidèles）」という語彙は注目すべきものである。これは20世紀のフランスの会計原則で議論の的となる重要な語彙である。

1673年に制定された商事王令について、1778年に修正委員会が設けられ、修正案が議論された。1779年11月23日に、次のような内容の修正案が示された。

- 仕訳帳が商人の他の帳簿をコントロールする唯一のものであり、適法性を確保するものである。
- 2条および4条は削除する。両替の仲買人および両替業者に関する会計の規定は第6章8条に述べられている。
- 第3章2条および3条に示される略署の様式は変更される。商人は仕訳帳の各ページに自ら略署を記し、その記録の確認のため商業裁判所判事、市長、あるいは助役に提示しなければならない。判事は、その仕訳帳の最初と最後のページに略署をしなければならない。
- 5条はさらに強調される：帳簿に余白なく記帳するだけではなく、商人が新しい帳簿を判事に提示した時に、それ以前の帳簿を提示し、余白に斜線を引いてもらわなければならない。
- 6条、7条、および8条は、大きな修正はない。
- 9条案は革新的であり、略署を受けていない帳簿の証拠価値を扱うものである。

1782年に同案の作業は終了したが、最終的には採用に至らなかった。しかし、ここでまとめられた事項は、1807年のナポレオン商法典の起草時に参考された。

---

[101] Irson [1678] partie I, b quart. 原文では、«Livres fidelles & exacts» と表記されている。«fidèle» には、「事実を曲げない」「正確な」「（史実や原典に）忠実な」などの意味がある。

商事王令は、重商主義を唱える財相コルベールにより起草が依頼された。当時の商業界における秩序の整備を第一の目的としたものであり、会計の諸事項が初めて商法に規定された。複式簿記という文言が記載され、記帳の義務、帳簿の証拠能力など、重要事項が規定に含まれた。会計に法的な価値を認める著しい発展であった。

イルソンの著書にあるように、国の隆盛は商業活動の活性による収入が裏付けとなり、その商業を発展させるためには、秩序正しい取引環境の確立が必要となる。そこで商人が取りうる手段が記帳であり、その帳簿が法的な証拠能力を有する旨、規定された。

商業秩序の安定のため、債権者が被害をこうむる破産については、厳しい規定が設けられた。厳罰を定めたことは記帳の義務遵守にも効果的だったかもしれないが、この破産の条項からは、債権者保護の思想を見てとることができる。フランス商法の特徴的な属性とされる債権者保護の出発点がここにある。このように商取引の秩序の構築、商取引の安全性の確保を目的として生まれたのが債権者保護の考えであり、この最初の商法典から現代の商法まで、債権者保護思想は受け継がれることになる。

3. ナポレオン商法典

1789年の革命の後、政権の座に就いたナポレオン・ボナパルトは、内政面でもさまざまな改革に着手した。革命で壊滅状態となった産業の復興、財政立て直しのための税制改革、そして法制度および行政制度の整備などを行った。法の整備においては、ナポレオン法典（codes napoléoniens）あるいはナポレオン五法典と呼ばれる五つの法典を制定した。

1804年　民法典（code civil）
1806年　民事訴訟法典（code de procédure civile）
1807年　商法典（code de commerce）
1810年　刑法典（code pénal）
1808年　治罪法典（code d'instruction criminelle）

1807年に公布され、翌1808年1月1日から施行された商法典は、第1巻「商業一般」、第2巻「海上交易」、第3巻「破産」、第4巻「商事裁判権」の4編全648条からなる。1673年商事王令と1681年海事王令がその前身となっており、編纂上にもはっきりと確認できる。商事王令に比べ量的にもかなり増加し、商法としての充実が見られ、近代商法の先駆的な役割を果たすものであった[102]。

　第1巻「商業一般」は、第1編「商人」、第2編「商業帳簿」、第3編「会社」と続き、全8編から構成されている。会計については、第2編「商業帳簿」および第3巻「破産」に規定が設けられている。商事王令では第3章「普通商人、大商人、および銀行家の帳簿と記録」という表題であったが、商法典では「商業帳簿（Des Livres de commerce）」と表されている。表題の変化にすぎないが、そこに時代背景が反映されている。商事王令においては商人という職業的身分の区分や階級が明確に限定されており、商人のカテゴリーに属する人たちの帳簿という意味であったが、商法典においては商行為を行う人を対象にした商行為の帳簿という意味に解釈されるものである。

　第2編「商業帳簿」は第8条から第17条まで全10条からなり、次のような内容である。

　　第8条　すべての商人は仕訳帳を備え、日ごとに、債権・債務、商取引、手形の受取・譲渡、および名目を問わずすべての受取と支払を記し、さらに月ごとに、家事に費やした費用を記さなければならない。それは、他の不可欠ではない帳簿からは完全に独立したものである。
　　受け取った書簡を束ね、送付したものの写しも記録しなければならない。
　　第9条　商人は自署のもと、毎年、動産・不動産、および債権・債務の財産目録を作り、そのための特別な帳簿に年ごとに控えなければならない。
　　第10条　仕訳帳および財産目録帳は、年に一度、略署および検印が記されな

---

[102] 1953年の改正まで、大きな改正はなく、会計関係の条項を含めその骨子は現在まで受け継がれている。「商人とは」で始まる第1条の一文目は、現行法でもナポレオン商法典の第1条第一文と一言一句たがわず、ナポレオン商法典の継承を象徴している。

ければならない。書簡の控えの帳簿はこの様式に従わなくてよい。すべては、日付順に、ブランクや欠落がなく、マージンへの書き込みもあってはならない。

第11条　上記第8条および第9条により記帳が命ぜられた帳簿は、商務裁判所裁判官の1人、市長あるいは助役により、無料の通常の手続きで、ページ数、略署、および検印が記されなければならない。商人はその帳簿を10年間保管しなければならない。

第12条　正規につけられている商業帳簿は、商人間の商行為のための証拠として裁判官により認められる。

第13条　商業を営む個人が記帳しなければならない帳簿は、上記に規定した様式にしたがっていなければ、裁判において、当該帳簿を記帳した者の利益のために提示できず信を得られない。ただし、「破産および詐欺破産」（1807年商法第3巻）に規定された帳簿はこの限りではない。

第14条　帳簿および財産目録は、相続、財産の共有、会社分割の訴訟事件、および破産の場合を除いて、裁判への提示を求められない。

第15条　訴訟の経過過程において、争点に関係する部分を抜粋するために、裁判官、あるいは職権者により帳簿の提示が命令され得る。

（第16条および第17条は、遠隔地や拒否の場合など帳簿提出に関するの規定のため省略する。）

「商業帳簿」編に見るように、前半の8条から11条までは、商業帳簿の作成に関する規定であり、後半の12条から15条がそれらの裁判における使用に関する規定である。商人が備えなければならない帳簿は、仕訳帳、財産目録簿である。財産目録は、毎年作成しなければならない。仕訳帳と財産目録は、年に一度、ページ数、略署および検印を依頼し様式を満たさなければならず、10年間保管しなければならない。帳簿と共に求められるのは、書簡の綴りと控えである。多くの書簡に、契約内容や取引状況などが書式の形をもって示され、証拠となるものである。書簡を保存しておくことの重要性は、ルカ・パチョーリの著書、商事王令、サヴァリーの著書にも繰り返し述べられている。

商事王令との比較では、まず、財産目録（inventaire）の作成が加わったことが、大きく異なる点である。商事王令では、普通商人にのみに、2年毎の作成

が求められているものだったが、対象がすべての商人に拡大され、毎年の作成となった。さらに、仕訳帳と同じく略署などの要件をみたさなければならない。これらは、財産目録の重要性を示すものであり、有用な書類であることを意味する。

　財産目録の作成について、毎年の作成を要請する声があったにもかかわらず、起草委員会は商事王令に倣い、2年毎と第1草案を提示した。それに対し、各地の商工会議所、なかでもパリとリヨンの商工会議所は毎年の作成とすべきだと所見を述べた。財産目録の有用性を主張するものであり、商人が作成に難色を示すであろうが、難色を示すことこそ本人にとり有益なこともあるとし、自己の財産状態を把握する有効な手段であり、習慣とすべきであると主張し[103]、毎年の作成が規定された。

　さらに、この財産目録は、仕訳帳と同じく、略署などの様式を満たすことが規定された。商事王令でも仕訳帳に対しては同様の規定があったが、それが遵守されなかったのは先述の通りで、それゆえ、要件を満たさずとも証拠能力を認める別の法令を制定するような状況だったにもかかわらず、商法典で再び規定に盛り込まれた。草案が示された時、パリ商工会議所は削除を要請した。それに対し、リヨン商工会議所をはじめとする多くの商工会議所は、二重帳簿や改ざんの防止に役立つと保持の意向を示し、規定は残されることになった[104]。もちろんこれは裁判時の証拠としての有用性のためである。

　厳格な様式であるが、若干の緩和措置も見られる。まず、署名という文言が削除され、略署のみになっている。次に、それらの記入権限を持つ者の幅が広がり、記入の依頼者側に選択の肢が増えた。一方、「通常の手続きで（en la forme ordinaire）」は何を意味するのか解説書でも疑問視された。煩雑な要件であるが、これは1953年の商法改正まで引き継がれた。

　また、義務となった財産目録は、商法典第3巻「破産」第4編「詐欺破産」においても、その利用が規定されている。「詐欺破産」編では、第1章「過怠

---

[103] Delaporte [1808] tome premier, page 120.
[104] Delaporte [1808] tome premier, page 127.

破産」が設けられた。これは、フランスでは全く新しいものであり、慎重に真の法の精神において適用されるならば、非常に有用であろうと評された[105]。判例が確立するまでは主観的な判断に陥りやすく適用の難しい規定であるが、財産目録の利用が記述されている項目はすこぶる明解である。条文は、次のようである。

> 第586条　破産した商人のうち、次に示す一つあるいは複数に該当する者は、過怠破産者と宣告され、訴追されうる。
> 1. 仕訳帳に記帳された月毎の家事支出が過大であると判断された場合。
> 2. 遊興あるいは賭博に多大な額を浪費したと認められた場合。
> 3. 最終の財産目録によれば、資産が負債の50％未満であったにもかかわらず、多額の借金、あるいは商品の損失を伴う販売や時価に満たない価額での販売をした場合。
> 4. 最終の財産目録における資産の3倍の金額の信用手形あるいは流通手形に署名をした場合。

商事王令制定時には、過怠破産の概念が確立していなかったため、仕訳帳に家事支出の記帳を求めてはいるものの、その目的は明確ではなかった。しかし、商法典では、財産目録の使用、家事支出の記帳が過怠破産の防止と判定のためであることが明らかになっている。

帳簿の証拠能力については、12条から15条の規定により明らかであるが、さらに第3巻「破産」第4編「詐欺破産」第2章「詐欺破産」にも規定が見られる。

> 第593条　破産した商人のうち、次に示す一つまたは複数の場合に該当する者は、詐欺破産者と宣告される。
> （第1項から第6項、省略）
> 7. 帳簿を隠蔽した場合。

---

[105] Delaporte [1808] tome premier, page 374.

第594条　破産者のうち、帳簿をつけていない、あるいは帳簿が資産・負債の真実の状態を示していない場合は、詐欺破産者として訴追され、ここに宣言されうる。

　これらの規定は、帳簿の直接証拠能力に言及するものではないが、記帳していない、隠した、内容が真実ではないといういずれかが認められれば、詐欺破産に問われることを示している。逆に言えば、詐欺破産を疑われた場合、正規の帳簿を提出することにより、それが嫌疑を否定する証拠となりうることを意味する。このように詐欺破産においても、帳簿の証拠能力が認められることが示されている。
　また破産に関連した会計事項として、破産時にビラン（bilan）と呼ばれる清算時の会計書類の作成が規定されている。第3巻「破産」第1編「破産」第5章「ビラン」に次のように定められている。

　　第470条　破産者は、破産宣告をする前に、ビランあるいは事業の負債および資産状況の一覧を作成し、それを自己の手元に保管し、（破産）係官が職務を開始する24時間前に提出しなければならない。
　　第471条　ビランには、債務者のすべての動産および不動産の列挙と評価、債権・債務状況、損益一覧表、支出一覧表が記されなければならない。債務者は、ビランが真実であることを日付と署名を記し証明しなければならない。

「ビラン（bilan）[106]」は、現代の会計用語では、貸借対照表を意味するが、この商法典における「ビラン」は、破産時の資産・負債状況を示す書類であり、

---

[106] 現在でも一般的な意味でビラン（bilan）は、状況や状態を示す意味に広く用いられる。例えば、健康診断や自動車の点検を受けたとき、健康状態や車の状態の一覧を示す書類にビランをいう呼称を用いる。フランス語では（état）あるいは（situation）などと同意に使われる。
　一方、会計的な使い方では、現代でも、「破産・倒産を申し立てる」という表現に «déposer son bilan»（ビランを提出する）を用いる。

清算貸借対照表の意味に近く、清算用の財産一覧表を示す。

ここに動産・不動産を評価して列挙する旨規定されているが、どのように評価するのか評価基準は示されていない。しかし、求められる会計書類が破産・倒産時の清算書類であることを考慮すると、時価評価が適用されたのではないかと考える。

4. 1867年会社法[107]

17世紀の海洋交易、そして革命を経たフランスは、産業革命により経済規模も拡大し、会社を中心とするものとなった。商事王令および商法に、会社についての規定が制定されてきたが、1856年以降、法律（loi）として、会社法が制定された。

商事王令では第4章「会社（Des Sociétés）」において、「一般会社（société générale）」および「合資会社（société en commandits）」が規定されており、ナポレオン商法典では第1巻第3編「会社」第19条に「合名会社（société en nom collectif）」「合資会社（société en commandits）」および「無名会社[108]（société anonyme）」の会社形態が規定されている。しかし、いずれにおいても企業会計についての規定はない。

1856年「株式合資会社（société en commendits par action）法」、1863年「有限責任会社（société à responsabilité limitée）法」が定められ、その後、これら二つの法律は、1867年「会社法」として統合された。1867年会社法では、株式会社設立の許可制が廃止され、自由に設立できることとなった。会社設立が自由化された一方で、株主保護のため、企業会計の諸規則を設け、「配当利益計算」「監査の強化」「配当規制」などを規定した。これにより、会計も配当利益（résultat distribuable）の計算が重要な目的となり[109]、「財産目録」「貸借対照表」および「損益計算書」の作成が義務付けられた。

---

[107] Loi［1867］.
[108] 現在では、株式会社と訳語を付す。
[109] Hoarau［2003］page 34.

初めて制定された会社法における会計関係の規定は、次のとおりである。

　第1編　株式合資会社
　　第10条　監査役会役員は、帳簿、現金、有価証券、および会社の価値を確認しなければならない。
　　毎年、株主総会において、財産目録について発見した非正規性および非正確性を指摘し、経営者が提案する配当について反対する要素があれば指摘しなければならない。
　　(以下、配当についての条項のため、省略する。)
　　第12条　株主総会の遅くとも15日前から、すべての株主および委任受託者は、貸借対照表、財産目録、および監査役会報告書を閲覧できる。
　第2編　株式会社
　　第34条　すべての株式会社は、半年毎に、資産と負債の状況の一覧を作成しなければならない。
　　その一覧は、監査役に提示される。
　　加えて、毎年、商法9条に規定される財産目録を作成しなければならない。
　　それは、会社の動産、不動産、およびすべての資産・負債を示すものである。
　　株主総会の遅くとも4日前までに、財産目録、貸借対照表、および損益計算書を監査役に提出し、株主総会で提示しなければならない。

　このように会社法では、出資者に会社の状況を正しく開示するものとして、会計書類の作成を義務付けた。特に損益計算書の作成が要求されたことは、会計史上はじめてであり、「複式簿記」が不可欠であることを意味している。記帳義務のみを規定していた従来の商法に比べ、会計制度としての大きな発展が見られたものとして特徴付けることができる。

5. 1914年所得税法[110]および1917年所得税法[111]

　1914年、直接国税として個人所得税が制定され、1917年から施行された。フランスにおける初めての所得税であり、包括的な所得の申告、累進課税制の

導入など、税制の新たな局面であった。それに続き、1917年、所得種別に所得税を制定、同年施行された。これにより制定年度の違いこそあれ、個人、法人共に所得税が同時に課税されることになった。

旧来の4種類の租税[112]が地方税となり、かわりに所得種別所得税が国税として導入された。それは、「固定資産収入（revenus fonciers）」、「有価証券収入（revenus des valeurs mobilières）」、「給与および年金（traitement et salaire, pentions et rentes viagères）」、「商工業利益（bénéfices industriels et commerciaux）」、「非商的利益（bénéfices non commerciaux）」、「農業利益（bénéfices agricoles）」、および「債権にかかる収入（revenus des créances）」の7種類の所得に対する課税であった。

企業にとっては、パテント税にかわり、商工業利益に課税されることになり、課税利益（résultat imposable）の計算のため、精緻な企業会計が要求されることとなった[113]。課税と会計に強い関連が生じることになったわけである。しかしながら、当時の一般会計規定はナポレオン商法典に見られるものであり、複式簿記が義務付けられたわけではなく、また損益計算書と必然的関係をもたないで課税利益の概念が生まれていることに問題を残していた[114]。

このように経済の発展に伴い商人から企業へ、「商事王令」、「ナポレオン商法典」から「会社法」、「所得税法」へと変遷し、商法、会社法および税法のそれぞれに会計規定が設けられることになった。それらの会計規定も、係争解決あるいは清算のための記録を目的とした記帳義務から、配当利益計算や課税所得計算へと変遷し、会計の目的も多様化してきた。

商法において商人の義務として「すべての取引」を「日ごと」に記帳するこ

---

[110] Loi [1914].
[111] Loi [1917].
[112] «quatre vieilles» contributions；「固定資産税（la contribution foncière）」、「動産所有にかかる資産税（la contribution mobilière）」、「パテント税・営業税（la patente）」、「窓および扉にかかる税（住居税）（l'impôt sur les portes et fenêtres）」。
[113] Hoarau [2003] page 34.
[114] 野村［1990］9ページ。

とを規定したことを出発点とし、それらの帳簿からビラン作成への会計技術の発展、帳簿の証拠能力の認定、年度決算の制度の確立、帳簿の保存義務へと会計制度の発展がみられた。さらに、会社法の制定により、期間損益計算の重要度が増し、会計書類の作成も義務付けられたことは、近代の会計制度の礎となるものである。税制の発展からも、課税利益算定において、税制と会計に密接な関連が生ずることとなった。

以上のとおり、法制度が成文として整備され発達したこと、および商法、税法と会計が密接に関連付けられたことは、今日のフランスの会計制度を検証するうえで重要なことであると指摘できる。

Ⅳ　おわりに

ローマ帝国時代より、あらゆる分野において先進的な役割を果たしたイタリア半島諸国において、その経済の繁栄に伴い会計も実務上の必要から誕生し発展した。15世紀のルカ・パチョーリによる簿記の解説書の内容も、メディチ銀行の財務書類も非常に完成度が高く、根本的には現代のものと比較して何ら遜色がない。複式簿記の特徴は、その検証性にあり、記帳ミスを探し出せることにある。正確な複式簿記の記帳に基づけば、正確な貸借対照表と損益計算書が自ずと作成できるのである。このことがすでに経済的に全盛期であったヴェネツィアとトスカーナで理解され、実践されていた。

ヴェネツィアとトスカーナの会計は、それぞれの経済環境により、当時は若干求めるものに差異が認められた。特にトスカーナは、銀行会計としての公的要素が根底にあったこと、ホールディング・カンパニーのような組織の構築により利益配分の計算が必要となったこと、そのために年次決算と損益計算書の作成が習慣になったことなど、他の地域に見られない独自の発展が確認できる。

アドリア海に面するヴェネツィアの会計は、ルカ・パチョーリの著書と共に、現在のドイツ、そしてオランダやベルギーへと普及していった。それに対し、フランスはシャンパーニュ大市に始まり、アヴィニヨンの法王庁による繁

栄、リヨンの金融都市としての確立など、トスカーナの商人と金融業者から大きな影響を受けた。ドイツ以北では海洋交易の商人の会計がもとになったのに対し、フランスはトスカーナの銀行の会計がもとになり発展していったのである。

　会計に関する法の整備も、銀行会計を規範にして制定された。記帳の義務はもとより、銀行家は公人であるとまで解説書に記してあるように、帳簿には早くから証拠能力が認められ、それを担保するための厳格な様式も定められた。

　そして17世紀、フランスが大きな発展を遂げたルイ王政の頃、会計規定が初めて商法の条文に設けられた。ここに、フランス会計制度の特徴とされる二つの要素をすでに見ることができる。まず形式的な面での特徴として、成文主義が挙げられ、そして性質的、内容的な特徴として、債権者保護が挙げられる。この債権者保護思想が生まれた背景には、破産詐欺など当時のネガティヴな状況があり、それを禁止するために罰則規定を設けたことが始まりであった。しかし、この債権者保護の制度は、取引の安全性を担保し、経済活動の健全化と活性化にもつながるものであり、今日までフランス会計制度の特徴として挙げられる。

　この債権者保護の思想は、貸借対照表の資産に担保価値を求めるものでもあり、そのことから資産に財産性を求める財産性の原則に至る。17世紀にはまだ今日的な貸借対照表は誕生していないが、重要な会計書類として財産目録である財務一覧表示、インベントリー（Inventaire）の作成が求められていた。

　破産詐欺の解決と安全な取引の担保が当初の目的だったとはいえ、会計規定を成文商法に設けたことは会計制度の革新的第一歩であった。フランスの法制度は、成文という形で今日に至るまで発展してくるわけだが、会計基準も同様に成文という特徴を備えて発展の過程をたどる。

　王政から時代が流れ、税法および会社法との関連により、確定決算主義という特徴も誕生することとなった。税務面では、すべて間接税によっていたところに、新たに所得税という直接税が考案され導入された。その所得を計算するための会計が必要となった。所得の確定は、すでに定着していた複式簿記により算定する会計手段に基づいて行われた。また、会社法の整備も進み、配当金

の計算が求められ、配当可能利益の計算が必要となった。このようにそれぞれの経済面からそれぞれの計算の必要が生じたのだが、すべてが散逸的に動くのではなく、一つの会計書類に基づいて算定しようとしたため、確定決算主義が確立することになった。確定決算主義の背景には、フランスが好む合理性の思想も大きく影響を及ぼしたものと考える。

会計の歴史的な考察は、その時々の変革を明らかにし、今日のフランスの会計制度が有する特徴を分析することに有益な役割を果たす。債権者保護、成文主義、そして確定決算主義がフランスの会計制度の大きな特徴として挙げられるが、それらはすべて歴史をひもとくことにより解明できるものである。

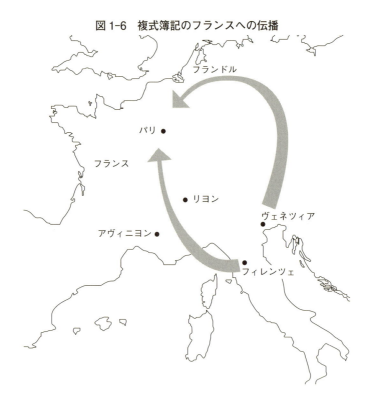

図1-6　複式簿記のフランスへの伝播

第2章
プラン・コンタブル・ジェネラル（PCG）の制定と変遷

I はじめに

　プラン・コンタブル・ジェネラル（Plan Comptable Général、以下PCGと省略）は、フランス会計基準のことである。プランは「計画、プラン」、コンタブルは「会計」、そしてジェネラルは「一般」の意味である。現在のフランスでは、あまり意味を考えないで、フランス会計基準を指す固有名詞として「プラン・コンタブル・ジェネラル、PCG」と呼んでいる。

　プラン・コンタブル・ジェネラルは「一般会計計画」や「標準会計制度」などの和訳が付されたが、本稿では「フランス会計基準」あるいは「PCG」とする。

　PCGの歴史は、第2次世界大戦のドイツの占領下においてゲーリング・プラン（Plan Goering）に基づき作成されたプラン・コンタブルから始まり、1947年第Ⅰ版が制定された。内容には目的や適用も述べられているが、勘定表（Cadre Comptable、勘定の枠組みの意味）が中心である。勘定表もドイツのコンテンラーメン（Kontenrahmen）からの影響を受け、生成し発展したものである。

　1947年第Ⅰ版の後、1957年、1982年、1999年、そして2004年に改正された。2004年以降は、部分的な改正を可能としたため、何年版や何年改正版という表記はなくなった。

　本章では、第2次大戦直後の生成期から、高度経済成長、拡大EU、国際会

計基準（IAS/IFRS）など会計を取り巻く環境の変化を鑑みて、PCG の歴史を検証するものである。

II　PCG の制定と普及

1. 会計標準化と PCG 1947 年版

1946 年、「会計標準化委員会（Commission de normalisation de la comptabilité）」が設置され、同委員会により起草された PCG が、1947 年 9 月 18 日財務省令[115]として発令された。一般に PCG 第Ⅰ版[116]と称されるものである。PCG は、実務慣習の中から体系化された会計規則集で、伝統的な成文主義の立場を貫いている。その内容は用語の統一、規則、様式および評価の基準などを定めたものであり、1947 年版の内容は、次のように 7 編からなる。

　　第 1 編　一般規定
　　第 2 編　会計フレーム

---

[115] 現在のフランスの法制度中、立法機関の違いから、「Loi（ロワ）」と「Règlement（レグルモン）」に大別される。Loi は議会により制定され、Règlement は行政機関により制定される。Règlement には、議会から行政機関へ制定を授権された「Ordonnance（オルドナンス）」、行政機関により起草され大統領あるいは首相の署名により発効される「Décret（デクレ、政令、施行令）」、および大臣あるいは県知事などの署名により発効される「Arrêté（アレテ、省令、条令、県条例）」などがある。
　　Loi と Règlement が集積されたものが「Code（法典、法令集）」であり、会計に関するものでは主に、「Code de Commerce（商法）」や「Code Général des Impôts（税法）」がある。「Sociétés commerciales（商事会社）」に関する法令も「Code de Commerce（商法）」に含まれている。

[116] 実際に公布されることはなかったが、1947 年版の前に 1942 年に作成されたものがある。1941 年 4 月 22 日デクレで起草委員会が設定され、それにより起草された 153 ページの報告書が存在する。その文書には、プラン・コンタブルも含まれていた。そこに含まれた勘定案は、勘定科目を 10 のクラスに分けるものであった。しかし、1941 年 12 月 31 日に草案が提出され 1942 年 3 月 21 日に正式に採択されたが、最終的に公布されることはなかった。このように会計基準の作成は、1940 年以降からすでに着手されていたのである。

第3編　一般会計勘定（クラス1から8）
第4編　分析会計勘定（クラス9）
第5編　統計会計勘定（クラス0）
第6編　勧告

　そして、会計勘定体系は、上記第3編で示されるように、取引の記帳時に使用する勘定科目を勘定番号別にクラス1からクラス8の8区分に分けるものである。

クラス1　資本勘定
クラス2　固定資産勘定
クラス3　棚卸資産勘定
クラス4　第三者勘定（売掛金、買掛金、未収金、未払金勘定など）
クラス5　財務勘定
クラス6　費用勘定
クラス7　売上勘定
クラス8　成果勘定（損益勘定）
クラス9　経営分析勘定
クラス0　統計勘定

　この1947年版のクラス分けは、現在でも同じである。ただし、クラス8以降のものは、実務上使用することがあまりないが、現在、コンピュータが発達してからは、再び経営分析を行うにあたり、非常に有益なものとなっている。
　PCG第Ⅰ版の中心は勘定番号を伴う勘定表であった。会計で用いるすべての勘定とその勘定番号が決められた。つまり、勘定の名称も、勘定番号も、各社各人が自由に決定するものではなく、会計基準により決められた共通のものとなる。1947年版公表当時は、まだ現代のようなコンピュータの普及を予想するものではなかったが、統一的に勘定番号が定められていたことで、電子化が非常にスムーズに行われた。
　クラスというのは、勘定番号の1番最初にくる番号で区分することである。

貸借対照表関係の勘定がクラス1から5であり、損益計算書関係の勘定がクラス6および7である。そして5桁まで勘定番号が体系的に付されている。

PCGは、このように勘定名と勘定番号から成る勘定表を会計基準で定めたことに大きな意味を持つが、それと同時に会計用語の統一した解説を示し評価基準などを定めた会計基準として確立した文書である。

プラン・コンタブルは、適用にも特徴がある。法令により適用を定める方法を採用したことだ。その適用範囲は公的組織を始め私企業にも及ぶ。しかし当初、PCGは義務的性格のものではないと位置づけられたため、全面的な適用を意図していなかったとみられ[117]、次のような法令により徐々に適用範囲を広げていった。

- **1947年10月22日　施行令　47-2051**[118]

1947年12月31日以降に第一期を迎える、商工業に従事する公的組織、および国、公共団体および公的組織の資本参加が20%以上の半官半民企業は、PCGを適用しなければならない。

- **1947年12月30日　財務省令**[119]

1,000万フラン以上の保証を国から得ている企業および団体はPCGを適用することができる。

- **1948年6月29日　施行令　48-1039**[120]

貸借対照表の再評価を実施した商工業に従ずる企業は、PCGの規定に従った用語、規則および様式を遵守して会計書類を作成しなければならない。

この施行令は、税法 Annexe III[121] の28条に編纂された。

---

[117] 野村［1990］16ページ。
[118] Journal Officiel du 23 octobre 1947, page 10477.
[119] Journal Officiel du 31 décembre 1947, page 12636.
[120] Journal Officiel du 30 juin 1948, page 6308.

第 2 章　プラン・コンタブル・ジェネラル（PCG）の制定と変遷　　107

　これらは、第 2 次大戦直後の復興期に公布された施行令である。わずか半年の間に発せられた三つの施行令により、PCG は実用化への第一歩を踏み出した。復興にむけて国が中心的な役割を担っているこの時期は、国によって設立されたり資本参加を受けたりした組織が多く、そのような公的資金による事業体の会計報告に統一的な会計基準を適用することを最初の目的とした。私企業に先駆け、公的組織が範を示すべく PCG の適用が定められたのである。

　また、戦後復興時の特殊な資産負債の再評価を適用した企業も、優遇措置の享受とともに PCG の適用を義務付けられた。再評価を明瞭に会計書類上で示し、その再評価額をもとに継続した PCG の適用が定められた。さらに、この再評価実施企業に対する施行令が、税法の施行令にも組み込まれたことも重要な点である。再評価実施企業に対して PCG の適用を要請する税法上の法令である。これは、PCG という会計基準を税法が認めていることであり、会計基準と税法の関係が明確にあらわれている。

　以後も PCG の適用範囲は広がり、1957 年までの 10 年の間に次のような組織が適用を定められた。

　　・公的組織および行政的性格の組織（例、社会保障基金本部および地方支部）
　　・公企業、商工業を営む公共事業および半官半民の会社
　　・国から財務保証を受けている私企業
　　・政府の統制下にある私企業（例、出版組合、農業組合）
　　・税法に基づいて貸借対照表の再評価を実施した企業

　この他にも官公庁および私企業において適用された多くの例があり、とりわけ官公庁では、公共事業、あるいは地方公共団体の管理下にある病院会計などにおいて会計上著しい改革が行われたと記されている[122]。

---

[121]　税法（Code Général des Impôts）の付録 III（Annexe III）は、施行令の形式で発令された条文を集めたもの。
[122]　PCG [1957] page 7, Introduction, Pierre LAUZEL, Secrétaire général du CNC.

私企業のPCG適用状況を示す正確な資料はないが、PCGが45,000部以上も売れたうえに、民間出版社が発行した解説書も非常な売れ行きを示したという事実から、著しく普及したことが推察される[123]。

私企業の経営者のなかには、会計書類の作成上、統一した用語と基準が有効かつ必要であること、規則に基づいて貸借対照表および損益計算書の様式を規制することが有効であることを認めながらも、全分野にわたる標準化の強制的な実施に対する反論もあった。

一方、会計教育関係者は、会計標準化およびPCGを職業専門家試験や学校教育に加えることに賛成であった。こうして、PCGの有益性が次第に広まり、定着していった[124]。

2. PCG 1957年版[125]

1957年のPCG改正に先立ち、1953年に商法改正が行われた。1807年以来、約150年間保持されてきたナポレオン商法典の会計規定にも重要な修正が加えられた。これまで財産目録の作成のみを規定していたナポレオン商法典に、商法上初めて、「貸借対照表および損益計算書の作成」を規定したのだ。この規定により、明確に複式簿記が義務付けられたことになる[126]。

一方、PCG 1947年版の改正作業は、新たに設置された「国家会計審議会(CNC, Conseil National de la Comptabilité)」に委ねられ、PCG第II版として1957年5月11日財務省令[127]で発令された。

PCG 1957年版も、会計の漸次標準化を目的としており、その実施のため次のとおり内容が規定されている[128]。

(1) 勘定のコード化（勘定番号の整備）

---

[123] PCG [1957] page 6, Introduction, Pierre Lauzel, Secrétaire général du CNC.
[124] PCG [1957] page 8, Introduction, Pierre Lauzel, Secrétaire général du CNC.
[125] PCG [1957].
[126] 野村 [1990] 5ページ。
[127] Journal Officiel du 22 mai 1957, page 5135.
[128] PCG [1957] page 21.

(2) 用語の解説
(3) 記帳の関連
(4) 資産項目の一般的な評価方法
(5) 一般経営計算書、損益計算書および貸借対照表の様式
(6) 原価および成果の計算方法

実務での適用に関しては、その前文に、「第Ⅰ版と同じく強制的な適用を要請するものではなく、CNC は PCG のコンスタントな適用を促す規定の作成を負い、PCG は事業主にとり合理的な経営管理の手段となる」と記されている[129]。さらに、第1部「原則」において「PCG の適用」という項目を設け、「PCG は強行規定ではないが、その適用は会計標準化にとって明らかに有効な手段であり、企業および利害関係者のために PCG を適用することが望ましい」と述べ、適用を推奨している[130]。

このように、PCG 自体は法律ではなく[131]、省令でも PCG 本文でも義務的な適用を要請しなかった。PCG の適用が明確になったのは、次の税法訴訟に関する法令による。

・**1959年12月28日　法律**[132]（税務訴訟の改革およびその他税法整備に関する法律）

55条において次のような内容が規定されている。

「当該法律の発令から最長5年を期限として、PCG を漸進的に適用する。

企業の業務内容や規模を考慮しつつ、商工業に従事する企業の要望と会計標準化の一般規則の適合を図るため、事業主および会計担当者を含む『業種別委員会（comités professionnels）』を設置する。

『会計高等審議会（Conseil Supérieur de la Comptabilité）』と『業種別委員会』

---

[129] PCG [1957] page 8.
[130] PCG [1957] page 22.
[131] PCG [1957] page 1. 原文では、"Le Plan comptable n'est ni loi, ni corps de doctrine officiel." と記述されている。
[132] Journal Officiel du 29 décembre 1959, page 12467.

は協調して作業を進め、強制適用を目的とする規定と勧告にとどめるものを区別して、提案と報告を経済財務大臣に提示するものとする。
　『会計高等審議会』意見書の提出後、経済財務大臣の提案により、『業種別委員会』の構成と当該条文の適用のための方法が行政法として発令される。」

・1962年4月13日　施行令　62-470[133]

　前述の1959年12月28日法律の施行令であり、業務別委員会の構成および使命、CNCの役割、強制適用の条文、提案から承認手続き、修正案などについて定められている。

　この施行令を受けて、1966年から1974年までの間に、80以上の業種別プラン・コンタブルが省令として公表された。業種別プラン・コンタブルは、義務的性格の規定と勧告からなり、私企業にはそれぞれが属する業種の業種別プラン・コンタブルの適用を義務付けられた。

・1965年10月28日　施行令　65-968[134]

　この施行令は、税法第54条に適用されるものである。税法54条は、企業の所得税申告の附属明細書（annexes）を定めるものであり、税法53A条に関連する。施行令には、税務申告時の附属明細書の種類およびその書式、用語の定義、評価基準などが規定されている。

　税務申告書に添付しなければならない主な書類は、貸借対照表、損益計算書、固定資産明細表、引当金明細表などである。これらの書式は、施行令に示されているようにすべて定型であり、国（税務署）より配布される。この定型書式がPCG 1957年版に示されている書式と全く同じものである。その書式の使用を税務申告に求めることは、税務とPCGの密接な関係を示すものである。

　書式が全く同じであることに加え、PCGにはその書式への記入についても解説されている。例えば、PCGに定める勘定番号の何番から何番の合計額を

---

[133] Journal Officiel du 18 avril 1962, page 4016.
[134] Journal Officiel du 17 novembre 1965, page 10150.

（ここに）示すなどと説明されている。また、書式の他にも、定義および評価基準もPCGと同じ文言で規定されている。つまり、この施行令は、税務申告の附属書類は、PCGに従って作成することを求める法令である。

さらに、会計基準に従った貸借対照表および損益計算書を税務申告に要求することは、会計と税務の一貫性を示し、確定決算主義を表すものである。

企業は税務申告の必要書類としてPCGの規則に従った会計書類を添付しなければならず、税務申告の前提としてPCGに従った会計上の損益計算が求められることになる。この税法と会計基準の一致は重要な意義をもつものでありPCGの広範な適用の促進に非常に有効であったと判断される。

ここで検証したようにPCGは公表以来、徐々に強制的な適用範囲を広げてきた。まず公的組織を中心にその適用を義務付け、次にPCGが適用されない私企業について業種別プラン・コンタブルを制定し適用を義務付けた。そして、PCGも業種別プラン・コンタブルも適用されない企業について、1965年10月28日施行令で実質的なPCGの遵守を定め、この時点でフランスにおける会計基準の遵守義務が確固たるものになったのである。

王制時代からPCGの普及までの会計の歴史を追及すると、フランスの法制度が成文の形式であったことから会計基準も成文化されていること、また商法、会社法および税法のなかで会計について言及していること、特に税法に関する施行令でPCGの適用を義務付けていることは、フランスの会計基準の属性を知る上で非常に重要であることを指摘したい。

フランスの会計基準の特性として挙げられる、「成文主義」、「債権者保護」および「確定決算主義」の確立過程を、歴史を忠実に跡付けることにより検証したものである。

Ⅲ　EC会社法第4号指令とPCGの改正

1．PCG改正への始動

1960年以降の経済成長は、フランス国内外の経済規模を著しく拡大させ、

PCG 1957 年版ではもはや時代の流れに対応しきれなくなった。1971 年、当時の財務大臣ジスカール・デスタンは、主に次のような諸問題や課題の解決のため、PCG の改正を要請した[135]。

・経済状況および法的状況と会計の調整、例えば、従業員成果参加、下請、リース、およびホールディングなどの会計上の問題
・会計の内部分析、経営管理、企業会計と社会会計（comptabilité nationale）の関係、および利害関係者への情報提供など多方面への会計情報の充実
・コンピュータによる情報処理への対応問題

この PCG の改正のため、「用語」、「評価」、「法制」および「総合計算書類」の四つのワーキング・グループが設けられ、用語の定義、資産・負債の評価、諸法律との整合性および計算書類の書式についての審議が始められた。

この 1971 年、まさに時期を同じくして、EC 会社法指令も大きく動き出し、PCG の改正も多大な影響を受けることになる。まぎれもない会計の国際化時代の到来であった。

フランスと EC 双方が同時に会計基準の改正や制定を準備する中、イギリスを含む 3 カ国が EC に加盟した。それは、フランスも EC もそれぞれ、PCG 改正あるいは EC 会社法第 4 号指令の原案を発表した後だった。そのため、原案に修正を要することになり、原案から修正案を経て発布に至る複雑な動きとなった。1970 年代初頭から PCG 改正までのフランスと EC の一連の流れのまとめると次のとおりである。

  1971 年　フランス　PCG の改正作業開始
  1971 年　EC　　　EC 会社法第 4 号指令　原案提出
  1973 年　EC　　　イギリス、アイルランド、デンマークが EC に加盟
  1974 年　EC　　　EC 会社法第 4 号指令　修正案提出
  1975 年　フランス　PCG 改正原案公表
  1978 年　EC　　　EC 会社法第 4 号指令　発令

---

[135] Bulletin trimestriel du Conseil national de la Comptabilité, n°6, avril 1971.

1979 年	フランス	PCG 改正案公表
1982 年	フランス	PCG 改正が省令により承認・発効
1983 年	フランス	EC 会社法第 4 号指令調和化法
1983 年	フランス	EC 会社法第 4 号指令調和化施行令
1983 年	フランス	上記調和化法・施行令に基づき、商法および商事会社法改正

　国の外からの要請により、国内の会計法規や会計基準を修正しなければならない時代となった。経済の国際化に伴い、会計の調和化に向かって EC は動き始めたのである。会計法令のヒエラルキーは以下に示す図 2-1 のとおりであり、法令一般と同様である。EC 会社法指令は最も上位の国際法に類する法令であり、また法令ではないが IAS/IFRS も同位に分類される。

　EC 会社法第 4 号指令の発令により、フランスは「EC 会社法第 4 号指令調和化法および同施行令」を制定した。この国内法令により、商法と会社法が改正された。また、連結会計規定に関する「EC 会社法第 7 号指令調和化法および同施行令」により PCG に連結規定が含まれた。これらの改正は表 2-1 に示すとおりである。

　このように PCG の改正をはじめ、諸法令中の会計規定も従来のようにフラ

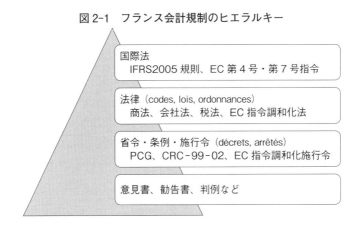

図 2-1　フランス会計規制のヒエラルキー

国際法
　IFRS2005 規則、EC 第 4 号・第 7 号指令

法律（codes, lois, ordonnances）
　商法、会社法、税法、EC 指令調和化法

省令・条例・施行令（décrets, arrêtés）
　PCG、CRC-99-02、EC 指令調和化施行令

意見書、勧告書、判例など

114   第1部　歴史にみるフランス会計の特徴

表2-1　会計基準の制定と改正に関わる略年表

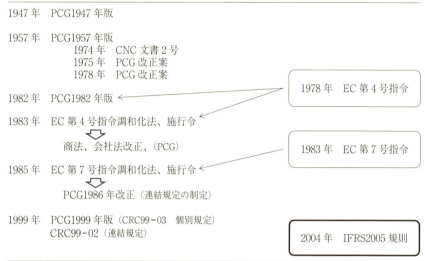

1947年　PCG1947年版

1957年　PCG1957年版
　　　　　1974年　CNC文書2号
　　　　　1975年　PCG改正案
　　　　　1978年　PCG改正案

1982年　PCG1982年版

1983年　EC第4号指令調和化法、施行令
　　　　　商法、会社法改正、(PCG)

1985年　EC第7号指令調和化法、施行令
　　　　　PCG1986年改正（連結規定の制定）

1999年　PCG1999年版（CRC99-03　個別規定）
　　　　　CRC99-02（連結規定）

右側枠内：
1978年　EC第4号指令
1983年　EC第7号指令
2004年　IFRS2005規則

(注) PCGは1999年改正で準恒常法となったため、以前のような全面改正ではなく、必要な改正が漸次行われるようになった。

ンス国内の制度や社会状況に適応するだけではなく、EC加盟国との国際的な調和を求められる新しい時代が到来し、歴史的にも大きな転換期を迎えることとなった（表2-1）。

2. EC会社法第4号指令原案と修正案

1958年ローマ条約により設立されたEEC（欧州経済共同体）[136]は、共同市場の確立および欧州共同体の経済活動の調和的発展を目的としていた。そのため、経済活動の中核である会社を規制する加盟国の会社法の調和は必要不可欠なものであった。EECの共同市場の理念は、「同一の法的形態をとる会社が、欧州共同体内において同等の法的要件のもとで、活動できること」であり、そのような会社間の競争を阻害しないことであるとしていた。そこで、各国法制間の差異や矛盾を排除し、国内会社法の調和を目的に、EC理事会により「指令」[137]という形式で、EC会社法指令が発令された。会社の会計については、

EC会社法第4号指令「年次計算書類」および同第7号指令「連結計算書類」があり、両指令は加盟各国の国内会計規定の改正を要求するものであった。

　1960年代当時、利害関係者にとり重要情報である会社の年次計算書類の様式と内容を規制する法律は、加盟国によりかなりの相違があり、開示情報も質量ともに多大な差があった。年次計算書類の比較可能性と同等性を確保するため、第4号指令が起草された。年次計算書類および営業報告書の「用語」、「様式および内容」、「評価の方法」ならびに「開示」に関して調整するものであり、またそれは、商法に従って作成すべき年次計算書に限られ、税務官庁に対して提出すべき特定の書類に適用されるものではないとしていた。

　第4号指令は12節62条からなり、次のような内容である。

　　第1節　総則
　　第2節　貸借対照表および損益計算書に関する総則
　　第3節　貸借体表表の様式
　　第4節　貸借対照表項目に関する特則
　　第5節　損益計算書の様式
　　第6節　損益計算書項目に関する特則
　　第7節　評価規則

---

[136] 欧州石炭鉄鋼共同体（ECSC）、欧州経済共同体（EEC）、および欧州原子力共同体（EAECあるいはEuratom）の3共同体が1967年の統合条約により、欧州共同体（EC：European Communities）を形成した。三つの共同体の統合であるため、European Communitiesと複数形である。1993年、マーストリヒト条約の発効により、欧州連合（EU：European Union）が発足し、欧州経済共同体（EEC）は欧州共同体（EC：European Community）と改称した。2002年、欧州石炭鉄鋼共同体（ECSC）は条約有効期限到来により消滅し、2009年のリスボン条約発効により、欧州共同体（EC）を欧州連合（EU）が継承した。欧州原子力共同体は、欧州連合と統合せず、欧州連合内部で独立した主体として存続している。

[137] EC（EU）の法的拘束力をもつ法令は、「規則」、「指令」、および「決定」の3種類である。「規則」は、国内法に優先し直接適用される法令である。「指令」は、国内関連法令の改正や整備を要請する法令である。「決定」は、将来の方向性を示すものであり、その準備を要請するものである。会計に関しては、IAS/IFRS直接適用を定めた「規則」と、会計基準の調和を目的とした「指令」が発令されている。

第8節　附属明細書
第9節　営業報告書
第10節　開示
第11節　監査
第12節　付則

　1971年、「年次計算書類」の規定を定めた第4号指令原案が委員会により理事会に提出された。しかしこの後、1973年にイギリス、アイルランド、デンマークが加盟し、慣習法の法制度をもつイギリスの強い要請により、イギリスの会計慣行も同指令に導入することになり修正が加えられた。それらは、主に第1節総則の第2条における「真実かつ公正な概観（a true and fair view）（仏訳：une image fidèle, 忠実な概観）」原則の導入、および第7節評価原則における「時価評価の容認」において顕著である。

　原案ではドイツ会社法の「可能な限り正確な概観」に基づき、フランス会社法の「正規かつ誠実な会計原則（principes d'une comptabilité régulière et sincère）」を導入し、第2条を「年次計算書類は、正規かつ誠実な会計原則の要求をみたし（2項）、会社の財産状態、財務状況並びに業績につき、可能な限り正確な概観（une image aussi sûre que possible）を与えなければならない（3項）」と起草していた。この「可能な限り正確な概観」というのは、年次計算書類作成について常に遵守しなければならない目的であり、複数の会計処理方法から選択適用が認められている場合の選択に際し、指針となるものである。

　それに対し修正案では、「年次計算書類は、会社の財産状態、財務状況並びに業績につき、「真実かつ公正な概観」を与え（2項）、本指令の規定に従い明瞭に作成しなければならない」と修正され、イギリス会社法の「真実かつ公正な概観」に基づいたものとなった。原案と修正案の比較を図2-2で示すとおりである。

　原案では、会計諸原則の適用という方法により、目的である「できる限り正確な概観」が達成されるとして、「方法」と「目的」を表していた。それに対し修正案では「真実かつ公正な概観」という「目的のみ」を示し、その目的を

第2章 プラン・コンタブル・ジェネラル（PCG）の制定と変遷　117

図2-2　第4号指令第2条　原案と修正案の比較

	第4号指令　原案		第4号指令　修正案
方法	正規かつ誠実な会計原則の適用 des principes d'une comptabilité régulière et sincère	目的	忠実な概観（真実かつ公正な概観） une image fidèle (a true and fair view)
	⇩		⇩
目的	できる限り正確な概観 une image aussi sûre que possible	方法	目的を達成するため、適用すべき会計原則を明示する必要はないとした[138]。

出典：筆者作成。

充足するためには必然的に一般に認められた会計原則に従うため、それらを規定に盛り込む必要はないとし、基本理念のみが規定されることになった。

3. イギリス会社法の「真実かつ公正な概観」およびその導入

　EC会社法第4号指令で導入されたイギリスの「真実かつ公正な概観（a true and fair view）」の概念を理解するため、歴史的変遷を検証すると、1844年株式会社法（Joint Stock Companies Act 1844[139]）にその概念の源を見ることができる。同法は、取締役に会計帳簿作成を義務付け、かつ「完全かつ公正な（full and fair）」貸借対照表を作成し、これを監査役に提出することを規定している。

　その翌年、1845年統一会社約款法（Companies Clauses Consolidation Act 1845[140]）では、「完全かつ真実な（full and true）」会計帳簿を保持し、「正しい（exact）」貸借対照表、および資産・負債・資本の「真実な（true）」なステイ

---

[138] 山口［1984］201ページ、修正理由書翻訳より抜粋、「会社の状態につき真実かつ公正な概観を与えるべき旨を要求することは、正規かつ適正な会計原則を遵守しなければならないことを当然に意味することから、新しい表現法の導入により、そのような原則についての言及を削除することが可能となった。」
[139] Joint Stock Companies Act 1844, www.nationalarchives.gov.uk
[140] Joint Stock Companies Act 1856, Table B, 84. www.companieshouse.gov.uk

トメントの作成を規定している。

そして 1856 年に改正された株式会社法（Joint Stock Companies Act 1856[141]）では、監査人は貸借対照表が「完全かつ公正（full and fair）」であり、さらに会社の業務状態の「真実かつ正確な概観（a true and correct view）」を適切に表示するものであるか否か意見を表明しなければならないと定められている。

このように、まず「完全かつ公正（full and fair）」という概念が生まれ、続いて「完全かつ真実（full and true）」となり「真実（true）」の概念が新たに加えられた。そしてさらに、「真実かつ正確な概観（a true and correct view）」と変遷していったのである。改正された 1856 年株式会社法では、「真実かつ正確な概観」について監査人が意見表明すべきことを定めているように、この「真実かつ正確な概観」、つまり「公正（fair）」よりも「正確（correct）」に重点がおかれていたことを見ることができる。

しかし、その後 1948 年に株式会社法から改正された会社法（Companies Act 1948[142]）では、再び一転し、「真実かつ公正な概観（a true and fair view）」と、「正確（correct）」が姿を消し、「公正（fair）」という文言に修正されている。これは、当時会計界に大きな問題を提起した 1931 年のロイヤル・メイル事件[143]がきっかけとなり、修正されたものである。これは、会計書類の数量的な「正確さ」よりも、より心情的なニュアンスを含む「公正さ」に置き換えられたものと考えることができる。

1948 年会社法では、繰り返し「真実かつ公正な概観」という文言が用いられており、その後 1967 年、1976 年、1980 年および 1981 年の会社法改正においても一貫して最上位の一般原則[144]としていることから、イギリス会社法に

---

[141] Companies Closes Consolidation Act 1845, 115 条, www.legislation.gov.uk
[142] Companies Act 1948 Chapter 38, Part IV 147 条, www.legislation.gov.uk
[143] 第 1 次大戦中に巨額の利益を上げたロイヤル・メイル社は、税額の過大な見積もりに基づく納税と税金積立金（秘密積立金）を行い、その後の継続した営業損失を税額の還付金と積立金取崩により填補し、それらを配当財源として利用した。この「税金積立金の調整を含む」として公表された貸借対照表、また目論見書に記載された「平均利益」が虚偽記載であり、社債発行に際して詐欺罪にあたるか否かを問われた事件である。

第2章 プラン・コンタブル・ジェネラル（PCG）の制定と変遷

おける会計原則の根底をなす基本概念と捉えることができる。

このイギリスが最も重要と位置付ける概念をEC会社法第4号指令は取り入れ、EC加盟各国は関連する法令をそれに整合するように改正することが要請されたのである。

・「真実かつ公正な概観」の導入

イギリスの会計概念である「真実かつ公正な概観」を取り入れるため、EC会社法第4号指令は修正され、その「真実かつ公正な概観」は、次のように第2条に規定された。

EC会社法第4号指令　第2条
1. 年次計算書類は、貸借対照表、損益計算書および附属明細書からなる。これらの書類で一組をなす。
2. 年次計算書類は、本指令に従い、明瞭に作成しなければならない。
3. 年次計算書類は、会社の財産状態、財務状態、および成果につき真実かつ公正な概観を与えなければならない。
4. 本指令の適用が第3項に示す真実かつ公正な概観を与えるのに充分ではない場合には、補足情報を提示しなければならない。
5. 例外として、本指令の規定の適用が第3項で示す義務に反する場合は、第3項の意味する真実かつ公正な概観を与えるため、当該規定から離脱しなければならない[145]。このような離脱の旨は、財産状態、財務状態および成果へ及ぼす影響とともに、附属明細書に示し、かつ理由を明記しなければならない。加盟国は、例外を明確にし、これに対応する離脱の方法を定め

---

[144] 友岡［1985］65ページ。
[145] 第4号指令、第2条のフランス語版では «il y a lieu de déroger à la disposition» という表現であるが、英語版は «that provision must be departed from» と離脱の要求の表現がより明確である。また、同指令の国内法化により改正されたフランス商法は、L 123-14条（旧第9条）において、「…財産、財務状況、あるいは成果が忠実な概観で示されない場合は、当該規定から離脱しなければならず（il doit y être dérogé）…」と離脱を規定している。

ることができる。
6. 加盟国は、本指令により開示が要求されている事項以外にも、年次計算書類において開示を許可し、または要求することができる。

・イギリスとフランコ・ジャーマンの会計の差違

イギリスの会計規定は会社法に設けられており、企業の「真実かつ公正な概観」を示す会計書類の作成が規定されている。この「真実かつ公正な概観」の概念を導入するにあたり、法制度を始めさまざまな社会状況をイギリスと異にするフランスは、当初困惑し多くの議論が起こった。

イギリス会計の特徴としてまず挙げられるのは、会社の資金調達の方法が証券市場を中心としたものであることから、計算書類は投資家を中心とする利害関係者への情報開示を目的としていることである。また、慣習法の法制度のもと、会計規定は詳細な規定はなく、大きく原則を示すにとどまっていたことである。

それに対し、フランスやドイツでは会社の資金調達は銀行借入や社債の発行が中心であり、証券市場規模も大きなものではなかった。したがって、そのような資金調達の状況から、両国とも有限会社が大半を占めていた。当時のEC加盟国6カ国の状況はほぼフランスとドイツに類似しており、イギリスの資金調達方法や会社の形態が、特異なものであったとみることができる。そのようなEC内では、オランダが原則主義をはじめとし経営者の自由裁量に任せるところも多く、イギリスに近い会計思考であった[146]。

このようにフランスでは銀行借入中心の資金調達から、自ずと計算書類の重要な開示先は債権者となり、債権者保護思想に基づいた会計基準が形成されてきたのである。

また、フランスおよびドイツの会計のもう一つの特徴は、確定決算主義であり、税法とも密接に関連していることである。フランスの多くの会計規定は税

---

[146] Raffegeau, Dufils, Corré [1980] page 63.

法に由来するものが多い[147]こともイギリスとの差違として挙げられる。

・「真実かつ公正な概観」の訳語

　イギリスの「真実かつ公正な概観」をそれぞれの言語へ翻訳する際、その概念を的確に表現するため慎重に行われた。イギリスと対峙するフランコ・ジャーマン型会計基準、およびイギリスに比較的近い会計基準とされるオランダを取り上げ、それぞれの訳語について比較する。

　当時のEC加盟国中、フランス語を公用語とする国は、フランス、ルクセンブルグおよびベルギー[148]と3カ国であった。«a true and fair view»をフランス語に直訳すると、«une vue, une image véridique et loyale»[149]であるが、直訳を避け、«une image fidèle»「忠実な概観」と訳された。

　オランダ語訳もフランス語訳と同様に二つの形容詞を連ねた直訳ではなく、«getrouw beeld»とし、フランス語の«image fidèle»「忠実な概観」と同意であるが、«getrouw»の語源は英語の«true»「真実」と同意でもある。しかしながら、これはEC会社法第4号指令のオランダ語訳であり、要請された国内法化において、オランダは従来の国内法規定に変更を加えず、「真実かつ公正な概観」は国内法の文言に見ることはできない[150]。これは、EC指令が国内法化に際し、ある程度の自由裁量を残していることを反映したものと考えられる。

　またドイツ語訳は婉曲な言い回し[151]で、«ein den tatsächlichen Verhältnissen entsprechendes Bild»「実質的な諸関係に合致する写像[152]」とし、国内法[153]にその表現を取り入れている。そしてその法令からも明らかなように、

---

[147] Raffegeau, Dufils, Corré [1980] page 69.
[148] ベルギーの公用語は、オランダ語、フランス語およびドイツ語の三カ国語である。
[149] Pérochon [1983] page 45.
[150] Klee [2009] page 903.
[151] Klee [2009] page 903, "…met en œuvre une périphrase «correspondant à la situation réelle»"と記述している。
[152] 坂本［2011］97ページに記述された日本語訳を採用した。

適用範囲はEC会社法指令の要請どおり、資本会社に限定している。

このように訳語を検証しただけでも各国の慎重さをうかがい知ることができ、その概念の解釈や位置づけ、および国内法への採用はさらに慎重な態度で臨んだことを見ることができる。

4.「離脱」要請の規定

EC会社法第4号指令は「真実かつ公正な概観」を年次計算書類に示すことを求め、そのためであれば諸規定からの離脱を要請する規定が修正案に新たに加えられた。これは例外規定ではあるが、離脱の容認にとどまらないものであることに注意しなければならない。

この「真実かつ公正な概観」の表示を目的とした離脱規定は、会計法令の適用では「真実かつ公正な概観」を表示し得ない場合には、その法規定からの離脱を義務付け、判例、学説あるいは会計審議会、証券取引委員会、公認会計士協会の意見書や勧告書などに基づき、企業の実態を表す適切な会計処理方法の適用を要請するものである。ここにアングロ・サクソンの実質優先の思考および慣習法の特徴が色濃く表れている。

この第4号指令の原案から修正案への変更は、ただ文化的に異なるアングロ・サクソンの国々の加盟というだけではなく、当時の経済状況も大きな要因であった。高いインフレ率や為替の変動相場制への移行など、特異な経済環境にあり、資産の評価や為替換算に関して従来の規定では充足し得ない状況であったことも考慮しなければならない。

また、離脱理由および離脱による影響を附属明細書に記載する旨も規定されており、附属明細書の重要性が明確になっている。これは、附属明細書が年次計算書類として不可欠であると位置づけるものである。

原案の修正作業を経て、1974年に第4号指令修正案が理事会に提出され、

---

[153] 井戸［1997］59ページより抜粋、「ドイツ商法第264条第2項において『資本会社の年度決算書は、正規の簿記の原則を遵守した上で、資本会社の財産状況、財務状況および収益状態の実質的諸関係に合致した写像を伝達しなければならない。』と規定されている。」

1978年7月28日、第4号指令が発令された。その指令には、「真実かつ公正な概観」の原則の他にも、会社の規模を考慮した簡易システムの導入や、原価主義測定の原則化などが規定されており、PCGの改正に再考を要する部分が含まれていた。

　フランスは経済の発展に伴い会計基準や法制度を成熟させてきたが、このEC会社法指令により、新たに国際的調和を目的とした変革を要請されることとなった。国際的調和化は、各国法制間の調和を目指すものであるが、成文法の大陸系のフランスにとっては、それに対峙する慣習法、アングロ・サクソン系とも調和する会計基準を構築しなければならないことを意味していた。

Ⅳ　PCG 1982年版

1.　PCG 1982年版の特徴

　1974年のEC会社法第4号指令修正案も踏まえ、PCG 1975年改正原案が公表された。これは、市場価値による測定システムや、包括的損益計算書と資金計算書の作成を含む新時代のものであった。さらに、フランス特有の企業会計と社会会計がより明確に、そして潤滑に連動するため、企業が創出する付加価値を算定する方法が取り入れられていた。

　このPCG 1975年改正原案が、そのまま確定成文となるはずであったが、1978年に発令された修正後のEC会社法第4号指令との整合や当時のインフレ経済への対応のためさらにPCGにも修正が加えられ、1979年に改正PCG案[154]として公表された。75年版改正原案に比べると、1979年改正版ではEC指令との調整のため、市場価値による測定システムや資金計算書の作成義務が取り下げられ、簡易評価法や簡易損益計算書といった会社の規模別会計システムが導入されるなど、一歩後退したかのような修正が行われた[155]。

---

[154]　1979年6月8日付省令、«Le projet de Plan comptable révisé»

また、このPCGには新たに会計の一般原則が規定されたことも、大きな特徴として挙げることができる。この一般原則では、フランスにすでに定着していた「正規性」および「誠実性」の原則と、EC会社法第4号指令による「真実かつ公正な概観（以下、フランス語 «image fidèle» の日本語訳「忠実な概観」とする）」を取り入れた形になっている。

そのPCG 1982年版の内容は、「用語の定義」、「一般会計」および「分析会計」の三部からなり、9クラスの勘定体系[156]を規定していた。そして、一般に用いられる基本システムの他に、会社の規模に応じた簡易システムと発展システムも擁していた。

この1979年改正PCGがほぼそのままの内容で、1982年4月27日付省令によりPCG 1957年版に代わる第III版PCGとして承認され、遅くとも1983年12月31日以降に始まる会計期から企業（entreprise）はPCG 1982年版を適用することが定められた。改正作業の着手から11年もの長い歳月を要することになったが、勘定番号編成などはその後の改正を経た現在も継承されており、このことは1957年版の抜本的改正という目的の成就とフランスの会計制度の成熟を表すものであると考えられる。

2.「正規性」と「誠実性」の解釈

・会社法に見られる「正規性（régularité）」と「誠実性（sincérité）」

先にも検証したように、EC会社法第4号指令は、原案では明記されていた「正規性」および「誠実性」の会計原則が削除され、「忠実な概観」のみが規定された。「忠実な概観」はその目的を達するためには、会計規定からの離脱も要請するものである。法令への準拠を定めた「正規性」とそれを誠実に適用する「誠実性」に依拠するフランスの思考体系と、「忠実な概観」を示すために

---

[155] 野村［1990］20-21ページ。
[156] クラス1から5が貸借対照表科目勘定、クラス6と7が損益計算書勘定、クラス8が決算振替などに使用する特別勘定、クラス9が分析会計に用いる勘定である。この勘定番号体系は、現在も同じである。PCG 1957年版では、分析会計もなく、勘定体系もクラス0から9までの10クラスに分かれていた。

は、規定からの離脱を要請する思考体系は全く異なる[157]ものであり、EC 指令と PCG の間に大きな矛盾が生じるのではないかと懸念された。それまでの「正規性」と「誠実性」を中心とした会計原則を根本的に見直すべきかどうかが問われた。

フランスにおける会計原則について歴史的に検証すると、PCG 1957 年版には会計原則の規定はなく、PCG 1982 年版において会計一般原則が初めて規定に含まれた。PCG 1982 年版が発効される以前のフランスの会計に関する法令では、会社法にこれらの会計原則の起源を見ることができる。

1867 年会社法[158]では、株式合資会社に関する第 10 条 2 項に「監査役会役員は、毎年、総会への報告書で、財産目録において発見した非正規制（irrégularités）および非正確性（inexactitudes）を指摘（signaler）なければならず（以下省略）」と規定していた。この「非正規性」と「非正確性」の報告義務の規定は、株式合資会社にかかるものであり、株式会社にかかるものではなかった。株式会社に関しては第 32 条に「年次総会で選任された監査人（commissaires）は、取締役から提示された会社の状況、貸借対照表、および計算書類について、翌年に株主総会に対し報告書を作成する。」と規定がある。これは報告書を作成することのみを規定しており、取締役から提出された会計書類の何について報告するかは、株式合資会社にかかる規定のように明確に示されていない。

この 1867 年会社法に係る数度の改正のうち、1935 年デクレ-ロワ[159]および 1937 年デクレ-ロワ[160]により、株式会社の監査について改正が行われた。1935 年デクレ-ロワでは、第 34 条 3 項に「監査人は委任された職務を遂行したことを総会へ報告し、かつ発見した不正規性および不正確性を指摘すべき報告書を作成する。」と規定された。続く 1937 年デクレ-ロワでは、第 32 条が修正さ

---

[157] Pirolli [1978] page 206.
[158] Loi [1867].
[159] Décret-loi [1935].
[160] Décret-loi [1937].

れ、「定時株主総会により3年間の任期で選任された監査人は、帳簿、現金、有価証券および会社の価値を検証し、財産目録および貸借対照表の正規性 (régularité) および誠実性 (sincérité)、ならびに取締役会報告書における会社の計算書類に掲載された情報の正確性 (exactitude) を監査する (contrôler) 任務を負う。」と1項に挿入された。これらの改正により、株式会社の監査人の任務と監査報告の内容について明確に規定されたことになった。

そして1966年商事会社法[161]へと全面改正が行われ、商事会社法の「株式会社の監査」の節、第228条に「会計監査人 (commissaires aux comptes) は、資産目録、営業活動、損益計算書および貸借対照表に関する正規性 (régularité) および誠実性 (sincérité) を証明する (certifient) ものである。このため、会計監査人は事業に干渉することなく、帳簿および会社の価値評価を確認し、会社の会計の正規性と誠実性を監査する使命を負う。監査人はまた、取締役会または執行役会の報告書、および株主に対する資料に掲載される会社の財務状況と計算書類について誠実性を検証する。」と規定された。この改正により、会計監査人が会計書類の何について監査しなければならないかという目的が一層明確に示され、「正規性」と「誠実性」を証明しなければならないことが明らかにされた。さらに、取締役会などへの報告書では、会計書類の「正確性 (exactitude)」という改正前の文言は、誠実性に変更された。ここに「会計書類の正規性と誠実性に関する会計監査人の証明義務」および「報告書の情報の誠実性の検証」が規定されたことになる。これは、会計書類の作成にあたり、正規性と誠実性を遵守しなければならないことを示し、正規性と誠実性がフランスにおける会計原則として捉えられていることを示すものでもある。

このように19世紀にすでに会計書類に関して「正規性」の概念が生まれ、1930年代の法令に「正規性」と「誠実性」が明文化され、それらがフランス国内で会計原則として定着していったと捉えることができる。また、「正確性」については、1966年の改正以来、消滅した文言となったことも注目すべきこ

---

[161] Loi [1966].

とであると考える。

・「正規性（régularité）」と「誠実性（sincérité）」の解釈

　PCG 1982年版の定義に見られるように、「正規性」とは「現行の規則と手続きに準拠すること」であるが、「現行の規則と手続き」が何を指すかについては詳細を明示していない。「正規性」は、「現行の」規則に従うことであるが、その規則が欠如している場合は、一般に認められている原則に従うことと解説[162]されている。

　証券取引委員会（Commission des opération de bourse, 以下COBと省略）は、「現行の規則と手続き」に関して、「法律により定められた規則に従うことであり、また判例、CNC（国家会計審議会）および業界団体の定める規則、そして会計の学説も含む」とし[163]、法令そのものよりも広い範囲を示すものであるとの見解を示した。しかし、これは証券市場の監督機関である証券取引委員会の解釈であることに注意しておかなければならない。

　「誠実性（sincérité）[164]」とは、「規則および手続きを誠実（de bonne foi）に適用すること」であり、正しく情報提供を行う道義心を持ち、背信を禁止[165]するものである。会計の能力（compétente）があり、正直（honnête）で背信の意のない（sans aucun intention de tromper）人により、忠実かつ誠実に（avec loyauté et bonne foi）作成された計算書類が、この「誠実性（sincérité）」の原則

---

[162]　Mémento [1980] page 84.
[163]　Mémento [1980] page 84.
[164]　Mémento [1980] page 85. では、«sincérité（誠実）»という文言が使用されたいきさつについて次のように述べられている。「上院への改定案の委員会報告者であるダイイ（Dailly）議員は、『«exactitude（正確）»という言葉は、すべてのニュアンスを排除した厳格さ（rigueur）に結びつき、辞書でも正確さ（exact）は真実（vérité）と合致するものである。（中略）引当金の正確さを監査人が証明することは不可能であるが、誠実さ（sincérité）をもって評価したものであれば、それが合理的（raisonable）な方法によるものと評価することができる。』と述べ、«exactitude（正確）»は«sincérité（誠実）»に置き換えられた。」
[165]　Culmann [1980] page 99, "Le principe de sincérité interdit de tricher"（誠実性の原則はごまかすことを禁ずる）と述べている。

を満たしたものになるとしている[166]。

　具体的な解説や例示では、引当金や減価償却など経営者の判断が介入するケースを挙げ、そのような場合に誠実に会計規則や手続きを適用することとしている。引当金の例では、「その引当金が正確か否かではなく、合理的な方法により見積もられたか否かを問うのが誠実性（sincérité）である」として正確さを問うものではなく[167]、誠実に規則や手続きを選択適用したか否かであると解説がなされている。またCOBも、経営者の危険への合理的な見積りによる引当金や減価償却を例に挙げ、誠実性が正しい会計上の評価を導くと解説した[168]。このような例示や解説から、誠実性の原則が会計の規則および手続きの選択適用の際に適用される原則であることも明らかにされている。

3.「忠実な概観」の解釈

・「忠実な概観」の一般原則への導入

　EC指令で規定された「忠実な概観」を、フランスに従来からある「正規性」や「誠実性」の一般原則と共に会計基準に導入しなければならず、結果的に「正規性・誠実性」と「忠実な概観」を一つの文章に組み入れ、PCG 1982年版では一般原則の節において次のように規定された。

> 第1編1章1節　一般原則[169]
> **企業の状況および取引の忠実な概観を反映した状態を示すため、会計は、慎重性の原則（la règle de prudence）を遵守しつつ、正規性および誠実性の義務（les obligations de régularité et de sincérité）を満たさなければならない。**
> **・慎重性（la prudence）とは、企業の財産や成果にかかりうる現在の不確実性が、将来の危険に変わることを避けるため、諸事象を合理的に評価する**

---

[166] Raffegeau, Dufils, Corré [1980] page 66.
[167] Mémento [1980] page 85.
[168] Mémento [1980] page 85.
[169] PCG [1982] page I.5.

ことである。
- **正規性**（la régularité）とは、現行の規則と手続きに準拠することである。
- **誠実性**（la sincérité）とは、会計責任者が取引、事象および状況の現実と重要性について通常もつべき知識により、これらの規則および手続きを誠実（de bonne foi）に適用することである。
1. 会計は、その目的を実現するために必要なデータを、それらが数量化され、つまり適当な単位数で表示される場合において、認識・測定し、分類するものである。
2. その基本データは、適時に処理されるよう、遅滞なく記録される。
3. 会計情報は、その利用者に対し、活動、事象および状況の適切、公正、明瞭、正確かつ完全な記述を提供しなければならない。
4. 連続する期間を通じた会計情報の一貫性は、規則および手続きの適用に継続性が認められることを意味する。
- この継続性の原則の例外は、よりよい情報の探求を理由に正当化されなければならない。
- 会計方法が変更された場合は、新しい方法により作成された情報と共に、変更により生じたすべての会計上の影響について、すべての有益な情報をその移行期に提示すべきである。

（太字箇所は原文に従ったもの）

この規定を分析すると、会計は「企業の状況および取引の忠実な概観を反映した状態を示す」という「目的」のため、「慎重性の原則（la règle de prudence）を遵守しつつ」という「前提」のもと、「正規性および誠実性の義務（les obligations de régularité et de sincérité）を満たす」という「一般原則」に従わなければならないと、「前提」、「方法」および「目的」により形成されていることが明らかになる[170]（図2-3）。

---

[170] Pérochon [1979] pages 18-19, Pérochonは、慎重性・正規性・誠実性の原則を目的とし、規定中後半の1-4に列挙される原則を目的到達のための方法であると、原則を分類している。

図2-3　一般原則と「忠実な概観」の関係

```
前提：慎重性の原則
         ⇩
方法：正規性の原則
      誠実性の原則
         ⇩
目的：忠実な概観
```

出典：筆者作成。

　会計の目的と目的到達のため適用される原則という関係の前提に、「慎重性」の原則が存在することもまた忘れてはならず、両者の目的と方法という関係は「慎重性」の原則が充足されている中で成立するものである。「慎重性」の原則については、他の原則と同様に定義は示されているが、その原則はPCG 1982年版において新たに示された原則であり、解説が何も付されていない[171]。

　「慎重性」の原則の解釈は、EC会社法第4号指令の「評価の原則」の1-Cの条文を参考に解釈するものである[172]。

　　第7節　評価の原則　第31条（評価の一般原則）
　　1-C　慎重性の原則は、いかなる場合においても遵守しなければならない。
　　　　aa　貸借対照表日において実現した利益のみを計上することができる。
　　　　bb　当該営業年度中または先の営業年度中に起因する予測可能な負債または不確定な損失については、貸借対照表日から作成日までの間に知りえたことも含み、計上しなければならない。
　　　　cc　減価については、当該営業年度が損失であれ利益であれそれにかかわらず、計上しなければならない。

この規定に述べられているように、「慎重性」の原則の適用は、未実現の利

---

[171] Culmann [1980] page 101.
[172] Culmann [1980] page 99.

益の計上を禁止し、損失は未確定であっても高い確立[173]で成果算定に影響を及ぼすものであればその計上を導くものである。しかし、とりわけ損失について過度に慎重性を適用し続けることは、悲観的な[174]計算書類になってしまうので、「慎重性」の原則の適用も適切でなければならず、常に正しい判断が求められる。

・「忠実な概観」の解釈

「慎重性」、「正規性」および「誠実性」の定義は一般原則の規定で明記されているのに対し、「忠実な概観」についての定義は記述されていない[175]。この「忠実な概観」の定義については、PCGに限らず、他の法令中にも記述されていない。PCGの一般原則の「活動、事象および状況の適切、公正、明瞭、正確かつ完全な記述」を満たすものが「忠実な概観」であるという解説[176]もあるし、原語の「真実かつ公正な概観 (true and fair view)」に立ち返り、「フェア・プレイ (fair play)」という言葉を思い起こすことも無益なことではない[177]とヒントを与えているものもある。

さらに、「忠実な概観」を理解する鍵として、文法上の冠詞に注目した解説もなされている[178]。「忠実な概観」は、定冠詞を用いた «l'image fidèle» ではなく、不定冠詞の «une image fidèle» である。この両者の違いは重要だ。つまり、企業の «l'image fidèle»（定冠詞による忠実な概観）は存在せず、反対に企業の «une image fidèle»（不定冠詞による忠実な概観）は、異なる概念や方法を用いることにより、複数存在する。取得原価を用いた忠実な概観もあるし、市

---

[173] Pérochon [1979] page 18.
[174] Pérochon [1983] page 47, "les bilans sont systématiquement «pessimistes»" と述べている。
[175] Pérochon [1983] page 45,「忠実な概観はどこにも定義も例証もなく、その概念も示されていない。」と述べている。
[176] Pérochon [1983] page 45.
[177] Mémento [1983] page 97.
[178] Mémento [1983] page 96.

場価額を用いた忠実な概観も存在する。すなわち、絶対的な忠実な概観ではなく、相対的な忠実な概観を求めるものであると理解できる。

その相対的な忠実な概観とは、正しい «correcte»[179] 企業の概観である。複数の忠実な概観が存在する中、最も正確な概観、つまり実際の状況を利用者に提供することを意味し、利用者の判断を誤らせないような企業の概観を提供することである。時代の推移や状況の変化に対応するため、複数の規則、手続きの中から、適切な会計処理を選択し適用することである。そして、現行の規則や手続きを誠実に適用しても正確な概観を表示し得ない場合は、それらから離脱し、忠実な概観を提供しなければならない。

4.「離脱」の解釈

離脱については、PCG 1982 年版の第 2 編 2 章[180] の企業の会計書類に規定が設けられている。

第 2 編 2 章 2 節　計算書類
1. 年次計算書類は、貸借対照表、損益計算書および附属明細書からなる。これらの書類で一組をなす。

    それらは PCG の規定に従って作成されなければならない。例外として同規定からの離脱が必要であるような、いかなる状況においても、企業の財産状況、財務状況および成果の忠実な概観を提供しなければならない。そのような離脱が行われた場合には、附属明細書に記載し、詳細な説明を付さなければならない。この忠実な概観に至る義務は、そのための補足情報の提供へ導きうるものである。

歴史的に成文法の国であるフランスは、法規定や明文化された PCG により会計基準を形成してきた。企業の忠実な概観を提供することを目的とする場合

---

[179] Mémento [1983] page 97.
[180] PCG [1982] page II.61.

第 2 章　プラン・コンタブル・ジェネラル（PCG）の制定と変遷　133

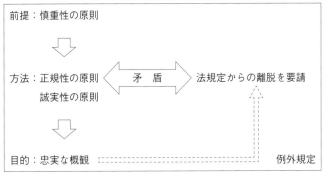

図 2-4　正規性の原則と「離脱」の要請

出典：筆者作成。

だけに限られる例外措置とはいえ、法規定からの離脱を要請する規定を設けることは、フランスの会計制度上前例のないことであった。この両者の矛盾を示すと図 2-4 のようである。

同じく正規性を重視するドイツは、この「離脱」を要請する規定の国内法化は行わなかった。これは、フランスと大きく異なる点である。フランスにおいては、「忠実な概観」の解釈よりも、この「離脱」の強制の方が衝撃的であり、「離脱」と「正規性」の整合への理論づけが重視された。

この「正規性」と法規定からの「離脱」の矛盾は、「慎重性」の原則が前提であることに注目し、解決することができる。あくまでも慎重性の原則を前提とし、例えば未実現利益の計上は禁止されていたことなどから、離脱についても一定のボーダーラインが例示され[181]、慎重性の原則が適用されることを示した。このような例示においても、やはり当時のインフレと為替の変動相場制への移行が要因となる例外的な事象が説明された。特にフランスは、棚卸資産の評価方法として後入先出法を認めていなかったという事情があった。

慎重性の原則を前提とする離脱を図示すると図 2-5 のようになり、正規性の

---

[181] Pérochon [1983] pages 47-49, Les limites de l'image fidèle.

図 2-5 「慎重性の原則」の適用による矛盾の解決

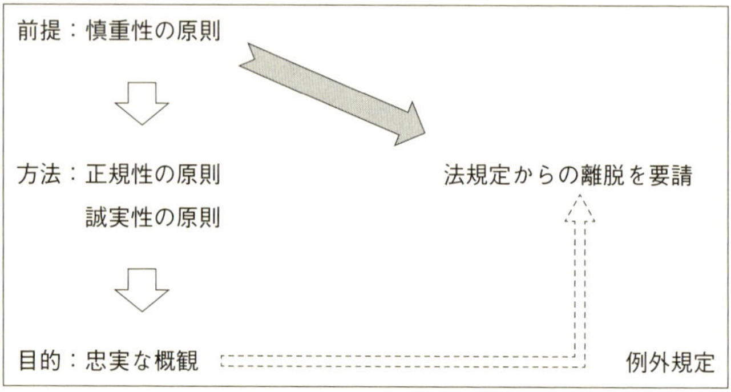

前提：慎重性の原則
　　　↓
方法：正規性の原則　　　　法規定からの離脱を要請
　　　誠実性の原則
　　　↓
目的：忠実な概観　------------　例外規定

出典：筆者作成。

原則と離脱も慎重性の原則のもとでの方法となり、矛盾が解決される。

「忠実な概観」導入当初はそれまでのフランスの法律を尊重した「正規性」や「誠実性」が見直されるのではないかと危惧されたが、「正規性と誠実性という観点と、融通性をもった『忠実な概観』という概念との間には基本的には大きな差がなく、附属明細書による補足情報の開示の要求が以前より強くなる[182]。」という考え方に収斂していった[183]。

70年代も終わりを迎え、経済も一層国際化し、企業の大規模化そして証券市場の活発化により、フランスの会計制度も国際的に調和していくことが必要

---

[182] Raffegeau, Dufils, Corré [1980] page 63.
[183] 藤井 [2005] 235-236 ページ、抜粋・要約：「フランス会計制度のもっとも大きな転機を画する1982年 PCG の公表」から20年を経て2002年に行われた「PCG の20年」と題する円卓会議において、ジルベール・ジェラール（IASB 理事、IASB-CNC リエゾンメンバー）は、「『忠実な写像（image fidèle）』という概念それ自体は『実体のない概念（concept vide）』」であり、「フランスでは伝統的に法令主導の会計規制が実施されてきたので、それに慣れ親しんできたフランス会計人からすれば、法令中に当該法令の効力を否定する規定を設けるという制度設計は容易に受容しがたいものであった。」と説明し、さらに「『忠実な写像』原則の国内化がこれまでのところ、フランス会計制度に『何も新しいものをもたらしていない』のは、むしろ当然の成り行きであったというべきであろう。」と述べた。また、ジャック・リシャール（パリ・ドフィーヌ大学教授、CNC 委員、CRC 委員）は、「『忠実な写像』は『内容のない概念（concept creux）』である。」と述べた。

とされた。

5. 1983年EC第4号指令調和化法[184]と商法改正

　EC会社法第4号指令は会社の年次計算書類に関するものであり、第1条適用範囲の規定において、フランスに関しては、「株式会社（la société anonyme）、株式合資会社（la société en commendite par actions）、有限会社（la société àresponsabilité limitée）の形態の会社に関する一切の法令」と定められていた。したがって、同指令の要請する国内法改正は、前述した3形態の会社の年次計算書類にかかる規定のみであった。しかし、フランスは他の形態の会社を含むすべての商事会社、商人、および無限責任の人的会社などの会計規定へと範囲を拡大し、国内法改正を決定した。

　この適用範囲の自主的な拡大も、ドイツとは大きく異なる点である。ドイツはEC会社法第4号指令に定められた適用範囲の通りに、株式会社、株式合資会社および有限会社に適用を限定して国内法化した。したがって、「真実かつ公正な概観」の適用も、これらの3形態の法人に限ったものである。また「離脱」の規定は、国内法に導入しなかったこともフランスとの相違点である。

　そして、1983年議会立法による調和化法は、「第4号指令との会計義務の調和化」という名称のもと公布され、商法および商事会社法[185]が改正された。

　フランスにおける年次計算書類に関する規定は、商法、商事会社法およびPCGにあり、PCGは先にみたようにEC会社法第4号指令の内容に則してPCG 1982年版がすでに制定されていた。したがって1983年調和化法により商法と商事会社法が改正され、フランスの年次計算書にかかる規定はすべて第4号指令と整合するものになった。

　1983年調和化法の第1章は商法の改正に関するもので、まず商法第1巻第2編のタイトルを「商業帳簿（Des livres de commerce）」から「商人の会計（De la comptabilité des commerçants）」に改めた。そして、「忠実な概観」の原則の

---

[184]　Loi [1983].
[185]　Loi [1966].

規定も含み、第 8 条から第 17 条までを改正した。商法 8 条から 17 条は、1807 年のナポレオン法典以来、商業帳簿およびその作成義務を規定した非常に重要なものであり、1953 年[186]に一度改正されただけであった。この 1983 年調和化法以前の商法は帳簿の作成義務は定めているが、様式や方法の詳細な規定はなく、この調和化法による改正で、商法中に会計諸原則、会計書類の詳細、資産負債の評価方法などを明確に規定するところとなった。

「忠実な概観」と「離脱」の規定は、商法 9 条（現商法 L 123-14）に次のように規定された。

> 商法第 1 編、第 2 節　商人の会計、第 1 章　すべての商人に適用される会計義務
> 第 9 条（現　第 L 123-14 条）
> 　年次計算書類は、正規かつ誠実であり、企業の財産、財務状況および成果に忠実な概観を提供するものである。
> 　会計規定の適用によっても当該条文に示す忠実な概観が提供できない場合は、補足情報を附属明細書により補わなければならない。
> 　例外として、会計規定の適用では財産、財務状況および成果に不適切な忠実な概観を提供する場合は、そこから離脱しなければならない。この十分に正当性のある離脱の旨を、企業の財産、財務状況および成果に及ぼす影響と共に附属明細書に示すものである。

また、1983 年調和化法第 2 章は商事会社法の改正にもかかるもので、主に営業報告書、「忠実な概観」の適用、規定された会計書類の作成義務違反の罰則、および「純資産（actif net）」を「自己資本（capitaux propres）」に変更するなどの用語の変更が規定されている。

そして、同年 11 月 19 日、1983 年調和化法適用のための施行令[187]が発令され、さらに詳細な会計規定が定められた。

---

[186] Décret du 22 septembre 1953.
[187] Décret [1983].

V　PCGと連結会計基準

1. EC会社法第7号指令と連結会計基準

　EC会社法第7号指令の発令以前、フランスにおいて連結会計書類に関しては、1967年の商事会社法施行令第248条で連結計算書類を「添付できる（peut annexer）」と、任意規定ではあるが、すでに規定が設けられていた。さらに、1983年調和化法施行令第43条では、原文での表現が若干変更（peut annexer から annexe, le cas échéant）されたが、任意である点は変更なく規定されていた。

　1983年6月13日、EC会社法第7号指令「連結会計[188]」が発令され、国内法改正のため「商事会社と公的企業の連結会計にかかる法律[189]」が1985年に、その施行令[190]が1986年に公布された。この両法令により、商事会社法および商事会社法施行令が改正され、前述の商事会社法施行令第248条は任意規定から強制規定へと展開してきた。

　また商事会社法第357条では子会社等の状況を附属明細書として貸借対照表に添付できるという緩やかなものであったが、改正により「連結会計」の範囲、連結方法、連結計算書類の種類、基本原則などを網羅するものとなり、商事会社施行令の細則とともにEC第7号指令の要請を完全に満たすこととなった。

　この商事会社法および施行令が改正されるまでは、連結計算書類は個別会計情報の補足的な附属明細書の扱いにすぎなかった。しかし、この連結会計を強制する規定により、連結計算書類は個別計算書類と同等な重要性を有することになったのである。

---

[188]　CE [1983].
[189]　Loi [1985].
[190]　Décret [1986].

さらに、EC会社法第7号指令の適用範囲外であったが、フランスは自主的にPCGも改正することとし、連結計算書類の作成規定を1986年12月9日省令により規定し[191]、1982年版PCGの中に追加した。

フランスにおいては、1980年代半ばにはEC会社法指令第4号および第7号ともに国内法化が完了したが、EC（当時）の他の国における状況を見ると、両指令が国内化されるまでに長い時間を要したことがわかる（表2-2）。

EC会社法では、第4号指令（個別会計）、第7号指令（連結会計）、および第8号指令（監査）が、会計に関する指令である。これら三つの指令のうち、第4号指令のインパクトが最も大きかった。それは第4号指令の起草から発行までに長い時間を要し、その間、各国で活発に研究されたことによるとされ

表2-2　EC会社法指令の国内法化の年

	第4号指令	第7号指令
デンマーク	1981	1990
イギリス（UK）	1981	1989
フランス	1983	1985
オランダ	1983	1988
ルクセンブルグ	1984	1988
ベルギー	1985	1990
ドイツ（Federal）	1985	1985
ギリシャ	1986	1987
アイルランド	1986	1992
ポルトガル	1989	1991
スペイン	1989	1989
イタリア	1991	1991

注：EC第二次拡大後の全12カ国の資料である。
　　第4号指令の国内化が早い順番に並べられている。
出典：Colasse [2000] page 761 より。

---

[191] PCG [1986].

る[192]。その結果、世界的に初めて行われた会計基準の国際的調和化も現実のものとなった。

2. 制度改革—経済の急速な変化と拡大への対応—

・CRC創設と国際基準直接適用の容認

1996年、加速度的に変化し拡大する経済状況に適応する会計基準を、迅速に作成し適用するため、会計基準改革法案[193]が提出された。多様な金融新商品や新しい取引形態が次々と発生する中、それらに遅滞なく対応するためには、会計基準の制定過程や規定の形態を一新する必要があった。また、経済規模の拡大、つまり国際化に対応するためには、国際的に比較可能な計算書類および連結計算書類の作成、さらにそれらの開示に関する会計基準が求められた。これらの時代の要求に応ずるため、経済の変化に対しては制度改革による「迅速性」を、経済の拡大に対しては「国際性」を、これら2点を目的として次のような主旨の改革案が提示された。

「従来、会計を規定する法的形態は、法律（Loi）であったり、さまざまな省の省令や施行令であったり、CNC（国家会計審議会）の意見書であったりしたが、これを一本化し、会計規定は一つの機関により作成されるよう制度的改革をしなければならない。そして会計基準の改正も従来のような長い時間を要する全面改定ではなく、新しい経済状況や取引形態に適宜に対応しうる規定の作成が必要である。このような要請を満たすため、新たに会計規制委員会（Comité de la Réglementation Comptable, 以下CRCと省略）を設置し、CNCとの役割分担を図るものとする。この枠組みでは、CNCは諮問機関に特化し、意見書を作成する。その意見書を受け、CRCは会計規則の制定を行うという新制度を構築するものである。

---

[192] Colasse [2000] page 880. さらに、コラスは、第7号指令に関して、「第4指令に比べ、アングロ・サクソンの影響が強いので、よりデリケートな部分を含んでいた」と述べている。

[193] Projet Loi [1996].

また、フランスの企業グループが国際競争力を高めるために、そして利害関係者への開示のために、連結会計基準の充実と、連結計算書類の国際比較可能性が求められている。とりわけフランス国外の証券市場で資金調達を行う上場企業にとっては、透明で国際比較が可能な連結財務諸表を作成し開示する必要がある。すでに1966年商事会社法において、国際的会計基準に基づいて連結計算書類を作成することは容認されているが、この国際的会計基準の適用をさらに明確に規定しなければならない。」

そして、この改革案に基づき、「1998年4月6日会計基準の改革に関する法律[194]」が公表された。CRCの設置および国際的会計基準の適用の2点が主要な内容である。まず、CRCの新設の項において、CRCが会計全般にわたる規定制定機関とし、すべての商人、法人および公益法人はCRCの定める規定に基づいた会計書類を作成しなければならないと規定された。CRCにより採択された規定は、経済、法務および予算担当大臣による共同省令として承認されることになった。

そして、同法律第6条で1966年商事会社法に357-8-1条を挿入することが定められた。それによると、EC域内市場において流通証券発行の許可を受け、フランス国外市場で資金調達する会社は、連結計算書類の作成にあたり、1966年商事会社法357-3条から357-8条の適用を免除され、CRCの定める条件下で国際的規定を適用できることが規定された。つまり、それはEC域内の証券市場に上場しているフランス企業が、連結計算書類をフランス会計基準ではなく、国際的会計基準に基づいて作成することを容認するものであった。国内の会計制度改革の一環であったが、1998年にすでに上場企業の連結計算書類への国際的会計基準の適用を認めていたことは、重要な意義をもち、その後のEU全体の動きに先行するものとして特徴づけることができる。

1999年の第1回CRC会議の冒頭[195]、担当大臣より、「CRCが会計規定の唯一の制定機関となり、既存の法律および施行令を遵守しつつ規定を制定するこ

---

[194] Loi [1998].
[195] CNC [1998].

とになるが、必要な場合は上位の法律についても、政府に対し勧告という形式での提案を望む」と要請があった。そして2点目の国際的会計基準の適用の容認については、「企業実態の透明性および企業間の比較可能性を確保するものであり、国外の金融市場での活動を活性化するものである」と述べられたことは注目されてよい。この国際会計基準の直接適用の容認は、限られた条件下ではあるが、従来の会計基準の国際的調和から、また更なる前進として重要な意味を持つものと評価できる。

3. PCG 1999年版

　新しい会計規定制定手続きに従い、CNCから意見書として提出された草案を、1999年4月22日CRCが採択し、6月22日付で経済・財務、法務、および予算担当大臣の署名により複数省間の省令としてPCG 1999年版が発令された。PCG 1982年版では連結会計規則を1986年に挿入という形でPCGに編纂していたのに対し、このPCG 1999年版は、PCG[196]と連結会計規則[197]に分け、それぞれ別の省令により発令された。

　連結会計規則が別途設けられたことにより、PCGが個別会計規則であるかのように把握されるが、それは誤りで、PCGは個別にも連結にも適用される基本的な会計基準である。連結会計規則は、個別にはない連結会計上の特殊な規定を示しているにすぎない。また、従来は財務省令であったが、このPCG 1999年版は特にその意義を強調して複数省間の省令として発令された初めての会計基準であった。その制定に対する国の意気込みを汲みとることができる。

　この改正が当初連結会計規則の再編を目的としていたことから、連結会計規則はPCG 1986年版に比べると大変内容的に整い充実したものになった。一方、PCGは、ほぼ1982年版を踏襲しており、大きな変革は見られない。そして1982年版に含まれていた分析会計（原価会計・管理会計）に関する規則は、

---

[196] CRC [1999b].
[197] CRC [1999a].

適用が任意であったことなどの理由により、1999年版からは削除されることになった。

またPCG 1999年版は、恒久的に修正が繰り返される恒常法（droit constant）あるいは準恒常法（droit quasi-constant）[198]と同一の法的性質をもつとし、特に規範性が重視された[199]。従来までのPCGとは異なり、勧告やコメント、あるいは解説や例示など規範的ではないものが排除され、一貫性のある会計規則として統一が行われた。また規定の編纂においても条文番号を付すことにより、以後の部分修正を容易にし、形式的にも恒常性を持つものとなった。このようにPCGに恒常法的性質を持たせることは、PCGの目的が啓蒙的・教育的なものから、法的規定としての意義を高めるためと理解できる。

この改正は内容には大きな変革はなかったが、その適用範囲は拡大し、商人である自然人、法人に加え、一定規模を超える経済活動を営む私法上の法人、一定額以上の補助金を受ける非営利団体（association）[200]を含むものとなった。これは、商法が商行為を行う自然人および法人を適用範囲としているのに対し、PCGはその範囲を超えており[201]、この点においても会計基準としての規範性を示すものである。また、その適用範囲の拡大に伴い、適用対象の呼称を「実体（entité）」と改めた。

このようにPCG 1999年版は、経済変化への迅速な対応を可能にする体制を整え、会計基準として規範性を高めたものとなった。そして、税務申告との関連が大きい従来の個別会計規則とは目的を異にする連結会計規則の独立した編纂は、拡大する経済状況を反映したものとして位置づけられ、一貫した制度設

---

[198] Mémento [2000] page 37.
[199] 野村［2005］7ページ。
[200] 1999年版では100万フラン以上、2010年では153.000€以上の補助金を受ける非営利団体。
[201] 適用範囲につき、商法では 'toute personne physique ou morale ayant la qualité de commerçant'（商人であるすべての自然人あるいは法人）と規定されているが、PCG1999版は 'toute personne physique ou morale soumise à l'obligation légale d'établir des compte annuels'（年次計算書類の法的作成義務を負うすべての自然人あるいは法人）と規定されている。

VI PCG と IFRS

1. EC 規則と IFRS

　EC の会計基準は、会社法第4号指令が1978年に、第7号指令が1983年に制定されて以来、一度も改正されることがなかった。しかし、1990年代にはいり、それらの指令も時代に対応しきれなくなっていた。そこで会計基準に関して新たな戦略の必要を認識した EC は、1995年11月、欧州委員会による「会計の調和化：国際的調和への新戦略」[202]と題する報告書を公表し、1996年6月欧州理事会の承認を得た。

　この1995年の報告書では、次のように述べられている。「近年の会計に関する諸問題のうち、EC 会社法指令では全く規定されていないものや、複数の解釈が可能なものが含まれている。このような指令に基づいて制定された国内法規則により作成された会計書類は、より厳格な規定を有する国、とりわけ米国証券取引委員会を充足することはできない。ニューヨークの証券市場へ上場している欧州企業は、米国基準の会計書類を作成しなければならず、自国の国内基準のものと2種類の会計書類の作成を余儀なくされている。

　これは、企業にとり大きな負担と出費であり、また同時に利害関係者にも混乱を招く結果にもなる。さらに、企業に義務付けられている米国基準は、欧州に何ら関与することなく独自に発展してきた会計基準である。国営企業の民営化推進によりこのような会計基準問題に直面することになった国々や、国際的資金調達を必要とする企業の数は増加の一途である。」と状況を分析し、早急に対処する必要を示した。そして、EU の会計基準の国際的調和の方向性として、世界的に資金調達市場での承認が予想される国際会計基準（IAS）と整合

---

[202] CE［1995］.

性のあるものへと改正することが提案された。

　方向性を明確にした1995年の報告書に続き、2000年、期日と具体的な内容を記した報告書[203]が欧州委員会から発表された。その2000年の報告書では、「2000年末までに、2005年以降域内上場企業の連結計算書類作成にIASの適用を義務付け、非上場企業の個別計算書類にもIASの適用を認める草案を提出すること」、そして「2001年末までに、EC会社法指令の近代化に関する草案を提出すること」が示された。この報告書においても会計基準の改正の目的を計算書類の透明性および比較可能性の確立とし、変更はないが、新たに改正のスピードアップを要請したものであった。

　EC会社法指令で定めた会計基準は、企業の新しいニーズに応えるものではなかった。そのような企業の要請に応ずる新基準の制定は、当時アメリカの資本市場の半分の規模しかなかった欧州資本市場が拡大するためには不可欠なものであったといえる。さらに、EUは単一通貨ユーロへの移行を控え、加えてインターネットによる通信の革命的発達により、市場の急激な拡大が予想されていた。それらの事由により、会計基準の早急な改正の遂行が必要とされたとみることができる。

　また、適用する会計基準として米国基準ではなくIASを1995年にすでに選択していたが、その選択理由をさらに明確に示した。それは、IASは網羅的で概念的にも充実したものであり、EUあるいは国際市場で資金調達を目指す欧州企業の需要に合致したものであるとし、一方、米国基準はアメリカの環境には適合するものであるが、非常に量が多く解釈指針も極めて詳細であり、適用に当たっては教育的負担も大きいとするものであった。

　域内上場企業約6,700社が2005年からのIAS直接適用の対象となった。そのIAS直接適用をEC指令ではなく「EC規則」により制定することとした。その理由はEU各国の伝統や慣習に根差す多様性を回避し、統一された規則および解釈を目指すためであった。また、非上場企業に適用される各国国内基準

---

[203] CE [2000].

の調和を求める EC 指令も近代化の必要があり、かつ IAS との抵触を避けるための改正をしなければならなかった。特に新技術の開発にかかる無形資産の評価などが重要項目として挙げられた。

そして、2002 年 7 月 19 日、EC 規則として上場企業の連結会計書類への IAS 直接適用を定めた「国際的な会計基準の適用に関する EU 議会および理事会規則 1606/2002[204]」が発令され、2003 年 6 月 18 日、EC 会社法第 4 指令、第 7 指令が改正[205]された。

2005 年以降、EU 域内の上場企業が連結会計書類を作成するにあたり IAS/IFRS が強制適用されることになったが、厳密には、EU、つまり、CESR（Committee of European Securities Regulators, 欧州証券規制委員会）が承認した IFRS に準拠することを示している。2005 年の強制適用開始時に、IAS/IFRS のほぼすべてが CESR により承認されたが、IAS39「金融商品、認識と測定」のうち「公正価値オプション」と「ヘッジ会計」について適用を除外しうるとした。これにより、EU 域内の企業のうち主に金融機関では、この適用除外措置を適用するケースが生じている。

この IAS39 に関することを除けば、会計書類の比較可能性、透明性を高めることを目的とした IAS/IFRS の直接適用が実施され、今日に至っている。

2. PCG と IFRS のコンバージェンス

2000 年の EC の報告書を受けて、CNC は「2002 年の審議会の方向性[206]」において、「連結計算書類および個別計算書類を、段階的に、合理的かつ実践的に強い意志をもって IAS へコンバージェンスするものである[207]」と述べ、フランスの会計基準の IAS/IFRS へのコンバージェンスを目的とした改正への取り組みを明言した。そして、CNC は IAS/IFRS の概念に基づき、IAS/IFRS

---

[204] CE [2002].
[205] CE [2003].
[206] CNC [2001a] page 17.
[207] 原文では次のように記されている。«forte volontéde convergence […] des comptes consolidés et individuels avec les normes IAS»

とPCGの差異を解消すべく、PCGの改正作業を行った。2005年の上場企業へのIAS/IFRS直接適用開始までに、PCGおよび連結規定のうち、資産および負債の再定義に始まり、それに関連する無形資産や引当金の会計処理も大幅に改正するに至った。その結果、それらは従来のフランスの諸概念からIAS/IFRSの諸概念を反映するものになった。PCGのIAS/IFRSへのコンバージェンスに向けた改正を表2-3に示す。

表2-3に見るように、PCGは資産や負債といった会計の主要な重要項目の規定の改正をも行ったのである。また、引当金や減価・減損など、事業活動の成果にも影響を及ぼし、かつ、その成果の算定上、恣意性を排除しえない重要な項目に及んでいる。

会計に関与する法律の階層構造、ヒエラルキーでは、国際法であるEC法がフランスにとり最も上位に位置するため、そのEC規則や指令に従わなければならないことは明らかであるが、このIAS/IFRSの直接適用については、上場企業の連結計算書類への直接適用のみを求められたものである。しかし、フランスは国内の統一的会計基準であるPCGもIAS/IFRSとコンバージェンスさせるため改正を行ったわけだ。企業グループの連結会計用を想定して作成されているIAS/IFRSと、中小企業の個別会計基準でもあるPCGとのコンバー

表2-3　PCGのIAS/IFRSとのコンバージェンスのための改正

改正年	PCGの項目	CRC規則	関連するIAS/IFRS
1999	会計方針の変更	CRC n°99-09	IAS 8
1999	長期請負工事契約	CRC n°99-08	IAS 11
2000	負債	CRC n°2000-06	IAS 37
2000, 2005	引当金	CRC n°2000-06 CRC n°2005-09	IAS 37
2003, 2005	資産の減価償却と減損	CRC n°2002-10 CRC n°2003-07	IAS 16, IAS 36, IAS 38
2004	資産の定義、計上、評価	CRC n°2004-06	IAS 2, IAS 16, IAS 23, IAS 38

出典：筆者作成。

ジェンスは並大抵のことではない。それにあえて着手することには、スタンダードはなるべく単一のものであるべきというフランスの姿勢がうかがえる。

また、その改正に際しても、「確定決算主義」というフランスの会計制度の特性が大きく関与している。PCG は個別・連結の両方に適用される基本の会計規定であるので、特に個別の会計基準という点に注目すれば、税法との関係を無視することはできない。税務と会計が分離しているアングロ・サクソン諸国や北欧諸国は、仮に国内会計基準を IAS/IFRS とのコンバージェンスを目的に改正しても、あるいは IAS/IFRS を国内企業の個別計算書類に適用しても、大きな問題は生じないと思われる。それに対して確定決算主義を貫いているフランスが、なぜあえて国内会計基準をコンバージェンスしようとするのかを考えると、ここにも複数のスタンダードの存在を嫌うフランスの特性が見えてくる。

また、歴史的に「成文法重視」であったことや、「定義好き」など、文化的な要素も関与していると考えられる。このフランスの定義を規定する方法は、IAS/IFRS が原則主義[208]と呼ばれている以上の原則主義である。詳細に至るまで例示を含んで規定しないため、大原則である定義の解釈が重要になる。具体例を列挙する方式に比べると不明瞭であるという批判もあるが、定義を示すことにとどめることは、解釈の幅をもたせることでもあり、柔軟性を生みだすことでもある。この柔軟性が確定決算主義を支える要素となっているとも考えられる。

3. フランスにおける IFRS の適用

2005 年からの上場企業連結計算書作成への IAS/IFRS の直接適用という EC 規則を受け、フランス国内でも適用に必要な法的手続きがとられ、法制面の整備が行われた。上場企業の連結計算書類への IAS/IFRS の直接適用およびそれ以外の計算書類に適用すべき会計基準を定めた法律(オルドナンス)[209]が

---

[208] IAS/IFRS は原則主義と言われるが、それは米国基準などと比較した場合のことと思われる。

表2-4　適用すべき会計基準

	個別計算書類	連結計算書類
上場企業	PCG	IFRS
非上場企業	PCG	フランス連結会計基準 CRC99-02 または IFRS

出典：筆者作成。

2004年に公表され、2005年から適用された。フランスにおける適用すべき会計基準は、表2-4に示す。

このように、フランスは上場企業の連結計算書類にはIFRSを直接適用するが、個別計算書類に関しては、上場企業および非上場企業ともIFRSの適用は禁止し、国内の会計基準であるPCGを適用することとした。

これは、EC規則に沿うもので、ECは上場企業の連結計算書類にIAS/IFRSの直接適用を規定したが、上場企業の個別計算書類、非上場企業の連結および個別計算書類に適用する会計基準は各国の裁量にゆだねた。EU諸国が適用する会計基準を表2-5に示す。

EU加盟25カ国では、EC規則による強制適用以外の適用範囲については、国により適用状況にばらつきがあるが、大きく分けると次の四つのパターンに分類することができる。（表2-5の分類の項を参照）

1. フランコ・ジャーマン型
    連結には適用を容認するが、個別は禁止する。
2. アングロ・サクソン・北欧型
    連結、個別に適用を容認する。
3. マルタ・キプロス型
    すべてに強制適用
4. その他
    さまざまなパターン

---

[209] Ordonnance [2004].

第2章 プラン・コンタブル・ジェネラル (PCG) の制定と変遷 149

表2-5 EU 諸国の IFRS 適用状況

	上場会社		非上場会社		分類
	連結	個別	連結	個別	
フランス	強制	禁止	容認	禁止	1
ドイツ	強制	禁止	容認	禁止	1
スペイン	強制	禁止	容認	禁止	1
スウェーデン	強制	禁止	容認	禁止	1
ハンガリー	強制	禁止	容認	禁止	1
ベルギー	強制	禁止	容認[*1]	禁止	1
スロバキア	強制	禁止	強制	禁止	
ポーランド	強制	容認	禁止[*1]	禁止	
フィンランド	強制	容認	容認	容認	2
オランダ	強制	容認	容認	容認	2
ルクセンブルグ	強制	容認	容認	容認	2
デンマーク	強制	容認	容認	容認	2
アイルランド	強制	容認	容認	容認	2
イギリス	強制	容認	容認	容認	2
ラトビア	強制	容認	容認	禁止	
スロベニア	強制	容認[*2]	容認[*2]	容認[*2]	
イタリア	強制	強制[*4]	容認[*1]	容認[*3]	
ギリシャ	強制	強制	容認	容認	
エストニア	強制	強制	容認[*1]	容認[*1]	
チェコ	強制	強制	容認	禁止	
リトアニア	強制	強制	禁止[*1]	禁止[*1]	
マルタ	強制	強制	強制	強制	3
キプロス	強制	強制	強制	強制	3

注：＊1は、金融機関は強制適用。
　　＊2は、銀行・保険は強制適用。
　　＊3は、金融機関は強制適用、保険は適用禁止。
　　＊4は、保険会社を除く。
出典：筆者作成。

「フランコ・ジャーマン型」に見られる特徴は、歴史的に確立された国内会計基準があり、加えて確定決算主義の場合が多い。他の三つのパターンは、2の「アングロ・サクソンや北欧型」のように税務と会計が分離しているため会計書類の作成にIFRSの適用を容認しやすい状況がある国々、3の経済規模が小さく、また自国の会計基準の発展が十分ではない国々（特にマルタとキプロスは、両国とも旧イギリス領であり現在もコモンウェルス加盟国である）、そして4の多くは「旧東欧諸国」であり、それらの多くはIFRSの適用を容認あるいは強制の方向性が強いと分析できる。

この分類と分析から、フランスのとるIAS/IFRSへの自国会計基準のコンバージェントというのは特異なものであることが理解できる。ただし、近年の金融危機に際して、推進されてきた公正価値会計にも一部に欠陥があるのではないかという疑念が生まれてきたこと、さらにIAS/IFRSの頻繁な修正・加筆、そして量の膨大さなどから、コンバージェンスへの困難さも感じられる。

4. 会計基準機構（ANC）の設立の意義

2009年、会計基準を作成する制度上の改革が行われた。1996年にCRC（会計規制委員会）が設立されて以来の制度改革である。従来、CRCとCNC（国家会計審議会）によりフランスの会計基準は作成されてきたが、このような制度的枠組みは変化の激しい経済状況に対応する会計基準の作成には適さないことが指摘された。そして、さらなる迅速な対応を目的に、会計規定の作成を一つの組織に集約することになり、2009年、会計基準機構（Autorité des Normes Comptables, 以下ANCと表記）が創設[210]された。

ANC設立の法律（オルドナンス）の第1条に、「規則（règlement）の形式で、企業会計基準（la comptabilité privée）に適合した会計書類を作成する法的義務が課される自然人あるいは法人が遵守しなければならない一般会計および産業部門別会計規定（les prescriptions comptable générales et sectorielles）を作成す

---

[210] Ordonnance [2009].

る」と、その任務が規定された。

　二つの組織が一つになり会計規則作成の手続きが簡素化されるとともに、従来、政令（デクレ）の形式で発令されていたものが、規則（règlement）という形式に変更され、迅速さが確保されることになった。

　ANCの役割は、経済事情や会計基準の国際的な動きに対応するための会計規定の修正作業ばかりではなく、もう一つ重要な役割がある。それは会計に関する規範や概念の研究である。つまり、ANCは会計の標準化（normalisation）と規則制定[211]の二つの役割を担うのである。前者は会計基準の根底となる概念的研究を示し、後者はそれに基づく会計規定の作成を示すものである。研究に例えるなら、基礎研究と応用研究を行い、それらを最終的には会計規定という形にするものと考えることができる。

　この規範的・概念的研究は、「理論」と「実用」、「学術的知識」と「経験的知識」を関連付けるものでもあり、フランスでPCGを起草することやアングロ・サクソンの国で概念フレームワークを起草することよりも、もっと基礎的で前段階にあることだと考えられている[212]。

Ⅶ　おわりに

　近代になりPCGが統一的会計基準として公表された。改正を経るたび、精緻度も増し、また適用範囲も私企業のみならず、商人および公益法人も含むものである。「国の会計」においても、PCGを基準として用いると明記され、PCGの高い規範性がさらに明らかになった。

　前章で法の発展にもみたように、フランスの法制度の特徴として成文主義が挙げられる。この成文であることは、もう一つのフランスの大きな特徴である定義を定めることにつながっていくものである。成文主義を貫くためには、普遍的な要素を定義として規定することが重要であり、フランスの法律、そして

---

[211] Colasse et Lesage [2010] page 49.
[212] Colasse et Lesage [2010] page 49.

会計制度の中にも見ることができる。定義を定めることは、最大の原則主義でもあり、その定義である原則を導くためにフランスは多くの時間を割いている。原則には例外もつきものであるが、極力例外を生じさせないことを旨としているようである。

そして、公表されたPCGは、税務申告時の附属書類の作成に用いられることが法令により定められ、ここに税法との密接な関係が確立した。フランスの会計制度の特徴の一つである確定決算主義の確立である。商法、税法、そして会社法にそれぞれの目的のために会計に関する規定が設けられたが、その算定に用いられる会計基準としてPCGの採用が周知されたのである。勘定と勘定番号の実務的有用性はもとより、会計原則、定義、規準などすべてが含まれる会計の規則書であり、その会計基準に基づくことを税法の関連法令により示されたことに大きな意義が認められた。

次に1970年代以降の経済の急激な発展、規模の拡大と変革の急速さにより、フランスの会計制度もまた新たな時代を迎えた。地理的な規模、取引の規模がともに拡大することに対し、会計の国際的調和が要求され、EC会社法指令に従い国内の会計基準を国際的に調和したものに改正することが要請された。そこには、従来のフランスの法制度や会計制度の発展とは種類を異にするアングロ・サクソン諸国とも調和した会計制度にすることが含まれていた。

この「調和化」は大変な困難を伴うものであったが、フランスは慎重性の原則を頂点とする会計諸原則もアングロ・サクソンの会計観との調和を図り、目的を達成した。そして、次には調和化のもう一歩先を行く、国際的会計基準の「直接適用」という局面を迎え、ECが適用することになったIAS/IFRSに対処することになった。ECが加盟国に求めたのは、EC域内の上場企業の連結計算書類への適用のみであったが、フランスはPCGをIAS/IFRSへ「コンバージェンス」させる方針のもとPCGの改正作業に着手したのである。

ここでフランスの会計基準の三つの特徴が、壁となり大きく立ちはだかることになった。その特徴とは、「成文主義」、「債権者保護」、「確定決算主義」であり、これらが擁する特性は、IAS/IFRSのアングロ・サクソン的要素と相反するものである。このためコンバージェンスに際してはさまざまな困難がある

が、会計上の重要項目である「資産」の規定の改正を初め、PCGのコンバージェンスへの努力は続けられた。

　この歴史的検討から明らかになったように、時代の要請、つまりその時々の経済状況による必要に応じて、会計基準は発展してきたといえる。しかし、今日、特に顕著になっているように、新しい形態の取引が編み出されるたび、それに対応することを考えて会計規定を作成することが求められているのか、新しい経済・社会現象に適応していくだけでよいのか、このような動きの激しい世の中であるからこそ、より普遍的な会計のドクトリンを確立していく必要があるのではないか、という疑念が生ずる。また、会計基準も歴史と文化の産物であることも考慮し、国際対応・世界対応を行うことが要請される。

第2部

今日のフランス会計

第3章
資産の定義と分析

I はじめに

　第1部では、複式簿記の生成から歴史を追うことによって、フランス会計の特徴を検証した。その発展過程から、会計もその国の文化や歴史と深い関わりがあることを確認した。そして、経済が世界規模に拡大した今、各国の会計基準の調和や、共通した会計基準の構築と適用が求められ新時代を迎えた。

　フランスは、国内会計基準である PCG を IAS/IFRS にコンバージェンスさせる道を選び、それに向けて改正に着手した。このような理由による改正は、フランスの会計史の中でも初めてのことであり、大きな転換の局面であった。現代までに歴史的に確立されてきた根本的な諸概念に及ぶまでの改正は、まさに前例がなく長い審議を要するものだった。

　審議過程とその結果改正された資産の定義を第2部で検証したいと思う。改正過程の実例として、研究開発活動に伴う会計処理の変遷を取り上げる。研究開発は、近代の経済発展において必要不可欠であり、その支出の拡大も顕著である。研究開発費は費用なのか資産なのか、支出のうちどこまでが費用でどこからが資産なのかなど、多くの議論があり、非常に難解かつ興味深い。

　資産計上に対する考察に際しては、研究開発費という項目が属する無形固定資産や資産への検討も重要である。それは、研究開発費が資産および無形固定資産の定義を満たしていることが前提となるからである。したがって、研究開発費の資産計上を検討するためには、資産の概念や定義の検討も必要となる。

　コンバージェンスへの改正作業には、会計上重要な「資産」の定義の改正も

含まれ、資産概念にも深い検討が行われた。研究開発費の資産計上およびPCGのコンバージェンスの二つの観点から、近代において「資産」がどのように定義され変遷してきたかを検討する。

II　資産の定義

1. PCGにおける資産の定義

　1957年版PCGには資産の定義はなく、解説も付されていない。その後、1982年版PCGでは、「用語」の章において、「資産（actifs）とは、企業にとって正の経済価値を有する財産の要素である[213]。」と定義が示された。「財産性」が明確に謳われているが、当時の諸解説書に「財産性」についての言及や解説は見られなかった。つまり、資産に「財産性」を問うことは当然のこととして扱われていたのだ。

　そして、1986年に連結会計にかかる規定がPCGに追加されたが、ここでも資産の定義は何ら変わりがなく、連結会計基準独自の資産の定義を規定することはなかった。

　このように、資産は「財産性」を有することが条件であることが明確に示されていた。さらに「有形固定資産（immobilisation corporelle）は、それに対し所有権を行使するもの[214]」とし、無形固定資産も有形資産と同様であると示されていた。また、1982年版PCGに規定はないが、「資産の流入日は、所有権の移転日」という解説[215]からも「所有権」を有することが要件であるのは明らかである。ここに資産は「財産性」を有するものであり、それに伴い「所有権」も要件となっていたことが認められる。

---

[213]　PCG [1986] page I.19. «Actifs : Éléments du patrimoine ayant une valeur économique positive pour l'entreprise.»
[214]　PCG [1986] page I. 33. «Choses sur lesquelles s'exerce un droit de propriété.»
[215]　Mémento [1983], page 334.

しかし、1980年代から活発になってきたリース取引、とりわけファイナンス・リースにおいて、「所有権」を持たない資産の会計上の取り扱いについて問題が提起された。さらに、連結会計の重要性が増し、従来の個別計算書類の「財産性」に基づかない、連結計算書類の経済的観点からの資産の概念について議論が起こった。

2. PCG 1999年版における資産の定義

1999年のPCGの改正で、連結会計が分離され、連結会計規則[216]（CRC99-02）が設けられた。連結計算書類については、1986年に連結規定がPCGに挿入され、連結計算書類作成が任意から強制となって以来、ますますその重要性が増し、1999年連結会計規則として、独立して編纂制定された。PCGは個別計算書類および連結計算書類に適用される共通の会計基準であるが、連結会計特有のものは連結会計基準の規定を適用することになった。資産の定義については、PCGに規定が設けられ、連結基準には独自の定義は設けられていない。しかし、一部の項目についてPCGとは異なる会計処理を求める規定が含まれた。この点は、制定当時はまだ例外として規定を設けたにすぎず、PCGと異なる連結基準独自の資産の定義を擁したものではない。したがって、資産の定義に関しては、連結もPCGの定義に基づくことを意味する。

PCG 1999年版[217]における資産の定義は、PCG 1982年版と同様に、「正の経済的価値を有するすべての財産要素」であると次のように規定された。

第1章　資産と負債
第1節　資産
211-1条　実体にとって正の経済的価値を有する財産の要素のすべては資産要素とみなされる。ただし、価値の少ない財に関する331-4条、公共企業体の譲渡の対象となる固定資産に関する393-1条の規定にかかるものは留保される。

---

[216] CRC [1999a].
[217] CRC [1999b].

実体の活動にあたって、持続的に使用される資産要素は固定資産（actif immobilisé）を構成する。
　用途または性質から、この資質をもたない資産要素は流動資産（actif circulant）を構成する。
　例外的に費用のうち、361-1 条から 361-7 条に基づき、資産として計上されるものがある[218]。

（注の挿入は筆者による。）

　この規定に示されているように PCG では、「財産性」に基づいて資産を定義し、続いて固定資産と流動資産を定義している。しかし、流動性に基づく規準で固定資産と流動資産の区分を設けてはいるが、有形か無形かという規準での区分はない。また、固定資産でも、有形固定資産（immobilisation corporelle）と無形固定資産（immobilisation incorporelle）の評価の規定はあるが、定義は規定されていない。
　他方、連結会計規則においては 1986 年版で、「取得差額のうち識別可能な要素（les éléments identifiables）が無形資産（actifs incorporels）である[219]」とされ、1999 年版では、「無形資産が識別可能で、将来の経済的便益または市場価値が存在し、客観的で適切な評価がなされる場合、貸借対照表に別箇に記載しうる」とされた。これは、のれんにかかる規定であるが、このような要件を満たせば、のれんとしてではなく無形資産として連結会計書類に記載することも可能であるとし、特許権、商標権および市場シェアを例示している。この規定は、PCG の資産の定義の例外とみなされたが、PCG と連結会計規則におけるダブルスタンダードとの指摘もあった[220]。
　PCG 1999 年版では、正の経済価値をもつ財産性を資産要素とし、継続的な活用を固定資産の要件と定め、他方連結規則ではのれんとは区別して記載され

---

[218] 第 6 章、第 1 節　特別の性質の資産において規定されている、設立費、応用研究費、開発費、公社債発行差金などである。
[219] PCG [1986] page II. 144.
[220] CNC [2001a].

る無形資産の要件という限定の基であるが、識別可能性、将来の経済的便益、市場価値に基づく客観的な評価という規準を規定した。

III　資産の定義改正への国家会計審議会における審議過程の分析

　PCG 1999 年版公表前の 1997 年から国家会計審議会（以下、CNC）により 7 つの作業グループが設置されていた。その中でも、「資産の定義」、「負債」および「資産の償却と減価」の作業グループは、概念的テーマを検討するグループであり、PCG の 2004 年改正に大きな役割を果たした。

　次に、公表資料に見られる審議の過程をまとめ、検討を加える。

1．審議への予備ノート

・第 1 次ノート、1998 年 3 月[221]

　1998 年 3 月 11 日の審議において、次のような主な討議項目が明らかにされた。

- ・金融資産を適用範囲から除く。
- ・財産の概念を用いることを放棄することなく、法的枠内で資産を定義する。
- ・支配と識別可能性の概念を研究する。
- ・個別計算書と連結計算書の作成にあたり異なる規則がある場合、それらの異なる規則が必要か否かを分析する。
- ・創立費および繰延費用を研究する。

　資産の定義を審議するにあたり、従来からの「財産性」を放棄しないことを明確にしていること、そしてその「財産性」と深くかかわる「所有」の概念に対する「支配」の概念を研究することが挙げられている。

---

[221] CNC [2001a].

・第2次ノート、1999年6月[222]

1999年6月14日の審議において、作業グループから資産の定義の最初の提案があった。それは、「支配」の概念に関するものであった。

一連の審議の開始に際し、フランスの会計法（le droit comptable français）もECの会社法指令も資産は「財産」概念に基づいているにもかかわらず、いずれも「財産」の会計上の定義を設けていないと指摘があった。前回の審議では、「財産性」を放棄しないことが明言されたが、この指摘により、まず国際会計基準（IAS）の「支配」の概念を参考とし研究することから始められることになった。

「支配」の概念に基づく定義案、および正の経済的価値と権利上の支配について解説が、次のようにノートに示された。

> 「資産とは、実体が支配する識別可能な要素であり、流入原価が信頼しうる方法により評価され個別化される測定可能な正の経済的価値を持つものである。」
>
> 　正の経済的価値は、資産要素を直接使用することによりもたらされる将来の経済的成果の観点から生ずる。
>
> 　支配とは権利上（de droit）、および例外として市場シェアなど事実上（de fait）のことである。権利上の支配をすることは、その実質において評価されなければならず、つまり権利上の支配は必ずしも所有権を伴っているものではない。
>
> 　また、他の要素にも資産と見なされるものがある：
> ・取得の場合において、識別可能な資産の全取得額（コスト）と識別可能な資産あるいは負債額の差額（取得差額、営業権）
> ・事実状況からもたらされる支配（市場シェア）

権利上の支配以外で資産として計上しうる例として、取得差額、営業権および市場シェアを示し、特に「市場シェアは事実状況から導かれる支配である」と述べている。

---

[222] CNC [1999], CNC [2001a].

第3章　資産の定義と分析　　163

　つまり、「支配」は「権利上」のものであり、例外的に「事実上」のものである。権利上の支配ということは、その実質・実際の状況により判断されるものである。したがって権利上の支配は必ずしも所有権、つまり名義の所有を要件としているものではないことが提起された。

　支配の概念についての検討が報告されているが、資産計上される費用の概念フレームワークも定義されていないことから、この段階では実用的なアプローチには至っていない。そして、この審議以降の課題が次のように示された。

・定義の提案にあたり、事実上の支配という例外を除き、貸借対照表の資産に計上するためには、実体が権利（所有権や債権）を行使できなければならないという限りにおいては、財産の概念から乖離しないこと。したがって、権利上の支配を特徴づける基準を再検討することが重要である。
・取引の経済的現実（ファイナンス・リース、あるいは所有権留保条項付の財の取得の場合）を表示する上で法的分析では不十分な場合にのみ、支配の概念に頼ることを限定すること。
・事実上の支配、つまり市場シェアを、概念化しないこと。市場シェアを取得差額の項で扱わないこと。
・ファイナンス・リースにより使用する財の会計上の取り扱いを再考すること。
・取得した研究開発費、および販売用に開発したソフトウェアについて研究すること。
・個別会計基準の優先的方法による固定資産取得費の資産計上を検討すること。および、PCGに示されている譲渡税、支払手数料、コミッション、書類作成費の繰延は維持すること。

　このように資産の定義を審議するに当たり、フランスの資産概念は財産概念に基づいていることを念頭に置きながら、要件とされる支配概念を概観してきた。「支配は権利上のもの（le contrôle est de droit）」であり、例外的に「事実上（de fait）」のものである。事実上の支配として、市場シェアが挙げられる。権利上の支配は実質的に判断されなければならず、必ずしも所有権を意味しているわけではない。つまり、所有権や債権のように権利を行使できるもの、

ファイナンス・リースや所有権留保で取得した財など実質的な支配によるもの（逆に言えば、所有者の所有権という法的な権利を制限するもの）が、権利上の支配の要件を満たし、資産として計上が可能なものとなる。しかしながら、フランスの資産概念の根底にある財産概念から離れてはならないことも指摘し、支配概念と財産概念の矛盾を認識しながら、諸規準を再検討することが重要であるとまとめている。

この報告書は、次の3点にまとめられると考える。

・支配とは「権利上の支配」と「事実上の支配」がある。
・権利上の支配は、「所有」を必ずしも意味するものではない。
・この支配概念は、フランスの従来の財産概念に基づく所有概念と矛盾する。

フランスにとって「支配」の概念は全く新しく、その導入には慎重な態度で臨むものだった。特に財産概念との矛盾を支配概念の解釈により解決するか、財産概念を放棄するか問われるものである。

2. 中間報告書（rapport d'étape）1999年12月[223]

1999年12月13日に開かれた審議の内容が次のように報告された。

　この中間報告書では、前回のノートで提案された定義から離れ、財産の概念を全面に押し出し、次のように提案された。
　「資産とは、信頼できる方法により流入原価を評価しうる正の経済的価値を持つ、財産の識別可能な要素である。
　資産における実体の権利は、所有権、債権あるいは契約上の権利でありうる。
　資産要素の権利上の支配とは、その実質において判断されなければならない。」

---

[223] CNC [2001a].

この提案に対し、当該定義は個別および連結計算書類に共通の資産の定義とするのか、二つの定義を持つのかが問われた。そこで、作業グループは、「資産とは、実体にとって正の経済的価値を持つ財産の要素であり、実体に将来の経済的便益を生む高い蓋然性（probable）があるものである」と、資産の共通の定義として示した。しかし、それは個別か、あるいは連結計算書類に関するものかにより異なる計上という条件下におけるものであるとした。

　連結計算書類へは、「連結計算書類規則99-02の第300条で述べられている原則を適用した上で、計上しうる資産とは将来の経済的便益の資源であり、その資源は実体が制御（maîtrise）しリスクを負うものである」とする。

　個別計算書類へは、資産計上は実体が権利の名義人であり、他の実体により使用されないという事実に基づくものである。連結計算書類への資産計上条件は、一般規則の例外であることを示すものである。

　個別計算書類への資産計上を例外とするという優先順位が逆になった条件を示し、規定の選択適用という解決案を提示した。

・「資産とは、実体にとって正の経済的価値を持つ財産の要素であり、つまり実体が享受する蓋然性のある将来の経済的便益の支配を保証する権利である。」

・「資産とは、実体が財を使用する権利の名義人であったり、所有権を有していたり、あるいは契約によりその使用を自由に譲渡、交換、交付できる場合に、個別計算書類へ計上しうるものである。」

　作成中の最終案は、当初検討された支配の概念に戻ったものである。その定義は、現行のPCGやIAS38の定義を重ね合わせたものとみることができる。この最終案において、「権利」という文言（le mot droit）は、最終的に削除された。作業グループの大半が、この「権利」という言葉が限定的であり、かつ所有権の要求と解釈されることを危惧したためである。

　この意見は連結計算書類規則と共に個別計算書類規則にも適用されるPCGに組み入れられるものである。しかしながら、やはり共通の定義は連結計算書類に適しており、個別計算書類では「税務上の損金や広くは税法の適用を理由に」例外として扱われる。これは「資産の償却」における意見書に近いものとみられる。

先の1999年6月のノートでは、「支配の概念」を「支配とは、権利上の支配である」とし、その「権利上の支配とは、実質的に評価されるもので、必ずしも所有権を必要とするものではない」と述べていた。その「支配＝権利上の支配」という定義に加え、今回の報告書では「権利の概念」を「資産に対する実体の権利とは、所有権、債権あるいは契約上の権利でありうる」という定義を提案し審議したものである。「支配の概念」つまり「権利上の支配」が経済的実態に基づくものであるのに反し、「権利の概念」は財産概念に基づくより法的なものであり、両者には整合性がみられない。さらに、これらの定義は個別計算書類と連結計算書類の共通の定義として両者に適用することは不可能である。

そもそも個別と連結それぞれの規則において、資産の定義が異なっている。個別は財産性を重視し法的権利を要件としているのに対し、連結は経済的実態に注目したもので財産性に基づくものではない。このようなダブルスタンダードの容認、つまり連結計算書類の特殊性を示す連結特有の規定は、連結規則第300条に「連結計算書は連結範囲中に含まれる企業集団の全体像を、一貫性をそなえたまとまりのあるものとして表現することをめざす。すなわち連結固有の特質と連結計算書固有の財務情報の目的を考慮しなければならない。（形式よりも実質優先、費用収益の対応、税法の適用による固有の会計記入の影響の排除）」と規定されている。具体例として「リース賃借人側では貸借対照表に有形固定資産と関連借入金として、また損益計算書に償却費繰入および財務費用として表示される。…」などが挙げられており、資産の財産性について個別とは要件を異にすることが示されている。

異なる概念に基づくそれぞれの資産定義を、共通の定義にまとめようとすることに無理を覚えたため、二つの定義を示し選択適用とする解決案が提案された。しかし、この資産の定義の選択適用は従来の優先順位とは異なり、連結を一般的原則規定とし、個別を例外的に扱うものとしている。つまり、通常は個別の規定が原則規定であり、連結に特別な規定がない場合には個別規定が適用されるが、この資産の定義は逆になっている。そして、資産は経済的実態を重視した概念により定義されるが、個別計算書類に計上する場合は、法的権利に

裏づけされた財産性の概念に基づいた定義を満たすものでなければならない。

　財産性に基づいた考え方から資産を定義付けようとした今回の第1案には、権利の定義も含むものであったが、この案に対して個別および連結計算書類規則双方への適用が困難であると指摘された。そこで、個別計算書類への資産計上については、財産性を重視した法的権利を要件とする資産の定義が、第2案として提案された。この選択適用を前提とする第2案では、「資産は財産の要素であり、経済的便益の支配を保証する権利である」と資産の「財産性」と「権利」を組み合わせたものとなっている。

　しかしながら、この第2案に対しても「権利」が含む限定的なニュアンスを懸念し、「権利」という文言を削除した最終案が意見書草案の作成に向け検討されていることが述べられている。

　この報告内容をまとめると、次のとおりである。

- 99年のノートにある、「支配の概念＝権利上の支配」は経済的実態に基づくもので、それに反し「権利の概念」は財産概念に基づく。両者の「権利」には整合性がない。
- 現在の規定は、例外の適用により、個別と連結の資産は異なる概念により定義されている。このダブルスタンダードをこれ以降も継続するのか否か。
- 法的権利に基づく財産性により資産を定義する場合は、個別と連結双方へ適用が困難である。

3. 意見書草案

・2001年公表　意見書草案[224]

　2001年に、それまでの討議をまとめた意見書草案の前半部分が公表された。この意見書草案では、資産の定義を個別計算書類と同様に連結計算書類にも適用するか否かについて明らかにするには至っていない。そのような前提条件の

---

[224] CNC [2001b].

中で、「資産とは、実体にとって正の経済的価値を持つ財産の要素である。つまり、実体が支配し、将来の経済的便益をもたらす資源である。その便益の支配（contrôle）とは、実体がそれを制御し（maitrise）、それにかかるリスクの全部又は一部を負うものである。」と定義した。

そして、資産を計上するためには、IASと同様に次の二つの条件を満たさなければならないとした。

・資産は識別可能であり、十分な信頼性のもとでその価額を評価することができる。
・実体は将来の経済的便益を享受することが可能である。

支配の概念については、依然個別計算書類上と連結計算書類上とそれぞれ固有の概念を示しており、統一的なものではない。個別計算書類では、支配とは資源の権利の支配と理解され、連結財計算書類では、連結規定の第300条を根拠として、実質的支配によるとされている。

この意見書草案で示された資産の概念は、従来資産として計上されていた支出費用（繰延費用、延払費用）を除くことになった。これは、資産に制限を加える概念の形成である。また、この新概念はIAS16号および38号の概念に合致するものである。

また、意見書草案には何らコメントがないが、定義から識別可能性を削除し、満たすべき規準の箇所に記載箇所を変更している。

・2002年公表　意見書草案[225]

2002年10月22日CNC総会で、前年の意見書草案に対する関係機関の所見を総括し、修正された意見書草案が公表された。この草案は前草案と同様に、上位の法律も考慮した可能な限りの国際的概念へのコンバージェンスのための

---

[225] CNC [2002a].

改革であるとしている。

　ここで提案される定義や規則は、根本的に PCG を見直すものであり、個別計算書類および連結計算書類の両方に適用されるとしている。しかし、検討が重ねられている支配の定義については、引き続き作業グループがより深い研究を続けるとして、結論が導きだされていない。

　2002年公表意見書草案では、1. 資産の定義、2. 資産の計上規準、3. 上位に位置する法律等の適用による資産項目を以下のように述べている。

<u>1. 資産の定義</u>

　「資産とは、実体にとって正の経済的価値を持つ財産の要素である。つまり、過去の事象の結果として実体が支配し、将来の経済的便益をもたらす資源である。その便益の支配（contrôle）とは、実体がそれを制御し（maîtrise）、それにかかるリスクの全部又は一部を負うものである。」

　この定義は、PCG 99年版211-1条の「実体にとって正の経済的価値をもつ財産のすべての要素は資産要素とみなされる」という従来の資産の定義を補完し置き換えられるものである。

＊「財産の要素」は《実体が過去の事象として支配する資源》として明示される。
＊「実体にとって正の経済的価値」は《将来の経済的便益》を意味するとしている。

　2002年意見書草案は、支配の概念を次のように定義する。：
　「便益の支配とは、実体がそれを制御し、それにかかるリスクの全部または一部を負うものである。」

　個別会計書類の作成では、支配とは資源の権利の支配と理解される。同様に、リース物件については、当該資産は契約書に所有者として記された側の資産として計上される。支配の概念に基づくことは、会計上の財産の定義に再び戻るものである。

　連結会計における実質的支配（連結会計規則、CRC99-02、300条）は、IAS 概念フレームワーク[226]（par.49）の「資産とは、過去の事象の結果として当該企業が支配し、かつ、将来の経済的便益が当該企業に流入することが期待される資

源をいう」に一致している[227]。

　将来の経済的便益はIASの概念フレームワーク（par.53）に基づき、「資産の将来の経済的便益とは、その資産が正味キャッシュ・フロー上、企業（entreprise）のために直接的に又は間接的に貢献する潜在力をいう」と定義する。

　将来の経済的便益の概念は、非商的セクターでは、異なった評価としている。協同組合、財団、および商工業に属さない公的セクターの実体にとっては、資産要素は、第三者あるいは実体にとり、それらの使命や目的に沿った将来の経済的便益あるいは期待される潜在的用益（サービス・ポテンシャル）の要素であると捉えられる。

2. 資産の計上規準

　資産を貸借対照表に計上するためには、概念的な定義を満たすだけではなく、計上要件も満たさなければならない。

第1規準

「将来の経済的便益が実体に流入する可能性が高い」（IAS概念フレームワーク par.89、IAS16 par.7および2001年版IAS38 par.19）

第2規準

「識別可能である（IAS38）。」「もし実体あるいは企業が、他の資産となる将来の経済的便益と分離することなく、資産となる特定の将来の経済的便益を貸与、売却、交換あるいは分配することができるのであれば、その無形固定資産は識別可能である。」

第3規準

「十分な信頼性をもって価額あるいは価値を評価しうる。」（IAS38）

「取得した営業権（fonds commercial acquis）は、個別計算書類では特別な性質の要素として資産に計上される。連結計算書類における取得差額が同様である。

---

[226] フランス語の原文中では、«cadre conceptuel»と記述されている。これは、IASの「財務諸表の作成および表示に関するフレームワーク（Cadre pour la préparation et la présentation des états financiers）」を示すものである。

[227] 連結会計における実質的支配（contôle en substance）の要件の一つである、「将来の経済的便益のすべてあるいは大部分を享受する資格（法的能力）を有すること」を示している。Edition Francis Lefebvre Conso [2005] par.2027.

(IAS38 par.31（b）et IAS22 par.41)

　これらの規準適用の結果：

「ブランド、新聞雑誌のタイトル、顧客リスト、およびこれらに類似する要素のように、営業権（fonds commerxiaux）を内部創設するのための支出は、事業活動全体の開発コストと区別することができない。したがって、これらの要素は無形固定資産として計上されない。」（IAS38 par.52）

「応用研究費および開発費は、明らかに個別化できるプロジェクトにかかり、技術的かつ商業的に成功の確かな可能性（sérieuses chances）があり、そのコストが個別化できる場合は、資産に計上することができる。」（IAS38 par.45 は、開発費を資産計上しなければならないことのみを記している。）

　資産の定義と計上の規準を満たさず、かつ取得価格（coût d'acquisition）に該当しない支出は、費用として計上しなければならない（IAS 概念フレームワーク par.95）。したがって、繰延費用および延払費用は、削除された。「以前にこの項目で計上された支出は、資産の定義および計上条件を満たさない場合には、資産への計上を続けることはできない。」

　一方、支出時以降配達される財の購入あるいは提供されるサービスへの報酬にかかる前払費用は、資産である。（IAS38 par.58 に一致）

3. 上位に位置する法律等の適用による資産計上へのその他の要素

　意見書草案は、個別会計において資産計上しなければならないもの（為替差益）、あるいは任意のもの（設立費）のような費用の性質である要素を再検討する。

　意見書草案において、個別会計で優先的方法とされるものを再考することが提案された。

＊創立費、会社形態の変更にかかる費用、および開業費の成果計算書への計上
＊プレミアムおよび合併払込金を超える、増資費用、合併および分割費用の資産計上

　意見書草案は、とりわけ上記に示した点について、新しい定義にしたがって計上されるように、上位に位置する法律の改正を CNC が希望することを示すものである。

この2002年公表の意見書草案で示された資産の定義では、「過去の事象として」というIAS概念フレームワークの定義で用いられている文言を加えている。「過去の事象として」について、IAS概念フレームワークでは、企業の資産は過去の取引またはその他の過去の事象から生ずるものであり、将来起きることが予想される取引または事象はそれ自体では資産を生じさせるものではなく、例えば棚卸資産を購入するという意思は、それ自体では資産の定義を満たさないと解説されている。

定義に続いて示された規準は、「将来の経済的便益の蓋然性（probable）」、「識別可能性」、および「コストあるいは価値の十分に信頼のおける方法による評価」の三つであり、これらはすべてIASに合致するものである。

これらの規準について、「権利（droits）の所持、例えば『所有権』を示すものではない[228]」と説明されている。この裏付けとして、国に納付する第三世代通信のヘルツ波使用許認可料について、CNCが示した意見書[229]が挙げられている。意見書には、次のように述べられている。

・これは、国が有する公的なヘルツ波領域における、撤回不能かつ譲渡不能な20年間の私的占用の許可である。各名義人にとり、この公的領域の占用は、便益（avantage）の取得であり、すなわち、権利である。
・資産認識される権利に対して、実体は将来の正の経済的便益を生む当該権利の利用を証明する事業計画を示さなければならない。
・この権利は、識別可能である。

さらに、譲渡性という規準について、コンセイユ・デタ（国務院）が税務上示した判決によれば、無形資産を含めた資産への計上の条件としてPCGは譲渡性を要件としていないことを明確に示している。

---

[228] Delesalle [2002] page 25.
[229] CNC [2002] 第三世代通信許認可使用料、UMTSライセンスにかかる会計の意見書である。2001年予算法第36（I）条に、オペレーターにより支払われる使用料は15年間で4.954.593.000ユーロと示されている。

また、研究開発費については、意見書は何ら変更を示しておらず、1983年調和化法第19条に、明確な個別化、商的利益の確かな可能性（sérieuses chances）という要件をみたせば資産へ計上しうると選択の可能性を示している。これは、IAS38に示す六つの規準をみたす開発費は資産へ計上しなければならないとする規定とは異なるものである。

この資産の定義に関する改正も、PCGのIAS/IFRSへのコンバージェンスを目的としている[230]ことは明らかだが、研究開発費に見られるように、2002年の意見書の段階では、すべての点でIAS/IFRSに一致するものではないことが読み取れる。

新しい資産の定義の実用的な適用面で、企業は次の2点に注意を要すると解説されている[231]。

・現時点で貸借対照表に計上されている財が規準をみたしているかどうか。
・貸借対諸表の資産へ計上するすべての財を支配しているかどうか。

「支配」については、個別会計基準では「便益の支配とは、資源の権利の支配」であるとし、これは連結会計基準の支配の概念にも一致するものであるとしている。

・2004年公表　意見書草案[232]

前回の草案に対して、定義に関する論点や価値評価に関する技術的問題点、とりわけ資産の定義の支配概念に関するダブルレファレンスへの反論、無形資産の識別可能性の不明瞭さなどが指摘され、それらを再考した次のような最終草案が2004年3月25日のCNC総会に提出された。

---

[230] Delesalle [2002] page 24.
[231] Delesalle [2002] page 24.
[232] CNC [2004a, 2004b].

1. 適用範囲

この意見書草案では、まず適用範囲を明確に示しており、企業結合およびIAS17のリースや商標・特許の賃貸契約などが適用範囲から除くことを明示している。

2. 定義

2.1 定義と適用

支配の概念について、作業グループが個別計算書類と連結計算書類における資産を定義するための権利上の支配と事実上の支配を示すことを断念したことを述べている。この定義の章では唯一の資産の定義のみを示すものとした。支配の概念を明確にせず、資産の定義の適用範囲からIAS17のリース契約や特許契約を除外することにより、ダブルレファレンスを回避している。これによりリースの借手側の資産計上には変更が加えられないこととなる。

そして資産の定義は、「資産とは、実体にとって正の経済的価値を持つ財産の識別可能な要素である。つまり、過去の事象の結果として実体が支配し、将来の経済的便益をもたらす資源を生成する要素である」となった。これは先の意見書草案で示された定義に、「識別可能」と「生成する要素」という文言を加筆し、「その便益を支配するとは、…」以下を削除したものである。この修正により、識別可能性が再び定義に加わり、支配の概念については明言を避け、IAS概念フレームワーク par.49（a）の文言をそのまま用いる形となった。そして、資産とは…資源ではなく、資源を生成する要素と表現を変更したところに、資源そのもの以外も示す含みを持たせたようである。

また、この定義は財産の会計上の定義であるとも述べている。つまり、所有が資産計上の本質的な規準ではないということである。例えば、移譲契約に基づいて使用している財、他人の土地の上に建てた建物、賃借している建物内の改装などを挙げている。

2.2 将来の経済的便益

「資産の将来の経済的便益とは、その資産が正味キャッシュ・フロー上、実体のために直接的あるいは間接的に貢献する潜在力である」と定義される。

2.3 識別可能性

この項目は、無形資産の識別条件に関するIAS38号 par.12の規定に呼応するものである。

3. 固定資産の計上
3.1 一般規準
　資産計上されるためには、固定資産は次の条件を満たしていなければならない。
・実体が将来の経済的便益を享受する可能性が高い。
・その原価あるいは価値が十分な信頼をもって評価しうる。

この意見書公表前の最終草案では、次の2点を明らかにしている。

・個別と連結のダブルスタンダードを避ける。
・そのため、支配概念について明言を避け、明確な定義を表明しない。

その結果、第1の規定として「資産の定義」、第2の規定として「将来の経済的便益」、そして第3の規定として「無形資産の識別可能性」が示され、支配については独立した規定を設けるに至っていない。

4. 資産の定義、計上および評価に関する意見書 No. 2004-15

　2004年6月23日のCNC総会において、資産の定義、計上および評価に関する意見書 No. 2004-15[233]が採択された。
　意見書草案と同様に、まず意見書の適用範囲を次のように示している。

　　本意見書に記された規則は、個別計算書類および連結計算書類に対して適用される。「『個別計算書類』または『連結計算書類』に対して」と指示がない場合は、規定は個別および連結の両方に適用される。
　　次のものを適用範囲から除く。
　　　・IAS17号におけるリース契約ならびに商標および特許の賃貸契約
　　　・金融商品ならびに社債発行費・社債発行差金に関連する支出

---

[233] CNC [2004c].

・繰延税金資産
・委譲契約を含む公役務の委託契約

次に資産の定義、将来の経済的便益の定義、識別可能性の定義と続いており、定義の内容は2004年公表の意見書草案と同様である。

意見書は、この後公表される省令の解釈を示すものとして、省令公表後も重要なものである。意見書に記載された定義の解釈には、大部分にIAS38の規定が用いられた。それは、「無形資産の識別可能性」の箇所であり、IAS38 par.15-16が引用されている。しかし、par.15およびpar.16は、支配の項であり、識別可能性の項ではないことに注意しなければならない。

フランスは、支配概念を明確に解説できなかったため、規定として独立させていない。しかし、いずれかにおいて、支配に対する解釈を表明しておかなければ、続いて公表される省令であるCRC規則の解釈で混乱が起きることを予想していたのではないだろうか。そのため、この識別可能性の説明部分にフランス独自のCNCによる解釈ではなく、IAS38の規定を載せたのではないかと考えられる。

Ⅳ PCG 2004年 資産の定義改正

1. 資産の定義、計上および評価に関する規則 2004-06 2004年

2004年11月23日CRCは、個別計算書類および連結計算書類に適用される資産の定義、計上および評価に関する規則[234]を公表し、改正された会計規則は、2005年1月1日以降に開始される会計期から適用されると定められた。

2005年からEU域内の上場企業の連結計算書類に直接適用されるIFRSへのコンバージェンスを目的とし、長い審議時間を費やしPCGの改正作業を進め

---

[234] CRC [2004].

てきた。そして、資産の定義は次のように改正された。

PCG 第 I 編　資産および負債、収益および費用の定義
(Title II, Définition des actifs et des passeif, des produits et des charges)
第 I 章　資産と負債 (Chapitre I, Actifs et passifs)
第 I 節　資産 (Section I, Actifs)
211-1 条　資産の定義
1. 資産とは、実体にとり正の経済的価値を持つ財産の識別可能な要素であり、つまり過去の事象の結果として実体が支配し、将来の経済的便益を期待する資源を生成する要素である。
2. 有形固定資産とは、財やサービスの生産あるいは提供のため、第三者への貸与のため、あるいは内部管理のために保有される物的資産であり、当期以降も実体による使用が見込まれるものである。
3. 無形固定資産とは、物的実体のない非貨幣性資産である。
4. 棚卸資産とは、通常の営業活動の中で製造過程にあるものも含め販売されるため、あるいは製造過程や役務提供過程で消費するための原材料として保有される資産である。
5. 前払費用とは、後日提供される財やサービスの購入に対応する資産である。
6. 資産の一般的定義は、次の二つの状況により補完される。
   - 組合や基金の年次決算の作成にあたりCRCの99-01規則の適用を受ける実体にとり、その実態の使命や目的のために第三者あるいは実体にもたらされるであろう将来の経済的便益またはサービス・ポテンシャルは、資産要素とみなされる。
   - 公益部門の実体にとり、商工業以外の活動として使用され、その実体の使命や目的のために第三者あるいは実体にもたらされるであろう将来の便益またはサービス・ポテンシャルは、資産の要素とみなされる。

211-2 条　将来の経済的便益の定義
資産の将来の経済的便益とは、その資産が正味キャッシュ・フロー上、実体のために直接的あるいは間接的に貢献する潜在力である。
公益部門の組合や実体により使用される資産のサービス・ポテンシャルとは、その目的あるいは使命に応じた社会的利用による機能である。

211-3 条　無形固定資産の識別可能性
無形固定資産は、識別可能である。
・それが実体の活動から分離可能である場合、つまり単独または契約や他の資産や負債と一緒に販売、譲渡、貸与、交換されうるものである場合。
・あるいは、その権利が実体や他の権利や義務から分離や譲渡ができないとしても、それが法律上または契約上の権利の結果でありうる場合。

このように「資産の定義」、「将来の経済的便益」および「無形固定資産の識別可能性」と、211-1 条から 211-3 条までの三つの条項が定められた。この新しい「資産の定義」に至るまでの審議過程で提案された定義の流れをまとめると、次のようであった。

①PCG 1999 年版
　　実体にとって正の経済的価値を持つ財産の要素のすべては資産要素とみなされ、実体の活動に継続的に利用される資産要素は固定資産を構成する。
②1999 年公表第二次ノート
　　資産とは、実体が支配する識別可能な要素であり、流入原価が信頼しうる方法により評価され個別化される測定可能な正の経済的価値を持つものである。
③2001 年および 2002 年公表意見書草案
　　資産とは、実体にとって正の経済的価値を持つ財産の要素である。つまり、実体が支配し、将来の経済的便益をもたらす資源である。その便益の支配とは、実体がそれを制御し、それにかかるリスクの全部または一部を負うものである。
④2004 年公表意見書草案および意見書
　　資産とは、実体にとって正の経済的価値を持つ識別可能な財産の要素である。つまり、過去の事象の結果として実体が支配し、将来の経済的便益をもたらす資源を生成する要素である。
⑤PCG 2004 年版：資産とは、実体にとり正の経済的価値を持つ識別可能な財産の要素であり、つまり過去の事象の結果として実体が支配し、将来の経済的便益を期待する資源を生成する要素である。

(下線は筆者による。)

PCG 1999年版の財産要素の検討から出発し、支配の概念の理論体系へと審議が進められた。伝統的に財産性に基づく個別計算書類と経済的現実を重視する連結計算書類の異なる観点の調整に苦慮しながらも、個別と連結で定義を異にするダブルスタンダードとなることを避けることを決め、整合性を見出すことが難しい二つの概念をまとめ、資産の定義は規定された。

　それは、従来の概念である「財産性」と新しい概念を「つまり（c'est-à-dire）」と並列し、従来の概念を補完し、置き換える表現が採用された。「財産要素」は「過去の事象の結果として支配する資源」として説明され、「正の経済的価値」は「将来の経済的便益」を意味するとしている[235]。

　その211-1条の「資産の定義」の中で示された、新しい概念である「将来の経済的便益」は、定義に続く211-2条で定義され、明確になっている。

2. 新定義の特徴

　新しい資産の定義は、1999年版PCGの定義と、IAS/IFRSの資産の定義を並べ合わせたものである。1999年版の定義は、それまでも資産に当然求められていた財産性に基づくものであった。2004年の改正では、その定義を継承しつつ、新しい概念に基づく定義も含有することになったのである。

　1999年版の定義が発表される以前にも、資産の定義について議論がなかったわけではなく、1980年代にすでにファイナンス・リースによる財（biens）の利用をどのように会計に反映させるか検討されていた。そこで示されたフランスの資産の解釈は、財産性を有する財（biens）であり、その財の所有者が企業であるというものだった[236]。

　それは、会計書類の第一義的な役割、つまり法的な役割として、企業の財産状況の情報および証拠が記載され、企業がその財を所有しているのか否かという疑念を制限するためと説明が付された。したがって、所有権のない財である、リース物件、所有権留保条項付資産（réserve de propriété）[237]、および売買

---

[235] CNC [2002a].
[236] Viandier [1984] page 396.

(仮) 契約（Promesse de vente）は、会計上の資産とはみなされないとされた。それら財の所有権が移転した場合は、所有権の移転日が資産の取得日とされた。しかしながら、これらの新しい資産の会計上の議論は、法律上の誠実性（sincérité juridique）の阻害を招き、貸借対照表の持つ二つの役割、つまり企業の財産状況を示す役割と事業活動のため活用する道具を示す役割、これらを対立（divergence）あるいは多様化に導くものと問題が提起された。

1999年のPCG改正で初めて明確に示された資産の定義では、財産性を有することが要件とされた。そこでの財産性も非常に厳格で狭義のもの[238]であると解釈された。リース契約は賃貸契約とされ、リースにより利用する資産は会計上の資産とみなさないと規定を設けた。

> PCG 1999年版
> 第3章 評価並びに処理の特例
> 第1節 無形固定資産、有形固定資産
> 第331-7条
> 　リース（crédit-bail）契約の名義人は、賃貸借期間の期間の権利相当額を費用として計上する。
> 　購入選択権が解除された時、リース契約の名義人は、流入価値の決定に適用される規則に従った金額で、貸借対照表に固定資産として記入する。

しかし一方では、貸借対照表という会計上の現実と、経済的現実の間に生じるねじれ現象を解消するため、所有権留保条項付資産を例外とし、例外規定を設けた。これは、リース物件には所有権原則を適用し資産と認めないと定めたことに全く反する事例である。その所有権留保条項付資産に関する例外規定は、次の通りである。

---

[237] クレジットで財を購入した場合、その財は購入者に引き渡され使用されるが、対価の支払いが完了するまで所有権は売主に留保されるという条項が付いた販売を指す。
[238] Colasse [2001] pages 98-99.

第3章　資産の定義と分析　181

PCG 1999年版
第1章　資産、負債、収益、費用の会計処理の期日
第2節　特別の場合
第323-3条
　所有権に留保条項が付されている取引は、財の引き渡しの日に計上され、所有権の移転日に計上されるのではない。

　1999年改正以前は、あくまでも所有権移転の日を取得日として計上が可能となったが、この改正により所有権留保条項付財は引き渡された日（date de livraison）とされた。この規定は、フランスの会計上の財産原則の例外であり、逆にフランスの資産には所有権を求めることが明確に示された。
　このような議論からも明らかなように、財産の要素には所有権が含まれており、財産性を求めることは、それに付随する所有権をも求めることである。歴史的に法律上、資産に求められる財産性と所有権を会計上も資産の要件としてきたが、2004年の資産の定義の改正では、新たな概念を受け入れることとなった。2004年改正の規定は、1999年の定義とIAS/IFRSの定義をつなぎ合わせたもので[239]、次のとおりである。

PCG 1999

un actif comme «tout élément du patrimoine ayant une valeur économique positive pour l'entité».（斜体字部分）

PCG 2004

un actif comme «un élément identifiable du patrimoine ayant une valeur économique positive pour l'entité, c'est à dire（つまり）un élément générant

---

[239] Colasse [2005] page 110. Cette nouvelle définition est un peu «bricolée» d'un actif tente de faire converger l'ancienne définition et cell donnée dans son cadre conceptuel par l'IASC/IASB…（以下省略）。コラスは、このように旧定義とIAS/IFRSのものを「大工仕事」することにより、コンバージェンスを試みていると評している。

une ressource que l'entité contrôle du fait d'événements passés et dont elle attend des avantages économiques futurs».

IAS/IFRS

«un actif est une ressource contrôlée par l'entreprise du fait d'événements passés et dont des avantages économiques futurs sont attendus par l'entreprise»。（ゴシック文字部分）

　このように新しい資産の定義は、IAS/IFRSのより経済的で、かつより実際的なアングロ・サクソンの資産の概念[240]に向かって開かれたものであるが、フランスの会計法に深く刻み込まれている財産概念を放棄するものではない。その財産性は間接的に所有権を要求するものである。この所有の概念に対する支配の概念も今回の改正で新たに加えられたものである。支配の概念には、意見書で議論されていたように、法的な支配と事実上の支配があり、財の所有権は法律上の支配と解釈されており[241]、この新定義で求められているのは、事実上の支配である。

　新しい資産の定義の特徴は、個別会計基準と連結会計基準の両方に適用される定義である点だ。それは、個別計算書類と連結計算書類が持つ目的がそもそも全く異なるものであることから、それぞれが基づく個別会計基準と連結会計基準を関連性のない別のものとみなし完全に分離する方法をとらなかったことによる。つまり、これは個別と連結の分離を回避しつつ、IAS/IFRSへのコンバージェンスを目的としたことにより生まれたものある。

　ダブルスタンダードはいかなる場合にも好ましいことではなく、スタンダードが複数存在することは、すでにスタンダードとしての意義を失うことでもある。フランスが貫こうとするスタンダードの意義を象徴する形でこの定義が規定されたとみることができる。

---

[240] Colasse [2005] page 111.
[241] Colasse [2005] page 111.

また、PCG の存在意義も再び明確にされた。それは連結会計基準が 1999 年に分離して定められて以来、PCG は個別会計基準のように扱われてきたが、資産の定義改正の審議過程でも PCG がすべての規範となるものであることが明らかにされた。そして、そのためにこの PCG の資産の定義は、連結会計基準にも適用できるように新しく定められたものである。

3. 資産の要件

　資産の定義のうち、新たに加えられた文言、とりわけ後半部分を分析すると、資産に求められる要件が明らかになる。2002 年の意見書草案において、資産の（認識）規準として、「識別可能性」、「将来の経済的便益の享受の確かな可能性」、「信頼しうる方法による価額あるいは価値の評価」の 3 規準が示された。それらに加え、資産の定義に示されている「支配」を含め、次の 4 点が資産として認識し、計上しうる要件とされる。

- ・識別可能性
- ・将来の経済的便益
- ・信頼しうる方法による価額あるいは価値の評価
- ・支配

・識別可能性

　有形固定資産の場合、「識別可能性」について難しい論点はなく、従来は要件とされていなかったが、この改正では、個別会計基準と連結会計基準の両方を考慮したため、「識別可能性」が要件として設けられたとされている。無形固定資産での識別可能性は、非常に重要であるが、有形固定資産では、資産を一度に取得しなかった場合、シリアル番号や取得日などにより部分的に識別するのに役立つとされる。

・将来の経済的便益

　「将来の経済的便益」は、2004 年改正後 PCG の 211-2 条で定義が示され、

明らかにされているように、「キャッシュフロー上、直接的あるいは間接的に貢献する潜在力」である。そのような潜在力を有することを資産として認識する要件としている。しかし、PCG および意見書では、その「潜在力」が何を意味するのかは明確にしていないため、IAS/IFRS を参照しながら次のように解釈がなされている[242]。

- 生産力の潜在能力
    例）新しい機械の購入により、生産力が増加する。
- 資金への転換可能性
    例）製品ストック（棚卸資産）など、販売により資金の流入が見込める。
- 資金の流出を低減させる能力
    例）モーターを交換することにより、エネルギー消費が減り、それに伴い資金流出額も減少する。

・信頼しうる方法による価額あるいは価値の評価

改正前は、固定資産は最終的に確定した取得原価により計上されていたが、この新しい規準によれば、十分に信頼しうる方法により評価された価額あるいは価値により計上しなければならない。この要件を満たさない場合は、他の要件をすべて満たしていても費用としなければならない[243]と述べられている。

これは、IAS/IFRS の「資産の認識[244]」に基づくもので、PCG では、次のように規定された。

第 III 編　計上と評価の規則
　　　（Titre III. Règles de comptabilisation et d'évaluation)

---

[242] Editions F. Lefebvre, Actifs [2005] par. 2039.
[243] Editions F. Lefebvre, Actifs [2005] par. 2049.
[244] IFRS [2005] フレームワーク par. 89 および IAS16 par. 7.（企業会計基準委員会　日本語訳監修より）：
有形固定資産項目の取得原価は、以下の場合に限り資産として認識しなければならない。
(a) 当該項目に関連する将来の経済的便益が企業に流入する可能性が高く；かつ
(b) 企業が当該項目の取得原価を信頼性をもって測定できる。

第 I 章　資産、負債、収益および費用の計上
　　　（Chapitre I, Comptabilisation des actifs, des passifs, des produits et des charges）
第 I 節　資産の計上（Section I, Comptabilisation des actifs）
311-1 条　資産の計上の一般規準
　次の条件を同時に満たす場合に、有形固定資産、無形固定資産あるいは棚卸資産は資産に計上される。
　　・実体が将来の経済的便益、あるいはそれに対応するサービス・ポテンシャルを享受する可能性が高い。
　　・十分な信頼性をもって、その価額あるいは価値を評価しうる。

　とりわけ 311-1 条の二つ目の要件は、その資産が自己創設であった場合に重要となるものである。

・支配
　支配の概念は、従来の資産の定義および改正後の資産の定義の前半部分に示されているように、資産に財産性を求めている場合には存在しなかった。資産が財産性を有している場合、通常それには所有権が付随しており、所有権があることが資産を所有していることになり、会計上も資産として計上できる。また、その資産の取得日は、商法上と同じく、会計上も所有権の移転日（transfert de propriété）とされる。
　しかし、新しい要件では、必ずしも所有権を持たなくとも、「支配」という要件を満たせば、資産に計上しうると変更された。この「支配」という要件は、IAS/IFRS に規定されていることを理由に、PCG にも規定されたものである。しかし、IAS/IFRS は有形固定資産においては、リース物件を想定したものであり、所有権がなくてもその財を利用して経済的便益を得ることができれば「支配」していることとみなされ、資産に計上できるとした。
　それに対して、PCG は、リース物件を資産の定義が適用されない例外とし、第 331-7 条に別途規定を設けた。しかし、連結会計規則ではすでに 1999 年に、

リース物件の取り扱いを個別とは異なる連結特有のものとして例外規定を設けていた。この2004年のPCG改正により、連結におけるリースの取り扱いは、定義適用の例外のまた例外という形になる。連結会計規則第300条では、「連結計算書類は連結範囲中に含まれる企業集団の全体像を一貫性のあるものとして表現することを目指す。つまり、連結固有の特質と連結計算書固有の目的を考慮しなければならない。(形式よりも実質優先、費用収益の対応、税法の適用による記帳の影響の排除) … (以下省略)」とし、リースを含み個別とは異なる扱いの項目を定めている。

1999年の連結会計規則では、連結の特徴として、すでに「形式よりも実質優先」を明確に示しており、「支配」の概念の解釈も「形式より実質」に基づいて行われたと考えられる。この解釈は、IAS/IFRSの「支配」の解釈と同一のものである。

しかし、PCGの場合、連結のみならず個別会計にも適用される資産の定義の中に、この「支配」の概念を含むところに困難さが生じたのである。個別会計では法律上の支配とし、連結会計では実質的な支配と使い分ける[245]と規定するのであれば、問題が生じるものではないが、そうではないことに解釈の難しさと適用上の混乱が生じた。

非常に難解な「支配」の解釈であるが、2002年公表の意見書草案では、「資源の支配とは、実体が資産からの便益を制御 (maîtrise) し、資産に帰属するリスクの全部あるいは一部を負うことである」と示した。そして、資産の取得日は、「支配」の移転日 (transfert de contrôle) であるとし、「支配の移転とは、資産に帰属する本質的な便益およびリスクが移転すること」である。このリスクとは、重要なリスク (risque significatif) を意味し、例えば譲渡側の負担により保証が付されない固定資産に付随する重要な義務、市場価値の低下、あるいは販売のキャンセルなどを示すと解説されている[246]。

---

[245] Lauzainghein (de), Navarro et Nechelis [2004] page 245.

4. 新定義の例示による解説

　新しい資産の定義では、四つの要件が確認され、それぞれの解釈が示された。それら全要件を満たすことにより、会計上の資産として貸借対照表に計上しうることとなった。新しい資産の定義により、資産の計上がどのように変わったのか、実際の例を挙げて次のように解説さている[247]。

　設定条件

　　発注者（donneur d'ordre）と下請け（sous-traitant）の間で5年間の部品製造の契約が結ばれた。部品製造のため、金型の作成が必要であり、その金型は下請けが使用する。

　　契約は次のようであった。

　　・金型の作成は、下請けに課せられる。
　　・金型にかかる財務的責任は、発注者に課せられる。
　　・金型の法的所有権は下請けに付与されるが、契約終了時に発注者に移転する。
　　・金型は、契約書に示されたように部品の製造のためだけに下請けにより使用される。
　　・金型に付随するリスクは発注者が負う。製造した部品の数量では、作成した金型の作成費に不十分な場合、下請けのための追加請求書について契約書に示される。この義務は、金型に付随する重要なリスクであり、下請けの費用を保証することによりカバーしうるものではない。

---

[246] Mémento [2010] par.1310. リスクに関する解説の中でもとりわけ売買の取り消しについて、次のような説明が付されている。試用販売や買戻し条件付き販売などの販売形態では、販売の取り消しの可能性があり、譲渡した資産に付随する重要なリスク、つまり支配は所有権が移行した時に移行するわけではない。しかしながら、実際には、売上認識時の規則に従い、所有権が移転し、資産の記載が貸借対照表から削除された時とされる。同時に取得者側は、それを貸借対照表に資産として計上する。つまり、この場合も支配の移転は、所有権の移転と一致することになる。

[247] Editions F. Lefebvre, Actifs [2005] par.2049. および Mémento [2010] par.1312.

この金型は、有形固定資産の計上要件から、発注者は法的所有者ではないが、発注者の資産として計上される。

<u>資産計上の要件の検証</u>
1. 識別可能性
   契約の目的物（金型）は、シリアル・ナンバーあるいは作成日により識別される。
2. 将来の経済的便益の保有
   当該金型から製造される部品は、発注者の売上およびそれによるキャッシュ・フローを増加させ、すなわち将来の経済的便益も同様に増加するものである。
3. 発注者による支配
   所有権は発注者に最初から付与されるものではないが、
   a. 本質的なリスクは発注者に移転されている：製造した部品の数量では金型の作成費に不足する場合、下請けのために発注者により追加の請求書が発効されると契約書に示されている。この義務は、金型に付随する重要なリスクである。
   b. 将来の経済的便益を発注者が享受する可能性が高い：金型から製造される部品にかかる将来の経済的便益は、発注者のみが享受する。下請けは、契約書に記された部品の製造によってのみ金型を使用できるにとどまる。
4. 金型の作成費は、十分に信頼のおける方法により評価されうる。
   発注者は、金型の作成費を下請けから提供されうる。

<u>下請けの資産とみなされる場合</u>
　発注者の支配の欠如とみなされる場合は、金型は下請けの資産として計上される。それは、例えば、契約終了時に金型が発注者に移転されず、下請けがその金型を他の製造に使用する場合などである。

この例により、資産の法的所有権と会計上の所有の違いが説明されている。改正前の規定によれば、金型は下請けの資産として計上され、発注者側は金型作成費用の延払費用を計上していた。

第 3 章　資産の定義と分析　　189

しかし、新規定によれば、下請けが作成した金型の法的所有権は下請が有するが、会計上、金型を資産として計上するのは発注者となる。これは、金型を支配しているのは発注者であるという解釈によるものである。つまり、金型に帰属する重要なリスクを負うのは発注者であることがその理由である。金型を用いて製造された部品の数量では金型の作成費用を賄えないということが、金型に帰属するリスクと考えられ、その場合の不足額の責務は発注者が負うと契約されていることから、金型に付随するリスクは発注者が負っているというロジックである。

このように、法的な所有権とは異なる会計上の資産の所有を設けたことは、実体のより経済的側面に基づく忠実な概観を示すことができるとされている。

5. PCG と IAS/IFRS の資産の定義の比較

IAS/IFRS へのコンバージェンスを目的に改正された PCG の資産の定義であるが、フランスは IFRS をすべて受け入れることは避け、従来のフランスの会計基準の概念も残すことを選んだ。IAS/IFRS と PCG の資産の定義を比較し、両者の相違点を明らかにすることにより、フランスの資産の定義の特徴を分析する。

IAS/IFRS の資産の定義は、「財務諸表の作成および表示に関するフレームワーク（以下、概念フレームワークと表示）[248]」に次のように示されている。

　par.49（1）
　　資産とは、過去の事象の結果として、当該企業が支配し、かつ、将来の経済的便益が当該企業に流入することが期待される資源をいう。
　par.53
　　資産が有する将来の経済的便益とは、企業への現金および現金同等物の流入に直接的に又は間接的に貢献する潜在能力をいう。その潜在力は、企業の営業活動の重要な部分をなす生産能力であるかもしれない。また、その潜在能力は、

---

[248] IFRS [2005] 企業会計基準委員会（ASBJ）日本語訳監修より。

表 3-1　資産の定義におけるキー・ワードの比較

PCG	IAS/IFRS
・正の経済的価値を持つ財産の識別可能な要素	
・過去の事象の結果 ・支配	・過去の事象の結果 ・支配
・将来の経済的便益 ・資源	・将来の経済的便益 ・資源

出典：筆者作成。

現金もしくは現金同等物への転換可能性、又は、例えば代替的な生産工程が生産原価を低減するときのように、現金流出額を減少させる可能性であるかもしれない。

PCG と IAS/IFRS の「資産の定義」の相違点[249]を表 3-1 に示す。

PCG の資産の定義の前半部分を別とすれば、両者の資産の定義は同じであるとみなすことができる。先に検証したように PCG はリース物件を例外として規定を特別に設けたのに対し、IAS/IFRS ではリース物件を例示して資産の定義を解説している。

IAS/IFRS がとる立場は、法的形式ではなく、実質および経済的実態から判断するものである。それは、資産に限らず、負債や持分の定義を満たすかどうかを判断するときにも考慮されるとしている。リース物件を例に挙げ、次のように解説している。

　　IAS/IFRS　概念フレームワーク par.51 から抜粋[250]
　　単にその法的形式だけではなく、その実質および経済的実態は、借手がその経済的耐用年数の大部分にわたってリース物件を使用するという経済的便益を、当該資産の公正価値および関連する金融費用にほぼ等しい金額を当該権利に対して支払う義務を負うことと引き替えに、取得したということである。したがって、ファイナンス・リースは、資産および負債の定義を満たす項目を生じ

させるので、そのように借手の貸借対照表に認識される。

ここで述べられた実質優先は同じく概念フレームワークで次のように述べられている。

　IAS/IFRS　概念フレームワーク par.35 から抜粋[251]
　　情報が表示しようとする取引その他の事象を忠実に表現するためには、取引その他の事象は、単に法的形式に従うのではなく、その実質と経済的実態に即して会計処理され表示されることが必要である。

---

[249] PCG と IFRS（フランス語版）における資産の定義は、次のようであり、下線部分（筆者記入）に差異が認められる。

PCG Art. 211-1 Définition d'un actif

　1. Un actif est <u>un élément identifiable du patrimoine ayant une valeur économique positive pour l'entité</u>, c'est-à-dire un élément générant une ressource que l'entité contrôle du fait d'événements passés et dont elle attend des avantages économiques futurs.

　Art. 211-2 **Définition des avantages économiques futurs**
　L'avantage économique futur représentatif d'un actif est le potentiel qu'a cet actif de contribuer, directement ou indirectement, à des <u>flux nets</u> de trésorerie au bénéfice de l'entité.

IAS/IFRS Cadre conceptuel
　par.49（a）
　　Un actif est une ressource contrôlée par l'entreprise du fait d'événements passés et dont des avantages économiques futurs sont attendus par l'entreprise.

　par.53
　　L'avantage économique futur représentatif d'un actif est le potentiel qu'à cet actif de contribuer, directement ou indirectement, à des <u>flux de trésorerie et d'équivalents de trésorerie</u> au bénéfice de l'entreprise.（以下省略）

[250] IFRS [2005].
[251] IFRS [2005].

この実質優先の原則はまた、PCG の財産性の問題に立ち返るものである。財産性も形式ではなく、実質面を考慮するならば、貸借対照表上の財産状況のみならず、企業の財務状況や成果をより「忠実な概観（image fidèle）」を示すことにもなりうるとする見解もある。そして、アングロ・サクソンの実質優先原則（principe anglo-saxon de la prééminence de la substance sur la forme）を充足することになると述べられている[252]。実質が経済的側面とされ、形式が法的側面からの捉え方とされ、形式より実質、つまり法的側面よりも経済的側面を重視するのが IAS/IFRS の立場である。

次に「支配」について考察すると、両者とも「便益の支配」を示すものとしている。IAS/IFRS は、概念フレームワーク、資産の項 par.57 で、「所有権は絶対的なものではない」とし、リース物件を例示しつつ、「リースによって保有する財産は、企業が当該財産から発生することが予想される便益を支配する場合には、資産となる。」と述べている。つまり、資産そのものを支配することを要求しているのではなく、資産から発生する便益を支配することを要求しているのである。

PCG も同様に「支配」の概念を規定していないが、意見書に述べられているように、「便益を支配すること」とし、さらに「便益の支配」とは、「それにかかるリスクを負うこと」としている。この場合の「支配」も、法的な支配ではなく、事実上の支配を意味するものである[253]。

V おわりに

フランスの会計基準において資産の定義は、PCG 制定以来、徐々に明確な規定として発展してきた。歴史的に、フランスの会計基準の特徴である債権者保護思想からも資産には財産性が求められ、資産の移転日は所有権の移転日とされていた。この所有権の移転日という規定は、民法上の規定とも一致するも

---

[252] Colasse［2005］page 115.
[253] Colasse［2005］page 115.

表 3-2　資産に関する PCG および IAS/IFRS の特徴

PCG	IAS/IFRS
債権者保護	投資情報としての有用性
財産性	将来の経済的便益の獲得
所有権	支配

出典：筆者作成。

のである。

　そして、IAS/IFRS へのコンバージェンスにより大きな転機を迎え、この従来の資産の概念および定義は、重大な改正が行われた。投資情報としての有用性を重視する IAS/IFRS では、将来の経済的便益を獲得するものが資産であるとし、所有に替わり支配が新たな認識規準とされた。

　しかし、国家会計審議会（CNC）は、従来の資産の概念を表すものである財産性を放棄することは行わず、IAS/IFRS の資産の定義と財産性に基づく資産の定義を並列し、資産の定義を規定した。資産に関する PCG および IAS/IFRS の特徴を表 3-2 にまとめる。

　PCG の資産の定義は、IAS/IFRS へのコンバージェンスにより、両方の特徴を有するものとなった。この資産の定義の改正は、無形固定資産にも多大な影響を与えるものであり、無形固定資産の定義の改正に連なるものであった。

第4章
無形固定資産の会計基準上の発展

I　はじめに

　研究開発費の会計基準の考察には、研究開発費が属する無形固定資産についての検討が前提となる。第3章において、上位概念である資産の定義と分析を論じたのに続き、以下では、無形固定資産の会計基準に関する展開を取り上げる。

　資産項目である無形固定資産の定義やその属性はPCG制定初期にはまだ深い検討がなされておらず、有償により取得した法的権利が列挙されていたにすぎなかった。それは法的権利という財産性、および有償という取得原価に基づくものであり、フランスの会計上の資産の特性に矛盾するものではなかった。

　そして、無形固定資産も資産の定義の変遷に見られるように、PCGの改正の度、概念や属性の研究がなされ、定義も規定されるに至った。費用の繰り延べ処理と無形固定資産の区分に始まり、1980年代以降の活発なM&Aという経済環境における無形資産など会計上の取り扱いが整備されてきたのである。

　無形固定資産への投資が増加し続けている今日において、その属性を分析することにより概念や定義を検討することの重要性が一層認識されている。法的権利の列挙にとどまっていた無形固定資産から、IAS/IFRSへのコンバージェンスによる改正までの会計基準上の発展を検討するものである。

II PCGにおける無形固定資産勘定の分析

1. 1957年版PCG

　1957年版PCGにおける無形固定資産は、定義も規定されておらず、対象となる無形固定資産を例示し、勘定科目を設けているにとどまる。1957年版は、同一の会計基準に基づいた計算書類を作成することを目的とする会計標準化のためのものであったので、細部に至るまで網羅的に形成するには至っていない。したがって、当時はまだ無形固定資産は資産項目の中でもその重要性は低く、勘定科目として次のように列挙されていた。

1957年版PCGにおける無形固定資産項目
　クラス2　固定価値勘定
　　20. 設立費
　　　200. 創立費
　　　201. 開業費
　　　　　2010. 市場調査費
　　　　　2011. 調査費
　　　　　2012. 研究費
　　　　　2013. 広告宣伝費
　　　202. 増資費用
　　　　　2020. 第1回目増資
　　　　　2021. 第2回目増資
　　　203. 社債発行費
　　　　　2030. 第1回目発行
　　　　　2031. 第2回目発行
　　　204. 固定資産取得費
　　　　　2040. 有形固定資産取得費
　　　　　2041. 無形固定資産取得費

206. 社債償還費用
208. 創立費減価償却累計額
（2080〜2086はそれぞれ201〜206に対応する減価償却累計のため省略）
21. 固定資産
    210. 土地（下位勘定省略）
    212. 建物（下位勘定省略）
    214. 機械道具（下位勘定省略）
    215. 運搬機械（下位勘定省略）
    216. その他有形固定資産（下位勘定省略）
    218. 無形固定資産
        2180. 営業権および賃借権
            21800. 営業権（Fonds du commerce）[254]
            21805. 賃借権
        2183. 特許権、ライセンス、商標権、製法、実用新案権および意匠権
            21830. 国内買入特許権
            21831. 国外買入特許権
            21832. 国内買入ライセンス
            21833. 国外買入ライセンス
            21834. 商標権
            21835. 製法
            21836. 実用新案権
            21837. 意匠権
        2185. （委譲された）権利
        2188. 無形固定資産減価償却累計額（Amortissements）
            21883. 特許権、ライセンス、意匠権
            21885. （委譲された）権利

---

[254] Mémento [1980] page 253, Bulletin de CNC n°21, janvier 1975 によると、「営業権は無形の要素からなり、評価の対象や貸借対照表上分離して計上しうるものではなく、企業活動の潜在能力の維持あるいは発展に寄与するものである。」と解説されている。

2189. 無形固定資産減損引当金（Provision pour dépréciation）
21890. 営業権
21895. 賃借権

（太字は筆者による）

　クラス2は、このようにまず、繰延費用（繰延資産）が列挙され、続いて固定資産と続いているように、XX費（Frais）と表記される項目と固定資産項目の二つに大きく分けられている。その固定資産の下位勘定として、有形固定資産と無形固定資産がある。
　それらの列挙されている無形固定資産に見られる特徴として、対価を支払って獲得したもの、あるいは法的権利[255]として認められるものであることが挙げられる。PCGでは、勘定番号218の無形固定資産につき、次のように説明を付している。

> **無形固定資産（勘定番号218）**
> 　無形固定資産は、原初の価値（valeur d'origine）という有形固定資産と同様の条件で計上される。
> 　賃借権は、その価額が他と区別できる取得の場合、21805勘定の対象となる。
> 　支出を必要とせず（sans nécessiter de dépenses propros）、企業活動から生じた固定資産は、備忘（pour mémoire）として計上される。
> 　外国で購入した特許権、ライセンス、商標権、製法、実用新案権および意匠権は、フランス国内で購入したものと区別して計上される。

　この説明のなかの第3点目に挙げられている、「企業活動から生じた固定資産」と示されるものは、現在の「自己創設無形固定資産」に該当するものと思われる。この「自己創設無形固定資産」の計上を容認していることは、注目す

---

[255] Mémento [1980] page 252,「Bulletin de CNC n°25, janvier 1976, page 21によれば、無形固定資産は無形という要素により分類され、法的保護の対象となるものである。」と解説されている。

べきことである。さらに、支出がなかった場合には、備忘として計上されるということは、貸借対照表上、金銭の価値での評価はないが、その無形固定資産を貸借対照表に記載することに何らかの意味があるためと理解することができる。

無形固定資産についての定義は示されていないが、個々の項目については次のように述べられている。

営業権および賃借権

営業権とは、顧客、賃借権、およびそれに加えられる屋号（nom commercial）、看板などにより構成される。

顧客とは、特定の顧客の存在によりもたらされ、あるいは企業の立地により証明される利益の潜在力に相当する。

賃借権とは、支払われた金額あるいは先の賃借人委支払うべき金額であり、それは商的財産上、法的な権利が購入者に移転することを示す。

特許権、ライセンス、商標権、製法、実用新案権、および意匠権

これらの要素は、発明家、作者、あるいは特許権、商標権、実用新案権、意匠権、および文学や芸術の所有権などの利用者が、一定の条件下での保護から生じる便益（avantage）を獲得するため、実際の支払額である。

企業活動を継続していく中で、優れた立地条件、また企業努力により獲得した顧客、そのような営業上の利点、つまり、のれんは、企業自身により創設されるもの、あるいは売買により獲得するものとされている。

他の無形固定資産に挙げられている項目は、法的保護を要件としており、それは登記された権利を示すものとされる。

また、無形固定資産に対して、減価償却と減損[256]をすでに区別していることも重要である。減損の対象となっている営業権と賃借権は、価値が減少することばかりではなく、価値が増加することもありうるため、減価償却ではなく、減損の対象とされたものであると考えられる。

2. 1982年版PCGおよび1986年連結規定

　無形固定資産の定義は1982年版PCGにも見られず、該当する資産の勘定科目を列挙することにより規定している。1957年版に比べると表4-1のように変更が加えられた。

表4-1　PCG1957年版とPCG1982年版の無形固定資産の比較

PCG 1957年版	PCG 1982年版
クラス2　固定価値勘定	クラス2　固定資産
20．設立費	20．無形固定資産
200．創立費	201．設立費
201．開業費	2011．創立費
2010．市場調査費	2012．開業費
2011．調査費	20121．市場調査費
2012．研究費	20122．広告宣伝費
2013．広告宣伝費	2013．増資その他の取引
：（途中省略）	203．研究開発費
208．設立費減価償却累計額	205．利権および同等の権利、特許権、ライセンス、商標権他
21．固定資産	206．賃借権
210．土地	207．営業権
：（途中省略）	208．その他無形固定資産
218．無形固定資産	21．有形固定資産
2180．営業権および賃借権	211．土地
2183．特許権、ライセンス商標権、意匠権他	：（以下省略）
：（以下省略）	

出典：筆者作成。

---

[256] 減価と減損はフランス語で表現されると非常に理解しやすく、減価償却（amortissement）はmourir（死ぬ）という意味から派生している。それに対し、減損であるdépréciationは評価が下がるという意味で、評価が上がる（appréciation）という反対語がある。したがって、減価償却を行うものは、継続して価値が下がり最後はなくなるものであるが、減損を行うものは、価値が下がる場合もあるが価値が上がる場合もあるということである。1950年代に減価償却と減損を、その対象となる無形資産の性質から使い分けていたことは、注目すべきことと考える。

表4-1に見られるように、1957年版ではまず繰延費用（繰延資産）と固定資産に大きく分けられ、無形固定資産は固定資産の下位勘定であったが、1982年版では、無形固定資産と有形固定資産という区分で大きく分けられ、繰延費用（繰延資産）は無形固定資産に含まれた。また、研究開発費が創立費などの繰延費用（繰延資産）と同じ位置ではなく、他の無形固定資産と同等であること、つまり研究開発費が繰延費用ではなく無形固定資産として扱われていることにも注目すべきである。

1957年版の区分の方法（20の設立費と21の固定資産という分類）は分析的で、二つの規準に基づく分類であるとされている[257]。一つは財産性の要因に基づく分類で、財産価値を有するとされる有形・無形固定資産と財産価値のない繰延費用（繰延資産）という分類である。もう一つは会計上の要因で、1966年会社法の配当計算によるものである。繰延費用は配当計算から除外の適用を受けるため、その計算を容易にするべく、有形・無形固定資産と繰延資産と分類したものであると説明されている。

1957年版のこのような区分に対し、1982年版は非常に単純で、有形か無形かという観点のみで区分されている。したがって、形がないものであるという共通点はあるが、会計的に資産と繰延費用という二つの異なる要素が混在することになっている。

そして、自己創設の無形固定資産の計上について、EC会社法第4号指令において、計上が可能であることが規定された。1957年版PCGでもその可能性に言及する表現があったが、このEC指令により、フランスは引き続き自己創設無形固定資産の計上を容認することになった。EC指令の条文[258]は次のとお

---

[257] Culmann [1980] page 141.
[258] 山口編 [1984] 220ページ、原案理由書より抜粋、「若干の加盟国においては、創業費（B項目）、研究開発費（CI1項目）および当該企業が自ら創造した営業権、特許権（CI2b項目）は、貸借対照表の資産の部に掲記することができないか、または通常掲記されていないものである。しかし、これらの構成要素を貸借対照表に掲記することを、全く禁止してしまう必要はないと考えられた。このため、若干の項目が貸借対照表の様式中に設けられたが、これらの項目は任意性を有する。」

りである。

第10条（資産の部）、C（固定資産）
I. 無形固定資産
  2. 営業権、特許権、実用新案権、商標権、およびこれに類する権利および財産であり、
    a. 有償で取得され、C-I-3に計上されないもの
    b. 当該企業が自ら創設した場合、国家の法制度上、資産の部に計上することを認める範囲のもの
  3. 有償で取得されたのれん

「営業権は、有形および無形の要素を統合した普遍的なもので、それは自然人あるいは法人が商行為のためにそれらを結合させたものである。そして、それは取得あるいは企業により創設されうるものである。」と解説された[259]。

EC指令により、自己創設の無形固定資産の計上が容認されたことは、フランスにおいて無形固定資産の計上が、自己が創設し登記した権利も含み、多様性を擁しつつ発展していくことの要因となった。

3. 1999年版PCG

1999年のPCGの改正では、資産の定義は規定され、それに続き、固定資産と流動資産も定義されたが、無形と有形という区分での定義は規定されなかった。1999年版でも無形固定資産の定義は明らかにされていない。

したがって、勘定科目表に列挙された無形固定資産から帰納的な方法により、特性を分析しなければならない。従来の勘定科目と1999年版を比較すると、勘定番号や勘定科目に変更はない。唯一新しいこととして、勘定番号205にソフトウェアが追加されたことがあげられる。

無形固定資産に計上される勘定科目とその属性からもたらされる特性の分析

---

[259] Mémento [1983] page 293.

表 4-2　無形固定資産の勘定科目とその特性

20. 無形固定資産	属性による分類
201. 設立費 　　2011. 創立費 　　2012. 開業費 　　　　20121. 市場調査費 　　　　20122. 広告宣伝費 　　2013. 増資、その他取引（合併、分割、組織変更）	繰延費用 （繰延資産）
203. 研究開発費	自己創設
205. 利権およびそれに類する権利、特許権、実用新案権、商標権、製法、ソフトウェア、これらに準ずる権利・価値	法的権利 （除ソフトウェア）
206. 賃借権 207. 営業権	法的権利・自己創設
208. その他の無形固定資産	

出典：筆者作成。

を表 4-2 に示す。

　1982 年の PCG 改正以来、無形固定資産勘定のなかには、繰延費用（繰延資産）と無形固定資産が混在している。そのうち無形固定資産の勘定科目からは、法的権利であること、自己創設の資産であることが特性として挙げられる。その法的権利も買入により取得したものと、自己創設の後、登記したものの二種類に分けられる。自己創設の無形固定資産に関しては、EC 会社法第 4 号指令でも容認されているため、PCG においても資産への計上を禁止していない。

・自己創設の特許権

　会計関係機関が会計処理について何も公表していないため、国務院（Conseil d'État）の判決に基づく実務上の解説を参考にすると[260]、特許権は登記の後、無形固定資産として認識され計上することができると示されている。

a. 登記前の会計処理

特許権になりうる技術などの研究・開発中の支出は、勘定番号 203 の「研究開発費」に計上できる。この場合、「研究開発費」としての計上規準である、「商業的に成功する確かな可能性（sérieuse chance）」を満たしていなければならない。

b. 登記後の会計処理

研究開発の結果を特許権として登記した場合、それまで計上していた研究開発費勘定から、勘定番号 205 の「特許権」に振り替える。登記費用も原価に加算することができる。

・自己創設の商標権

商標権[261]についても会計関係機関による公表資料がないため、国務院の判例に基づく解説を参考にすると[262]、商標権も登記により無形固定資産として計上しうることになる。

> 商標権の製造原価を勘定番号 205 の「商標権」に計上することができる。
> その原価とは、所有権を示すものであり、実際の商標の価値とは異なるものである。つまり、次のような支出を原価に算入することができる。
> ・商標権を創設するための支出額（例えば、ロゴや名称のコンセプトにかかる社外・社内の費用、および支払手数料）、および先行の研究費（期末に商標として登記する確かな可能性がある場合）。
> ・商標登録費用
> ・商標権の所有権の期間内で、登記後に支出された費用（外国での登録料など）

自己創設の商標権の資産計上について、特許権と比べ法的権利として登記に

---

[260] Mémento [2000] par. 1563.
[261] フランス語では、Marque であり、商標権、マーク、ブランドなどの訳があるが、ここでは法的権利を有するものであるので、商標権という訳を使用する。
[262] Mémento [2000] par. 1563.

至るまでの会計処理に差異が認められる。特許権の場合は、登記の前後で、計上される勘定科目が異なり、登記前は研究開発費に計上し、登記後に特許権に振り替える処理を行う。それに対し、商標権の場合は、商標権を登記するであろう可能性が確かな場合、登記以前の会計期の支出額もその期に費用処理するのではなく、商標権勘定に資産計上できることを示す。また、商標権創設にかかる支出には広告宣伝費も多く必要となるが、それらも商標権の原価に含むことが当時は認められていた。この広告宣伝費は、繰延費用（繰延資産）として計上することも、当然可能であると考える。

4. 連結会計規則 CRC99-02

1999年に連結会計に特有の会計処理を定めた連結会計規則には、PCGに示された無形固定資産の他に、連結手続きにより発生する無形資産[263]、および連結計算書類のための特別の処理が規定された。連結会計規則にも無形資産の定義は示されていないが、連結上、無形資産と認識する規準は第2111条に示されている。その規定に基づくと、無形資産の要件は、次のとおりである。

　　連結会計規則　CRC99-02
　　第2節　連結の法則（Section II Règle de consolidation）
　　第211条　識別可能な資産、負債と取得差額
　　　　　　（Actif et Passifs identifiable et écart d'acquisition）
　　　　　　（条文は省略）
　　第2111条　資産、負債の識別（Identification des actifs et passifs）
　　　取得された企業の識別可能で、かつ無形要素を含む資産および負債は、当該価値の追跡が可能である条件のもとでは、別箇に評価されうることとなる要素である。無形資産についていえば、特に特許権（brevets）、商標権（marques）および市場シェア（parts de marché）である。

---

[263] PCGでは無形固定資産（Immobilisations incorporelles）であるが、連結会計規則では無形資産（actifs incorporels）である。

無形資産は、本質的に資産がもたらしうる将来の経済的便益または市場価値の存在、それに基づいた客観的で適切な規準にしたがって資産の評価がなされる場合、連結貸借対照表に別箇に計上できる。

この規定は、連結時の資産、負債の認識について表すもので、「別箇に(séparément)」という表現は、取得差額（のれん）に含まれないことを意味する。ここに示されているように、以下の規準により無形資産として認識しうる。

・無形であること
・識別可能であること
・価値（valeur）の評価が可能であること
・将来の経済的便益あるいは市場価値が存在し、客観的評価が可能であること

そして、特に「取得差額（のれん）」との区別として、特許権、商標権、市場シェアを例示している。連結において、取得差額にこれらを含めず無形資産とすることは、その区分や評価で困難な点もあろうが、差額のすべてを取得差額に含まず、別々に評価し、それらの勘定科目に計上することは、フランスの無形資産に対する姿勢として捉えることができる。

とりわけ、市場シェアについては、1990年のCNCの意見書[264]公表以来、連結計算書類において広く用いられてきたものであるが、1999年9月の米国基準の修正をうけ、フランスの連結会計規則から市場シェアを削除するのはまだ早急すぎると解説[265]されている。

---

[264] CNC [1990].
[265] Edition F. Lefebvre, Conso [1999] par.5081.

III PCGおよび連結会計規則CRC99-02の2004年改正

1. PCG 2004年改正

　2004年のPCGは、IAS/IFRSへのコンバージェンスを目的とし、資産の定義を含め大きく改正され、無形固定資産についても関連した改正が多くあった。無形固定資産の定義づけは、資産の定義の一部として第211-1条3項に設けられたが、「無形固定資産とは、非貨幣性の物質的実体がない資産である。」と規定されただけであるため、「資産の定義」および「無形固定資産の識別可能性」を踏まえて分析しなければならない。

　資産の定義の要件から、無形固定資産も次の要件を満たさなければならない。

- 識別可能
- 将来の経済的便益
- 支配
- 充分に信頼のおける方法による評価

　これらの要件を満たした上で、無形固定資産として計上するためには、次に示す第211-3条に規定された「識別可能性」の要件も満たさなければならない。

　　PCG 2004年改正後
　　第211-3条　無形固定資産の識別可能な性質
　　　　　　（Caractère identifiable d'une immobilisation incorporelle）
　　無形固定資産は次の場合には、識別可能である。
　　　・無形固定資産が実体の活動と分離可能である場合、すなわち、単独で、あるいは関連する契約や他の資産・負債と共に、実体から売却、譲渡、貸与

または交換されうる場合、
・あるいは、無形固定資産が、当該権利が実体や他の権利・義務から分離可能または譲渡可能であるかにかかわらず、法的または契約上の権利から生じるものである場合。

　この識別可能性が無形固定資産の要件とされるのは、それらの無形固定資産が実体そのものや実体の活動と区別して認識できるかどうかということである。それは、実体が継続的に活動する中で生じた超過収益力であるのれんと区別できるかどうかを問うものであると考える。逆に言えば、のれんは実体と区別できないものであり、取得による場合を除き、自己創設のれんの計上は不可能であることを示す。

2. 識別可能性

　PCGに設けられた新しい規定によれば、識別可能とは、実体の活動と分離可能であること、つまり売却、譲渡、貸与、交換が可能なことである。あるいは、分離可能の要件を満たさなくても、法的・契約上の権利から生じたものは、識別可能とみなされる。

　このことからも、法的権利であるものは無形固定資産としてみなすことには異論がないことが明確になっている。そして、そのような法的権利ではないものに関して、実体の活動との分離可能性が求められることになる。では、そのような識別可能の要件を満たす無形固定資産として、何が該当するのであろうか。

　CNCの意見書[266]には、次のような事例が識別可能の解釈として示されている。

従業員

　実体と契約関係にある従業員を資産として計上することはできない。従業員

---

[266] CNC [2004b].

の経営や技術に長けた能力が、無形固定資産の定義を満たす可能性は非常に低く、その能力の利用およびその能力から期待される将来の経済的便益を獲得する権利により、その能力が保護されていない限り、定義の他の要件満たすものではない。

顧客
　企業は、顧客がその企業との取引を継続することを期待するため、顧客との関係や信頼を築く努力の結果、顧客集団や市場シェアを有することがある。しかしながら、顧客との関係や顧客の企業に対する忠実さを保護し、あるいは支配する権利や他の方法がなければ、通常、企業は、無形資産の定義を満たすための、顧客との関係や忠実さ（例えば、顧客集団、市場シェア、顧客との関係、および顧客の忠実さ）から得られると期待する経済的便益に対する十分な支配を持たない。
　顧客との関係を保護する法的権利がない場合には、同様の契約に基づかない顧客との関係（企業結合であるもの以外）との交換取引があれば、顧客との関係から生じる将来の経済的便益を支配できるという証拠になる。そのような交換取引はまた、顧客との関係が分離可能であることを示し、無形資産の定義を満たすものである。

　この従業員の例からは、実体と従業員の間に雇用契約という契約上の関係はあるものの無形資産の定義を満たす可能性は非常に低いとしている。しかし、どの要件を充足しないのか、その点が明確に述べられていない。また、これは識別可能性における例示であり、そのような従業員の長けた能力を識別可能であり、実体の活動と分離可能であることは認めるという例として受けとめられる。そして、そのような能力から生じる将来の経済的便益を得たり利用したりすることが法的権利として保護されている場合、無形固定資産の他の要件も満たすことになり、計上が可能となると理解できる。したがって、従業員の秀でた能力は識別可能であるが、その能力に対して法的権利が欠如している場合は、無形固定資産として計上できないことを示すものである。
　顧客についても、顧客とのよい関係や顧客の忠実さ（お得意様性）がある場

合、それら顧客が実体と離れ、交換可能であれば、識別可能の要件を満たすとしている。かつ、交換可能であることは、顧客との関係や顧客の忠実さから生じる経済的便益を支配していることも意味するので、無形固定資産の要件を満たすとしている。

従業員および顧客の無形固定資産計上について図4-1で示す。

このCNCの意見書による例示は、識別可能性に関するものとして記載され、この文章はIAS38「無形資産」par.15-16を引用したものである。しかし、CNCはこれらの例を「識別可能性」の解説に用いているが、IAS38では「支配」の箇所に解説として用いている。もともと「支配」の解説の例であったため、「識別可能性」以外のことを述べている部分が多く認められる。

また、従業員の例では、CNCが「他の要件」を満たさないとしているうち、文書ではIAS38の解説から引用したため「支配」についてのみ記しているが、「他の要件」という記載からは、「信頼しうる方法による評価」が満たされないことを述べようとしたのではないかとも考えられる。

無形固定資産として計上が可能かどうかは識別可能性以外の認識規準の充足により、結論はわかれたが、従業員と顧客の例は、いずれも識別可能であるとみなされる、分離、売却、譲渡、貸与、交換のいずれかが可能であるので、この識別可能の要件は満たしているものである。

図4-1 従業員と顧客の無形固定資産への計上について

従業員の能力	顧客との関係
分離可能 ⇒ 識別可能 OK	交換可能 ⇒ 識別可能 OK
しかし	かつ
経済的便益の支配 ✗	経済的便益の支配 OK
⇩	⇩
無形固定資産 NO	無形固定資産 YES

出典：筆者作成。

3. 連結会計規則 CRC99-02 の改正

2004年のPCGの改正に続き、連結会計規則も一年後の2005年にCRC規則2005-10[267]が公表され、無形固定資産に関する規定が改正された。そのCRC規則に先立ち、CNCが公表した意見書[268]には無形固定資産につき、次のように記されていた。

識別可能な無形固定資産と取得差額（écart d'acquisition）

CRC規則2004-06[269]により、資産、特に無形資産の識別可能性、評価および計上の定義が新たな規定により定められた。有形資産および無形資産の取り扱いについて、個別計算書類と連結計算書類で異なることになるのではないかとの懸念があったが、資産の認識に関する新しい規定は統合される旨、意見書で述べられた。それにより、連結における無形資産も識別可能、つまり分離可能であるか法的・契約に基づく場合、かつ信頼のおける方法により評価できる場合にのみ無形資産は認識されることになった。

この識別可能性についての新規定は、取得により獲得した無形資産の便益は従来取得差額としていたが、別箇に資産に認識し計上しうることに導く。

また逆に、取得による無形資産の認識の曖昧さを排除するため、識別不能であり信頼しうる方法で評価できない無形資産は計上できなくなり、結果として取得差額にすべて含まれることになる。

市場シェア

連結会計規則1999年版では、市場シェアは信頼しうる方法で評価された場合は、取得差額と分けて計上されている。しかし、この新しい定義と認識規準においては、別箇に資産として認識することはできない。つまり、市場シェアは企業の活動から分離可能ではなく、かつ法的あるいは契約上の権利ではないため、識別可能ではないのである。

---

[267] CRC [2005b].
[268] CNC [2005a].
[269] CRC [2004].

営業権

　取得した営業権について新規定は、信頼しうる方法により分離して評価ができる要素は無形固定資産として識別し、計上することを含んでいる。特に賃借権や契約のある顧客との関係などである。

　この意見書を受け、CRC 規則により、連結会計規則の資産の識別は、次のように変更された。

　　連結会計規則　CRC99-02
　　第2節　連結の法則（Section II Règle de consolidation）
　　第211条　識別可能な資産、負債と取得差額
　　　　　　（Actifs et Passifs identifiables et écart d'acquisition）
　　　　　（条文は省略）
　　第2111条　資産、負債の識別（Identification des actifs et passifs）
　　　取得された企業の識別可能で、かつ無形要素を含む資産および負債は、当該価値の追跡が可能である条件のもとでは別箇に評価されうることとなる要素である。無形資産についていえば、特に特許権（brevets）、商標権（marques）、<u>*契約のある顧客との関係（relations contractuelles avec les clients）*</u>である。
　　　規則99-03の第211-3条および311-1条に規定される定義と計上について満たした場合、開発中の計画については第311-3.2条を満たした場合、無形資産は連結貸借対照表に別箇に記載される。その評価は、存在すれば市場価額、あるいはもたらされうる将来の経済的便益に基づき、客観的で適切な規準により行わなければならない。
　　　　　　　　　　　（改正箇所は斜体で示した。斜体および下線は筆者による。）

　第2111条における変更のうち、最も注目すべきところは、一段目の最後に例示されていた無形資産項目である。1999年版には、特許権および商標権と並び、「市場シェア」が挙げられていたが、この改正で、「市場シェア」が削除され、「契約のある顧客との関係」が新しく加えられた。
　1990年代初めからフランスの連結計算書類に多く見られていた「市場シェ

第4章　無形固定資産の会計基準上の発展　213

表 4-3　無形資産の連結貸借対照表への計上要件

・支配 ・将来の経済的便益	PCG　第 211-1 条 （資産の定義）
・識別可能性	PCG　第 211-3 条 連結規則第 2111 条
・信頼のおける方法による評価	PCG　第 311-1 条

出典：筆者作成。

ア」は、企業の活動と分離することができず、したがって識別可能性の要件を満たさないため、「取得差額」に含まれることになった。一方、「契約のある顧客との関係」は、交換取引が可能であること、つまり企業の活動から分離可能なため、識別可能とみなされ、「取得差額」とは別箇に計上される。

連結計算書類に計上されうる無形資産は、PCG の資産の定義、無形固定資産の識別可能性の要件、および資産の計上の規準を満たし、さらに連結会計規則第 2111 条を満たすものである（表 4-3）。

このように四つの認識規準を満たすことができれば連結計算書に、取得差額と別箇に計上される。これらの要件は、IAS38 に規定されている認識規準と一致し、無形資産の計上については、連結会計規則も IAS/IFRS へのコンバージェンスを遂行したことになる。

Ⅳ　IAS38 における無形資産

1. のれんと無形資産

IAS/IFRS では、無形資産については、IAS38「無形資産」において規定されている。1998 年の IAS 改正で、IAS4「減価償却の会計」および IAS9「研究開発費」が廃止され、IAS38「無形資産」および IAS22「企業結合[270]」が公表された。IAS9「研究開発費」を独立した会計基準として残さず、「無形資産」に含めたのは、多くの自己創設無形資産が研究開発活動から生じること、

および研究開発費とその他の無形固定資産の間に取り扱いの差異があってはならないという二つの理由からであった。

この再編の背景には、1980年代以降の活発な企業結合と、そこから発生する「のれん」の問題があった。企業結合による「のれん」の発生は、貸借対照表から読み取ることができる企業の状況と、実際の企業の状況に差があることの表れである。「のれん」は企業の超過能力を示すとされたが、その「のれん」は資産なのかということが長い間議論されてきた。当時の無形資産の議論は、「のれん」を無形資産として認めるかどうかが中心であったといっても過言ではない。どのように「のれん」を認識するのか、そして「のれん」を無形資産に計上するため、無形資産をどのように定義し、どのように認識するのか、という観点から、無形資産の定義および認識規準が研究されたのであった。

そのような企業の超過力となる要素の多くが無形の要素であり、それらを会計上認識するため、「無形資産」の会計基準が設けられたのである。

また、それらの無形な要素を「のれん」と区別して識別できれば、企業の財務諸表の有用性はますます高まると考えられた。そこでまず、「のれん」のような無形要素を資産として認識するための定義が設けられ、次にさまざまな無形の要素を「のれん」と区別するための認識規準が検討された。

「のれん」とそれに類似する取得無形資産の審議過程において、「取得の際に性質においてのれんと類似する無形項目『ブランド名またはタイトル』をのれんではなく、無形資産として認識する、またはその逆とするような、会計上の裁量があってはならないと考えている[271]。」と述べられている点は非常に注目すべきであると考える。「のれん」の一部に含まれる無形要素なのか、「のれん」とは区別して認識される無形要素なのか、この「のれん」との関係は無形資産を正確に把握する上で重要な観点であり、「のれん」との区別の規準を設

---

[270] 企業結合については、2004年の改正で、IAS22「企業結合」は廃止され、IFRS3「企業結合」が設けられた。
[271] IFRS［2001］IAS38、付録-結論の根拠-, par.57. これは、公開草案第60号「無形資産」と併せて1997年8月に公表された「結論の根拠」に由来する。

けることが要請された。

　では、無形資産とされる無形要素は何なのか。IAS38「無形資産」の冒頭で、広義の無形資産と会計上の無形資産を次のように解説している。「企業は、科学的または技術的知識、新工程または新システムの実施、ライセンス、知的財産、商標などの無形の資源の取得、開発、維持または強化を行うことがしばしばあり、このような無形項目の事例として、ソフトウェア、特許権、著作権、顧客リスト、漁業権、市場シェアなどが挙げられる。しかし、そのような無形の項目のすべてが無形資産の定義、すなわち識別可能性、資源に対する支配および将来の経済的便益を満たすわけではなく、無形資産として認識されるわけではない」とし、すべての無形資産が会計上の無形資産ではないことを示している。そして、会計上の無形資産を明確にするため、定義および認識規準の規定が必要となり、IAS38にそれらの規定が定められた。

　無形資産とは、「資産の定義」を満たした資源の中で、「財・サービスの生産もしくは供給に使用するため、第三者への貸与または管理目的のために保有される物的実体を有さない識別可能な非貨幣性資産である」と定義された。定義で無形資産の本質を明確にし、続いて「識別可能性」、「支配」、「将来の経済的便益」および「信頼性のある取得原価の測定」の四つの認識規準が示された。それらすべての規準を満たす場合、無形資産として計上することが可能であると規定された。

2. 識別可能性

　1998年に公表されたIAS38「無形資産」は、2004年に一部が修正された。その変更箇所には、識別可能性に関する規定が含まれていた。識別可能性は、PCGも2004年に定義を設けた無形資産の重要な認識規準である。1998年版と2004年版のIAS38に示される識別可能性を比較すると次のようである。

　　1998年版[272]　IAS38　「無形資産」
　　　識別可能性
　　par.10　無形固定資産の定義は、それをのれんと明確に区別するため、無形資

産が識別可能であることを要求している。買収による企業結合から生ずるのれんは、買収者が将来の経済的便益を期待して行う支払を表す。(以下省略)

par.11 もし分離が可能であるならば、無形資産はのれんと明確に区別することができる。同一の収益事業に使用される他の資産から生ずる将来の経済的便益を損なうことなく、企業が資産に起因する特定の将来の経済的便益を貸与、売却、交換、または分配することができる場合には、その資産は分離可能である。

par.12 分離可能性は識別可能性の必要条件ではない。というのは、企業は何か別の方法で資産を識別できるかもしれないからである。例えば、無形資産を資産グループと共に取得する場合には、その取引には企業の無形資産の識別を可能にする法的権利の移転が含まれているかもしれない。同様に、企業内部のプロジェクトが企業の法的権利の創設を意図する場合は、これら権利の性格は自己創設の無形資産を企業が識別するのに役立つかもしれない。また、資産が、単独ではなく他の資産と一体となって将来の経済的便益を創出する場合においても、企業がその資産から生ずる将来の経済的便益を識別することができる場合は、その資産は識別可能である。

2004年版[273] IAS38 「無形資産」
識別可能性

par.11 無形資産の定義は、それをのれんと区別するため、無形資産が識別可能であることを要求している。企業結合から生じるのれんは、買収企業が、独立して識別できず区分して認識できない資産から生じる将来の経済的便益を期待して行う支払を表す。将来の経済的便益は、取得した識別可能な資産相互のシナジーから、あるいは個別には財務諸表での認識に適格ではないが買収企業が企業結合に支払うことを予定している資産から、生じる可能性がある。

par.12 資産が以下の場合には、その資産は無形資産の定義における識別可能性の規準をみたしている:

---

[272] IFRS [2001].
[273] IFRS [2005].

(a) 分離可能であること、すなわち資産または負債と独立に、または関連する契約と一体として、企業から分離または区分、売却、譲渡、ライセンス、賃借または交換できること；または
(b) そのような権利が譲渡可能であるかまたは企業あるいは他の権利・義務から分離可能であるか否かにかかわらず、契約またはその他の法的権利から生じるものであること。

（下線は筆者による）

IAS38 の 1998 年版と 2004 年版における「識別可能性」の長い解説で、両者の内容は一見異なるような印象を受けるが、内容的には同一のものであり、2004 年版では、識別可能性をより端的かつ明確に表現したものである。つまり、分離可能、あるいは法的権利であれば、識別可能性の規準を満たすものと考えられる。2004 年版の par.12 に示された識別可能性の定義は、そのまま PCG 2004 年版の識別可能性の定義として用いられている。IAS38 に示されている定義を図 4-2 に示す。

このように、のれんとの区別で重要な要件である「識別可能性」が定義された。資産の定義と要件、無形資産の定義と要件を満たし、「識別可能性」の要

図 4-2　識別可能性—分離可能性と法的権利の関係—

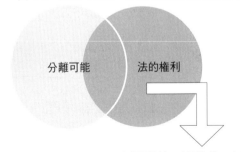

出典：筆者作成。

件も満たすものは、「のれん」とは区別して計上しなければならないと定められた。

のれんとの区別の要請は、企業の財務諸表の有用性を高める目的に基づくものだが、さらに減損と減価償却という資産計上後の会計処理の差異にも関連するものだ。減損の基準は、IAS36「資産の減損」に設けられている。1990年代後半からのれんの償却について、活発な議論が展開された。のれんは時の経過によって、価値が減少するものではないという理由から、減価償却ではなく減損を用いることが提唱された。のれんには減損を適用するという潮流が生まれたが、のれんと区別される無形資産には減価償却の適用が主流だった。

1998年版 IAS38「無形資産」では、「本基準書は、無形資産の耐用年数は20年を超えることはないであろうとする前提を採用している[274]」とし、減価償却の最長償却期間を20年と規定している。「無形資産の耐用年数は非常に長期になる可能性はあるが、常に有限である。不確実性は、慎重主義に基づく無形資産の耐用年数の見積りを正当化するが、非現実的に短い耐用年数を選択することを正当化するものではない。[275]」と解説している。20年以上におよぶ期間で付与された法的権利（水力発電事業の独占的権利や、高速自動車道の独占的運営など）は、定められた期間での償却を認めるものの、原則として償却期間は最長20年としていた。

したがって、のれんを含む無形資産に関して、その効果の発現期間が20年を超えると推定される場合は、減価償却ではなく、IAS36「資産の減損」が適用され、減損テストを行うと規定された。のれんは他の無形資産と異なり、効果の発現期間の推定が難しく、また長期にわたると考えられる場合が多いため、減損を適用する企業が増加していた。

さらに、「取得無形資産およびのれんの処理の相違点[276]」では、取得後ののれんの再評価の禁止、およびのれんの残存価格の考慮の禁止という、2点が挙

---

[274] IFRS［2001］par. 82.
[275] IFRS［2001］par. 84.
[276] IFRS［2001］page 758, par. 58.

げられており、この理由からのれんと無形資産の区別が要請された。

　改正後の2004年版では、20年という推定最長耐用年数は削除され、無形資産の償却期間は、「無形資産が企業に対し正味キャッシュ・インフローを創出すると予測される期間」と改正された。また、「無形資産の耐用年数は長期にわたる場合もあるが、常に有限である」という解釈も、「正味キャッシュ・インフロー創出予測期間について予見される限度が存在しない場合に、無期限とみなされる」と修正[277]され、「耐用年数を確定できない無形資産は、償却してはならない[278]」と規定された。この無期限とみなされた無形資産は、IAS36「資産の減損」に従った会計処理が適用されることになる。

　減価と減損の会計処理には難解な点も残るが、識別可能な無形資産をのれんに含まず計上することは減価と減損にも関係し、無形資産認識後の財務諸表にも影響を及ぼすものである。

3. 自己創設無形資産

・自己創設のれん

　IAS/IFRS38「無形資産」では、自己創設のれんを資産として認識することを禁止している。「自己創設のれんは、信頼性をもって原価で測定できるような、企業が支配する識別可能な資源ではない。(つまり、分離可能でもなく、契約その他の法的権利から生じたものでもない。)[279]」という理由による。以前より自己創設のれんの資産計上禁止には、企業経営者の恣意性を排除する困難さが大きな理由として挙げられていた。そして、ここで述べられているように、企業とのれんは分離不可能な一体であるため、無形資産の認識要件を満たすものではないと考えられた。

---

[277] IFRS [2005] IAS38,「結論の根拠」、BC65 (a).
[278] IFRS [2005] IAS38, par. 107.
[279] IFRS [2009] IAS38, par. 49.

・自己創設無形資産

　IAS/IFRSでは、自己創設無形資産が無形資産のすべての認識規準を満たす場合は、資産計上しなければならないとしている。「IAS38を承認するときの国際会計基準委員会（IASC）の考え[280]」において、自己創設無形資産の計上に関する重要な趣旨が述べられている。それは、取得無形資産と自己創設無形資産の間に会計処理の差異があってはならないというもので、「自己創設無形資産が、無形資産の定義および認識規準を満たす場合には、無形資産として常に認識しなければならない」とするものである。したがって、自己創設無形資産にかかる支出を、その支出が無形資産の認識規準を満たす資産となるかもしれないため、支出時に即座に費用とすることを認めないとしたのである。

　資産化の容認ではなく強制する理由は、財務諸表の比較可能性の低下を防ぐためと説明されている。会計処理の自由な選択は財務諸表の多様性を招き、IAS/IFRSの重要な目的である財務諸表の比較可能性を妨げることにつながることになる。したがって、定義と認識要件を満たす無形資産は、取得であろうと、自己創設であろうと、資産として計上しなければならないとしている。これは、開発費への支出にも同様に適用されるもので、2004年のPCG改正後もフランスは開発費の費用計上を容認していることとの相違点である。

　しかし、自己創設無形資産には取得無形資産にはない特定の認識要件を加えている。これは、自己創設無形資産が無形資産の認識規準を充足しているかどうかの判断規準であるとしている。取得無形資産の場合、そのような規準は暗黙のうちに満たされていると考えられるため、自己創設無形資産にのみ適用される認識規準である。

　それらの規準は、自己創設無形資産が「将来の経済的便益」、「識別可能性」、「信頼性のおける方法による取得原価の評価」の無形資産要件を満たしているか否かを判断する助けになるとされる。自己創設の過程にある資源がそれらの認識規準を満たしているか否かを支出の時点で判断することは、著しく困難で

---

[280] IFRS [2001] IAS38, page 749, IFRS [2005] page 1610.

ある。「将来の経済的便益」が本当に存在するのか否か、支出はのれんの維持や拡張のための費用か否か（つまり、のれんと区別されない識別不能の無形資産ではないか）という判断は難しい要素を含んでいる。

そこで、これらの判断規準をより明確にするため、自己創設無形資産には特定の認識規準が適用されることになった。無形資産の創出過程中の支出は、研究開発費とし、研究局面と開発局面に区分され、それぞれに認識規準を設け、例示することにより明確にした。つまり、自己創設無形資産は、創出され法的権利として登記されるまでの支出は、研究開発費として認識されるのである。

また、自己創設無形資産として計上を禁止する項目を明確にするため、それらの項目を列挙し、ブランド（商標：marques）、マストヘッド（題字：notices）、新聞・雑誌のタイトル、顧客リストおよびこれらに類似するものは計上を禁止すると規定した。列挙したことは、これらが自己創設無形資産の要件を満たすことは「決してない[281]」と考えられ、「いかなる誤解も避けるため、明確な禁止の形で定めた」と解説している。

自己創設無形資産も取得無形資産と同じ規準で扱わなければならず、無形資産の規準を満たすものは資産計上しなければならないと強制規定を設けたのだが、自己創設無形資産には規準を満たしているかどうかの判定のためさらに規準が設けられたのである。判定規準の設定や禁止項目の列挙は、自己創設無形資産を資産計上することの困難さや稀少さを表すことにもなった。

4. IAS/IFRS 適用によるフランス企業への影響

2005年からの IAS/IFRS の直接適用により、それまでフランス会計基準（PCG および連結計算規則）にもとづき計算書類を作成していた企業は、2004年期末の計算書類を IAS/IFRS に準拠するものに変換しなければならなかった。前節の両基準の分析から明確になったように、従来のフランス会計基準と IAS/IFRS の無形資産の会計処理には差異があり、その点をフランス会計基準

---

[281] IFRS [2005] page 1611, BCZ45.

がIAS/IFRSにコンバージェンスすることにより改正したである。

IAS/IFRSの適用を受ける企業は、フランス連結計算書類からIAS/IFRSへ変換をしなければならなかった。同様にフランス会計基準が適用される非上場企業も、改正後のフランス会計基準を適用するため変換が必要となった。とりわけ、無形資産では、フランスが従来計上を容認してきた「市場シェア」が企業の計算書類上から姿を消すことの影響や、ブランド性を重視する企業の「商標権」の扱いが注目された。

それらの会計基準の変更に伴う無形資産の計上状況への影響を例示すると以下のようである。

・**営業権、市場シェアへの影響**

L'Oréal（ロレアル）（参考：資料1）

営業権および市場シェアがIAS38識別可能性の適用により、のれんに振り替えられ、約27億ユーロ（対総資産割合、約15％）の影響があった。

・**商標権**

LVMH（Louis Vuitton Moët Hennessy, ルイ・ヴュトン・モエ・ヘネシー）（参考：資料4）

LVMHは、IAS/IFRSへの移行の中でも特殊な例で、IAS/IFRS初年度適用時に、遡及適用を行った。1987年LVとMHの合併の際、プーリング法を用いたので、当時は商標権を含めいかなる資産の再評価も行われなかった。

しかし、MHの株主は合併後の議決権を60％支配していたため、これはIFRS3「企業結合」の適用から、MHのLVの買収と考えらる。したがってLouis Vuittonの商標権を再評価しうるものと判断された。そこで遡及適用を行い、MHがLVを買収したと改め、LVの商標権を再評価した。

合併以来2004年まで、LVの商標は評価されず、無形資産に計上されていなかった。この再評価により、無形資産に計上される商標権は40億ユーロも増加した。

多額のLV商標が無形資産に計上されたが、他の主たる商標権と同様に非償却であるので、損益には影響しない。

LVMHは、保有する商標権により、超過収益力の高い企業である。アニュアル・レポートによれば、総資産のうち商標権は約31％を占め、その31％の資産から総売上高の約61％を創出していると述べている。

　それらの商標権は企業買収により取得されたものなので、内部創設の問題はなく、以後も無形資産計上に支障をきたすものではないとしている。

Hermès International（エルメス）（参考：資料2）
　連結貸借対照表の注記に2005年からIAS38の適用により、自己創設商標権およびそれに類する要素を無形資産として計上しない旨、記されている。2005年の無形資産からは、エルメスの商標権の計上がなくなるわけだ。

　また、個別貸借対照表でも改正後PCG適用により、2004年期末に約600万ユーロ（Net）と計上されていた商標権が、翌2005年にはゼロになるという明確な影響が表れた。

　IAS/IFRS適用の連結でも、PCG適用の個別でも、同様の影響が表れることとなった。

Chanel（シャネル）（参考：資料3）
　上場企業ではないため、IAS/IFRSは適用されない。
　2004年までは改正前のPCG適用により、自己創設商標権および再登録費用を資産計上していたが、2005年から内部創設商標権の再登録費用は費用処理となりPCG改正の影響が見られた。

　2005年開始貸借対照表では、商標権の再登録費用がゼロとなり、そのため自己資本が約100万ユーロ減少した旨、注記されている。

　このようにIAS/IFRS適用への移行およびPCG改正が無形資産に及ぼす影響が、移行期のアニュアル・レポートに記載されている。フランスには、商標により付加価値を高めている世界的有名企業が多くある。とりわけ、LVMHのように多数の高級ブランドの商標を保有する企業は、世界でも他に類をみないものである。LVMHは基準の移行時にLouis Vuittonの商標を評価し無形資産に計上したが、それ以降は取得による商標権の計上だけで、自己創設商標権

は計上禁止の規定に従っている。

エルメスやシャネルも、商標により同類の企業よりも高い収益力を有するものであるが、それらの商標は企業の活動と一体であると判断された。商標そのものが企業力と評価されたと理解される。

2004年まで市場シェアや自己創設商標権の計上を認められてきたフランス企業は、IAS/IFRSの適用あるいは改正後PCG・連結計算規則の適用により、無形資産の計上に影響が認められた。企業ブランドにしろ、商品ブランドにしろ、ブランド力を内部で創出する能力に長けていることがフランス企業の特徴でもある。従来、このような企業努力の結果を自己創設の無形資産として計上を認めていたわけだが、これらの計上が否定されたのだ。計算書類から読み取れる情報が本当に企業の状況を示しているのか、再び問われることになった。取得無形資産については、IAS/IFRSおよびPCG・連結会計規則とも明確になったが、対照的に自己創設無形資産は計上が禁止される項目もあり陰に隠れることになった[282]。

V おわりに

従来のフランスの会計基準とIAS38を比較し分析することで、両者の相違点が明らかになった。そしてコンバージェンスという方法が、フランス基準の改正に与えた影響を検討した。定義や認識規準には両者の差異はなくなり、「無形要素」のうち、「識別可能」、企業による「支配」、「将来の経済的便益の獲得」および「信頼しうる方法による評価」の規準を満たせば、無形資産であると規定された。

IAS38は要件を満たした無形資産を「資産計上しなければならない」とし、とりわけのれんとの区分が可能な場合、商標権、顧客リストなどはのれんと別箇に計上するとしている。それに対し、改正前のフランス基準は、それらをの

---

[282] Fabre et Farjaudon [2005] page 20.

れんに含めることもできたし、のれんとは別箇に計上することもでき、企業に選択権を与えていた。この点は、改正により選択の余地はなくなり、のれんに含めることは禁止され別箇に計上することが定められた。

　一方、「市場シェア」については、フランス会計基準は逆方向の改正をすることになった。従来フランス会計基準は、「市場シェア」を評価し資産計上することを認めていたが、IAS38はのれんに含めて計上することとした。フランス会計基準では、「市場シェア」の計上が禁止され、のれんに含められることになった。この点について、国家会計審議会（CNC）の意見書では、「識別可能性」が満たされないことを理由として挙げているが、IAS38では、「支配」の要件が満たされないことを挙げている。

　のれんとの区別に関連したフランス基準の改正は、のれんを減少させ他の無形資産を増加させたり、その逆の作用を及ぼしたりすることになった。のれんと他の無形資産の計上額の変化が起こりうるが、無形資産全体額では変化がない。つまり、改定の影響は無形資産の内訳が変化するにとどまる。

　以上の取得無形資産に対し、自己創設無形資産では、IAS38は明確にいくつかの項目の計上を禁止する規定を設けた。それらには、商標（ブランド）や顧客リストが含まれている。取得の場合には、のれんと区別して計上しなければならないが、自己創設の場合は計上できない。自己創設のれんはもちろん計上が禁止されているので、これらの無形資産は取得の場合にのみ計上されることになる。

　諸外国に比べ無形資産の合理的な計上を可能な限り認めてきたフランスであったが、大きな転換を求められたのである。フランスでは商標はただ法的権利である商標権のみを指すのではなく、企業力、つまり企業の超過能力を示すものでもあると考えられてきた。ブランド力には技術的裏付けがあり、技術に対する信頼の上に成り立つものと言われている。また、市場シェアも流通網の拡大や販売力など企業努力により形成される超過能力と捉えられてきた。ある意味、興味深かったフランス企業の会計書類の特殊性はこれでなくなるが、企業の忠実な写像を表現する会計書類が作成されるであろう。

第5章
研究開発費の特性と会計規定

I はじめに

　研究開発活動への支出は、PCG制定当初よりその支出金額の高さゆえ、繰り延べ処理が認められていた。費用の繰り延べと無形固定資産の区分が明確にされ、無形固定資産が会計基準上発展してきた過程は前章において考察した通りであるが、この研究開発費もその特性から、費用の繰り延べと無形固定資産に大きく関連するものである。

　また、研究開発費が費用の繰り延べから無形固定資産への計上へと展開する上で、その特性の検討も行われ、とりわけ資産性を有するものであるかという点で議論された。研究開発費の資産への計上は、資産や無形固定資産の要件や定義を充足している場合に認められるものであり、その観点から研究開発費は検討されてきた。

　さらに、PCGにおいてもIAS/IFRSにおいても、研究開発活動への支出を研究および開発などに区分し、その区分により会計上の取り扱いも異なるものであった。したがって、一連の継続した研究開発活動を、それぞれの特性に基づき区分しなければならなかった。最初に着手されたこの検討項目は、会計処理方法を左右するため非常に重要なものだった。

　今日も増加し続ける研究開発費の会計上の取り扱いは一層重要性を帯びてきている。研究開発費の特性の考察に基づき、会計上の発展過程を検討するものである。

228　第2部　今日のフランス会計

II　OECD フラスカティ・マニュアル

1. OECD とフラスカティ・マニュアル

　PCG 1957 年版の改正の一環として 1974 年に発表された CNC（国家会計審議会）の文書第 2 号にみられる研究開発費の定義は、OECD がそれに先立って発表していたフラスカティ・マニュアルに影響を受けたものである。2004 年に PCG が改正されるまで、PCG における研究開発費の区分は、このフラスカティ・マニュアルの区分を用い、現在でもここに述べられている定義や例示は解釈の指針として参考にされている。ここでは、その OECD のフラスカティ・マニュアルの研究開発活動の区分と定義を紹介し考察する。

　OECD（Organization for Economic Co-operation and Development[283]：経済協力開発機構）は、その前身である OEEC（Organisation for European Economic Co-operation[284]：欧州経済協力機構）にアメリカ、カナダが加わり、1961 年に発足した。経済成長、開発途上国援助、および多角的な自由貿易の拡大を目的とし、政治、軍事を除く、経済、社会のあらゆる分野の問題を研究・分析し、政策提言を行う国際機関である。設立当初は 20 カ国であったが、2017 年現在は 35 カ国が加盟している。

　OECD は科学技術を経済の発展の原動力として重視しており、科学技術に関する国際的動向を把握し、政策提言に結びつけている。客観的な指標や国際間比較を可能にするため、統計や分析は重要な意味を持つものとして、研究開発活動の統一的な研究方法論の検討が OEEC 時代の 1957 年に着手された。そして、1963 年イタリアのフラスカティにて開催された会議でその研究レポー

---

[283] フランス語表記は、OCDE（Organisation de Coopération et de Développement Economiques）である。
[284] フランス語表記は、OECE（Organisation Européenne de Coopération Economique）である。

トが発表された。以来、地名をとって「フラスカティ・マニュアル」と呼ばれている。このマニュアルにおいて、研究開発活動の定義や分類、測定方法が確立され、統一的なデータ収集、そしてそれに基づく国際比較が可能になった。1960年代の終わりには、統一的な指標として国内総生産に占める研究開発費の割合が示され、各国の投資額が統計数値となって表され、以後も継続的に公表され、重要な指標として用いられている。

1963年に発表されてから、その後2002年までに6版を重ね、研究開発活動の分析に大きな役割を果たしている。このフラスカティ・マニュアルは、OECDの機関内のみならず、国際機関ではUNESCO、IMF、EEC（現EU）など、そしてフランスのINSEE（Institut National de la Statistique et des Etudes Economiques：国立統計経済研究所）においても、研究開発活動の統計・指標作成に用いられている。

会計分野においても、先に述べたように研究開発費の区分の定義は、PCGにも影響を与えているのは明らかである。また、EUのSEC（Système Européen de Comptabilité）の「Système de comptabilité nationale et R&D（社会会計と研究開発）[285]」と題するレポートで、「研究開発についての定義がどこにも示されていないので、フラスカティ・マニュアルを用いる」という文章があることから、社会会計の統計にも活用されていることがわかり、その有用性が裏付けられる。

2. 研究開発の区分と定義

1960年代のワーキング・ペーパー[286]をもとに、フラスカティ・マニュアル初版に示された研究開発費の区分を示すと、基礎研究、応用研究、および実験的開発の三つに区分され、基礎研究はさらに純粋基礎研究と指向型基礎研究に

---

[285] EUのホームページより、http://ec.europa.cu/statostocs-explained/System_of_National_Accounting_and_R&D
[286] OCDE［1969］1963年の初版を入手することはできなかったが、第2版への改正のため初版に書き込みをしているワーキング・ペーパーを参考にするものである。

分けられている。それぞれの区分の定義をまとめると次のようである。

定義および基本事項
研究と実験的開発[287]のカテゴリーと基本概念
　研究と実験的開発は、科学技術の知識の集積を増大させ、その知識を新しい応用へ導くための、システマティックな創造作業の総称である。
　その研究開発は、通常次の三つのカテゴリーに分けられる。
・基礎研究
・応用研究
・実験的開発

基礎研究
(定義) 基礎研究は、新しい科学的知識を獲得することを目的とした最初の調査・研究である。これは特定の実用的な応用を目的としたものではない。
(解説) 基礎研究は、新しい仮説、理論および一般的な法則を導くものである。あらゆる現象の属性、構造を分析し、そのような発見を解説スキームや解釈理論により明らかにするものである。このような調査・研究は、特定の実用化へ直ちに応用するものではないが、研究開発を方向付けるものにもなりうる。
　基礎研究の成果は、一般的に取引されるものではなく、科学専門誌への掲載や、組織間および関係者間で直接交換されるものである。しかし、特定の状況において、基礎研究の成果は、軍事的安全上の理由から『機密』とされることがある。
　基礎研究は、研究者が独自に目的を設定し、広い範囲で行われる。この<u>純粋基礎研究（recherche fondamentale pure）</u>は、科学的関心に基づくものであり、基本的に大学、非営利の研究機関、あるいは国のラボラトリーなどで行われる。<u>指向型基礎研究（recherche fondamentale orientée）</u>は、潜在的あるいは即時的

---

[287] 「実験的開発（le développement expérimental）」という表現は、第2版への改正で用いられることになった表現である。「実験的（expérimental）」という形容詞を加えたのは、研究開発の「開発（développement）」と、経済用語としての「発展・開発（développement）」の混同を避けるためであると説明が付されている。

な、科学的、経済的、あるいは社会的な利益のために行われるものである。

応用研究
（定義）応用研究も同様に新しい科学的・技術的知識を獲得する独自の調査・研究であるが、限定された実用目的へ導くためのものである。
（解説）応用研究は基礎研究の結果を使用可能とするため、あるいは特定かつ限定された目的達成への新しい方法に到達するために着手されるものである。特定の問題を解決する目的で、既存の知識を深め広げることである。

応用研究の成果は、唯一あるいは限定された数量の生産、オペレーション、方法、あるいはシステムの構築を含む。この研究はアイデアの実用化を具現するものである。応用研究からもたらされた知識や情報は、特許を得る場合もあるが、極秘扱いされる場合もある。

実験的開発
（定義）実験的開発は、新しい材料、製品および装置の作成、または新しい製造方法、システムやサービスの確立に着手すること、あるいは既存のものを著しく改良するための、研究および/あるいは実経験により得た知識に基づく計画的な作業である。

OECDは、研究開発の統計資料を作成し、それに依拠して政策提言を行うことを目的としている。したがって、広い範囲で同じ規準に基づく統計資料を作成することが重要な課題であった。そのような規準を、情報の収集と分析の担当者に周知させるため、区分と定義を設けたものである。この定義にも見られるように、研究開発が国家単位の場合でも、事業セクション単位の場合でも、秘匿性を有することが多いことをその特徴として示している。

また、それぞれの区分の関係は図5-1に示すとおりであり、基礎研究に含まれる純粋基礎研究と指向型基礎研究の関係は同位のものとみなされるが、明らかに異なる性質のものと分類されていることがわかる。そして、指向型基礎研究を出発点に、研究開発を行う「目的や明確で実践的な目標」に向かい、応用研究、そして開発へと進んでいくことを示している。

図 5-1 研究開発における基礎研究、応用研究、および実験的開発の関係

出典：OECD フラスカティ・マニュアルより。

　最終目標に向かって行われる研究開発は、このように一連の継続した流れの中にあることがわかる。そして、必ずしも基礎研究から開始されるわけでもなく、必ず開発段階まで継続するわけでもない。一連の活動を区分することは非常に困難である。フラスカティ・マニュアルは漠然とした研究開発を分析し、区分することより明確化しようとするものであった。統計の手法として、このような区分方法を開発したわけであるが、その区分の有用性はこのマニュアルが広く用いられていることから証明されているといえよう。

3. 研究開発の区分の例示

　フラスカティ・マニュアルでは、研究開発を三つのカテゴリーに分け、それぞれに定義と解説を示しているが、このようなカテゴリー分けには、概念的に

も実務的にも多くの問題を含んでいると述べられている。研究開発は、連続した活動であり、同一の研究者や研究所による場合が多く、その一連の活動を区分するのは非常に困難であること、また、ある研究活動が、実際に複数のカテゴリーにわたる場合もありうることが指摘されている。

その非常に難解な区分の参考とするため、次のように具体例を示し、研究開発活動を分析し、カテゴリーを明確にすることに努めた。

自然科学および工学分野の例

- 多様な条件下での重合反応の研究では、化合物の化学的および物理的な属性の研究までが基礎研究である。この反応から、重合体を合成することが応用研究である。実験的開発では、さらに大きなスケールでの重合体の生産を可能にする方法を研究し、場合によってはその重合体による製品化を実現するものである。
- 鉱石の電磁波吸収の研究では、基礎研究はその電子構造を解析することである。応用研究は、温度、純度、濃度など多様な条件下で、その物質を研究し、感度や速度などの属性を得ることである。実験的開発は、その物質を用いて、既存の装置より優れたものを準備することである。
- アミノ酸の研究では、抗体分子のアミノ酸配列を特定することが基礎研究である。いろいろな疾患ごとに異なる抗体を区別するのが応用研究である。そして、その構造をもとに特定の疾患を合成するための方法を立案し、実験的な高度治療を受けることを承諾した患者にその合成抗体が有効であるかどうかの臨床試験を行うのが実験的開発である。

人文科学分野の例

- 経済発展の地方格差の要因に関する理論的研究は基礎研究である。同じ活動でも行政政策を作成するためのものは応用研究である。その研究から見出された法則（lois）に基づき、地方の発展における不均衡を緩和するための実行モデルの確立が実験的開発である。
- 環境が与える学習能力への要因を分析することは基礎研究である。環境上の不利な条件を調整する教育プログラムの作成のため、これらの要因を分析することは応用研究である。特定の子供のグループに対し、より適応しやすい

234　第2部　今日のフランス会計

　　　教育プログラムの方法を決めることが実験的開発である。
・リスクに関する新しい理論の構築は基礎研究である。市場の新たなリスクをカバーする新タイプの保険契約の研究は応用研究である。新タイプの貯蓄ツールの研究も同様である。しかし、投資資金を運用する新しい方法を開発することは実験的開発である。
・今日まで未知な言語の文法や構造の研究は基礎研究である。その言語の発展過程で地理的あるいは社会的影響を確定するため、言語の地理的その他の変化を分析することは応用研究である。この領域での実験的開発の事例は見出されない。

　研究開発の定義付けは、研究開発を区分するためのものと言っても過言ではない。一連の研究開発を分析のため人為的に区分するわけである。この区分は、統計資料作成の上でも重要であるが、会計上もこの区分が非常に重要である。現行のPCGあるいはIAS/IFRSの規定に基づくと、その区分により異なる会計処理を行うことになっている。また実務上、研究開発費を全額費用処理する理由の一つとして、研究と開発の区分が不明瞭であることが挙げられており、区分の難しさと重要度の高さが伺いしれる。

III　研究開発費の資産性と繰延処理

1. PCG 1957年版

　高度経済成長の始まりに発表された、PCG 1957年版では、まだ研究開発費という表現も、現在の研究開発費に該当する概念や定義もなく、クラス2の固定価値勘定（comptes de valeurs immobilisées）のなかで、設立費（frais d'établissement）の下位勘定として勘定番号2011に調査費（frais de recherches）、2012に研究費（frais d'études）[288]が設けられているにとどまる。
　クラス2の固定価値勘定の構成は次の表5-1のようであり、設立費は固定資産に含まれず並列されている。

表5-1 クラス2 固定価値勘定

勘定番号	勘定名
20	設立費
21	固定資産
23	建設仮勘定
24	戦災固定資産
25	長期貸付金
26	投資有価証券
27	預託金および補償金

出典:筆者作成。

---

[288] クラス2固定価値勘定のうち、研究費および無形資産にかかる勘定は次のとおりである。
　Classe 2 固定価値勘定 (Compte de valeurs immobilisées)
　20. 設立費 (Frais d'établissement)
　　　200. 創立費 (Frais de constitution)
　　　201. 開業費 (Frais de premier établissement)
　　　　　2010. 市場調査費 (Frais de prospection)
　　　　　2011. 調査費 (Frais de recherches)
　　　　　2012. 研究費 (Frais d'études)
　　　　　2013. 広告宣伝費 (Frais de publicité)
　　　⋮
　　　208. 設立費減価償却累計額
　21. 固定資産 (Immobilisations)
　　　210. 土地 (Terrains)
　　　⋮
　　　218. 無形固定資産 (Immobilisations incorporelles)
　　　　　2180. 営業権および賃借権 (Fonds de commerce et droit au bail)
　　　　　2183. 特許権、ライセンス、商標権、製法、実用新案権および意匠権
　　　　　　　21830. 国内買入特許権 (Brevets achetés en France)
　　　　　　　21831. 国外買入特許権 (Brevets achetés à l'étranger)
　　　　　　　21832. 国内買入ライセンス (Licences achetées en France)
　　　　　　　21833. 国外買入ライセンス (Licences achetées à l'étranger)
　　　　　　　21834. 商標権 (Marques)
　　　　　　　21835. 製法 (Procédés)
　　　　　　　21836. 実用新案権 (Modèles)
　　　　　　　21837. 意匠権 (Dessins)

PCG 1957年版の注[289]には、固定価値勘定に計上した設立費は、初年度から償却の開始が可能であること、早期に償却すること、および最長でも5年内に全額償却することが求められている。全額償却が終了した時点で、設立費と償却累計額を相殺することと規定されている。

また、勘定番号201の開業費には、新しい事業活動や事業活動の改善のための市場調査費および広告宣伝費が含まれているが、これらはその支出の重要性および状況などにより、クラス6の費用に計上できないものであることを説明している。

このように設立費は、費用の繰り延べとして固定価値勘定への計上が認められていたが、無形固定資産とは明確に区別されていた。設立費も無形固定資産も演繹的に明確な定義づけはされていないが、それぞれ費用および権利を列挙することにより帰納的にその範囲を示している[290]。設立費は、「創立費、資本増加費、社債発行費、固定資産取得費（譲渡税、支払手数料および証書作成費）など、企業の創立あるいは経営の恒久的手段の取得時に支出される費用」とされている。そして無形固定資産では、営業権および賃借権の定義が示され、支出により獲得された一定条件下での保護が保証されている諸権利（特許権、商標権、実用新案権、意匠権、および文学・芸術の著作権など）が列挙されている。

調査費および研究費は、設立費の下位勘定であり、無形固定資産には含まれず、5年以内の早期償却が義務付けられていたことがPCG 1957年版における特徴である。

2. 1970年代における国家会計審議会の問題提起

1960年代後半に技術革新に伴う研究開発費への投資が増加し、PCG 1957年版の規定では不十分であることが明らかになった。その重要性ゆえ、1970年から研究開発費に関する改正の審議がCNC（国家会計審議会）において始められた。

---

[289] PCG [1957] page 91.
[290] PCG [1957] page 73 および page 75.

最初に取り上げられた審議課題は、基礎研究、応用研究および開発の区別と、それらの会計処理方法であった[291]。費用処理、あるいは設立費や固定資産への資産計上への振り分けや選択が問題点として指摘された。

審議開始当初は、PCG 1957年版には「開発費（frais de développement）」という表現はなく、研究開発はすべて「研究費（frais de recherche）」として扱われていたため、研究を区分することから審議が開始された。基礎研究においてはそれをさらに、純粋基礎研究（la recherche fondamentale pure）と指向型基礎研究（la recherche fondamentale orientée）に分類する試みがなされている[292]。

また、PCG の勘定科目上では、設立費の一部として設けられているのは「調査費（frais de recherche）」と「研究費（frais d'étude）」のみであり、それぞれの定義も計上規準もないことが指摘されている。このような状況に鑑みて、区分、定義、および評価の3点について審議が進められていくことになった。

また、会計処理については、研究は常に失敗の危険をはらんでいるが、成功した場合は長期間にわたり収入があるという特性から、費用処理と資産計上のいずれを選択すべきか問題を提起している。この費用処理か資産計上かという論点は、現在でも続いており、このことが1970年代にすでに指摘されていたことは意義深いことである。

その審議過程をまとめたものが、1971年に「情報通達23号（Note d'information n°23）[293]」として発表された。その後、同年10月22日の総会承認を経て、その解釈を含む資料が「文書2号（documentation n°2）[294]」として1974年1月に公表された。その文書では、研究開発費の区分、定義、特性、および会計処理についてまとめられている。

3. フラスカティ・マニュアルの影響

CNC（国家会計審議会）は、1974年に公表した文書2号において、研究開発

---

[291] CNC [1970a] page 6.
[292] CNC [1970b] page 5.
[293] CNC [1972].
[294] CNC [1974].

費の区分と定義について次のようにまとめている。

区分と定義

研究開発費を、基礎研究、応用研究および開発に分け、それぞれを次のように定義する。

基礎研究

基礎研究は、一般的な法則を構築するため、物理的かつ自然な属性、構造、現象を分析し、このような分析を解説スキームや解釈理論により明らかにすることである。これらの作業は、純粋な科学的興味（純粋基礎研究）や、あるいは技術的問題を解決するための理論構築（指向型基礎研究）に区分される。

応用研究

応用研究は、基礎研究の結果を応用することが可能か否かを見分けたり、事前に定めた目的を達成するための新しい解決を発見したりすることである。特定の問題を解決するため、既存の知識を深め、広げることである。

開発（実験的開発）

実験的開発は、新しい材料、装置、製品、製造方法、システム、およびサービスを実現させるため、あるいは重要な改良のための、研究や実経験により得た知識に基づく計画的な作業である。

CNCの文書2号に示された研究開発の区分および定義は、それに先行する1960年代にすでに公表されていたOECDのフラスカティ・マニュアルと比較すると酷似していることがわかる。同じ表現をしている箇所も多く、同一の内容と見ることができ、PCGがフラスカティ・マニュアルを参考としたものと思われる。

両者の要約は、表5-2に示すようにまとめられる。

この1970年代の審議以降、フランスの会計基準では研究開発を3区分することが定着し、それに基づいてそれぞれの会計処理が規定されることになった。また、当時、フランス銀行（Banque de France）が使用していた研究開発費に関する書式でも、同様の区分が用いられていた。そしてその後もPCGにおいて、研究開発費の定義が明示されなかったため、2004年の改正まで、こ

表5-2 フラスカティ・マニュアルおよびPCGにおける研究開発の区分と定義

区　　分	定　　義
基礎研究 　純粋基礎研究 　指向型基礎研究	あらゆる現象の属性、構造などを分析し、一般的な法則を構築すること
応用研究	基礎研究の結果を見極め、限定された実用目的への研究をすること
実験的開発	新しい材料、装置、製品、製造方法、システム、サービスの実現、あるいは重要な改良のため計画的な作業をすること

出典：筆者作成。

の1974年の文書2号の区分と定義が参考にされていた。商法上は3区分によるものであり、同じく文書2号を参考にしている。

一方、1978年に公表され、1980年から適用となった国際会計基準（IAS）9号「研究および開発活動の会計」では、研究開発活動を研究と開発の2区分とし、それぞれ次のように定義している[295]。

・「研究」とは、新しい科学的または技術的知識および理解を得ることを期待して企てられた独創的で計画的な研究をいう。
・「開発」とは、商業的生産の開始に先だって、研究成果またはその他の知識を、新しいまたは実質的に改良された材料、装置、製品、製造方法、システムまたはサービスの生産計画または設計へ具体化することをいう。

研究開発の区分は、フラスカティ・マニュアルおよびPCGが3区分であるのに対し、IAS9は2区分であり、この点にまず違いが認められる。そして、内容的には、IAS9が研究としているものは、フラスカティ・マニュアルおよびPCGが応用研究と区分しているものに近いと捉えることもできる。3区分した場合の応用研究部分が、2区分した場合は半分が研究にもう半分が開発に分かれると単純に分割しえるのか否か詳細に分析する必要があると考える。

---

[295] 中島［1978］page 102. 国際会計基準委員会の日本語訳より。

国際会計基準はその後もこの2区分を踏襲し、PCGも2004年の改正で、従来の3区分から2区分へと修正されることとなった。

4. 研究開発費の特性と会計処理方法の提案

CNCの文書2号では、研究開発費の区分とそれぞれの定義を示した後、研究開発費の属性を分析することにより、その特性を示している。そして、その特性に基づき、適切な会計処理方法の議論に至っている。その特性と会計処理方法の提案は次のとおりである。

・**特性**

　　研究開発は、その成否が不確実であることが、特性としてまず挙げられる。成功を目指して着手されるが、失敗の可能性もあり、また成功した場合の効果の発現の度合い、期間を予測することは極めて難しい。

　　次に、研究開発プロジェクトを明確に個別化し、その支出を特定することの困難さがある。

　　そして、研究開発活動を隠しておきたいという企業の意向が存在することも忘れてはならず、研究開発の特質であると考えられる。

・**会計処理方法**

　　研究開発費の計上については、まず費用計上と貸借対照表項目への計上のいずれが適正であるか問われる。そして後者は設立費として繰延処理すべきか、無形固定資産へ計上すべきかが論点となる。

　　費用計上

　　研究開発の結果が、恒常的に利用できるものであるときは、費用として計上すべきである。また、逆に研究開発が完遂しない場合、あるいは研究開発の結果が直ちに利用できるものか、一定期間利用できるものか、まったく利用できないか知りえない場合は、費用として計上すべきである。

　　この費用計上の支持者は、さらに研究開発活動が特許権を獲得しうることは非常にまれであり、商業化に至る確率はほとんどないこと、また資産として算

定することが著しく困難であることを指摘している。そして、研究開発費は固定資産の性質を有していないので、いかなる場合も固定資産へ計上されることはないと主張している。

開業費（frais de premier établissement）への計上

研究開発活動への支出は、将来の営業活動への支出と考えられるが、営業用固定資産（immobilisations affectées aux opérations professionnelles）[296]の特性を有するものではないので、固定資産ではなく開業費の下位勘定として計上し、繰延処理することが考えられる。

しかし、開業費自体の定義はないが、開業費の上位勘定である設立費の定義や、開業費の下位勘定である市場調査費および広告宣伝費の定義を分析すると、開業費は企業の創立または開業にかかる費用であることに導かれる。したがって、問題として取り上げている研究開発費は、開業費の下位勘定である調査費（frais de recherches）や研究費（frais d'études）とは異なるものである。

また、繰延資産の特性として次の2点が指摘されている。まず、例外的な支出で反復性がなく、特定の製品やその製造への支出ではない場合に繰延資産への計上が認められる。そして、それらの繰延資産は、ファイナンシャル・アナリストによれば「無価値（non valeur）[297]」であると述べられている。そのような無価値のものであるので、5年以内の早期償却が義務付けられているのである。

したがって、反復性があり、企業にとり本質的に機能的である研究開発費を開業費の下位勘定に計上し、繰延処理するのは適切ではないとしている。

無形固定資産への計上

PCG 1957年版では、無形固定資産を「特許権、商標権、意匠権、実用新案権、および文学・芸術の著作権などを、発明者、作者および利用者が一定の条件のもとでの保護を獲得するための支出」としている。

したがって、法的保護下にある「知的所有権（propriété intellectuelle）」に該当

---

[296] PCG［1957］page 73. 営業用固定資産は、「販売または加工の対象として企業が獲得あるいは創設したものではなく、営業手段として長期間用いる資産」と定義されている。
[297] CNCの表現は、「実質的な価値のない（sans valeur réelle）」であると注がある。

しない支出は、無形固定資産として認められない。

また、研究開発途中の支出は、成功した場合には特許権として「財（bien）」になりうるが、失敗の場合は無価値であるので、いずれにしても無形固定資産に計上することはできないと結論している。

それぞれ既存の勘定への会計処理を検討した結果、研究開発が極めて不確実（aléatoire）な性質であるため、慎重性の原則（la règle de prudence）を尊重し、その会計年度の費用として処理することが適切である。

しかし、例外として、次の条件を同時に満たすときは、研究開発費を資産として計上することができる。

・プロジェクトが個別化でき、そのコストの期間配分が明確に行われること。
・プロジェクトが決算日に技術的成功および商業的利益を得る確率が高い（sérieuses chances）こと

ただし、基礎研究への支出は、いかなる場合にも費用処理しなければならない。

そして、PCG 1957年版では、資産化の場合の適切な勘定番号が設けられていないため、経過措置として次のような勘定番号の設定を示している。

29. 研究開発費（Frais de R.D. immobilisés）
　291. 仕掛研究開発費（Frais de R.D. immobilisés sur projets en cours）
　　2919. 減価引当金（Provision pour dépréciation）
　292. 完成研究開発費（Frais de R.D. immobilisés sur projets ayant abouti）
　　2928. 償却累計額（Amortissements）

研究開発費の資産計上は、企業価値をより正確に示すものと評価されるが、一方でこの会計条項は企業が実現した研究開発の全努力を測定しうるものでもない。資産への計上は、慎重な判断のもとに行われなければならない。そして、研究開発プロジェクトの成功が見極められ、例外的に研究開発費を資産計上する場合は、経営責任者はその旨を総会において共同経営者に説明すべきで

表5-3 期中に支出した研究開発費

	合計	基礎研究	応用研究	開発
特定の給付関連のない研究開発支出額	X			
顧客からの注文によらないもの	X	X	X	X
潜在的顧客に関連するもの	X	X	X	X
特定の経営給付に関連する研究開発支出額	X			
フランスの顧客	X		X	X
国および公共団体	X		X	X
その他顧客	X			
外国の顧客				
合計1	X	X	X	X
その他の研究開発支出額				
非課税の支出額	X			
助成金からの支出額	X			
取得研究成果	X			
合計2	X			
総合計	X			
うち勘定番号29への計上額	X			

出典：Revue fiduciaire［1977］より。

あることを審議会は勧告すると文書を締めくくっている。

　また、会計の解説書[298]には、利害関係者への情報提供の充実のため、営業報告書の添付資料としてフランス銀行（Banque de France）が使用している研究開発費に関する表を紹介している（表5-3）。表5-3の書式はそのままPCG 1982年版で正式に採用されている。

　このようにPCG 1957年版では設立費の下部勘定に繰延資産として計上すると規定されていたが、1970年から始められた審議により、研究開発費を基礎研究、応用研究および開発に区分し、基礎研究はいかなる場合も費用処理とし、応用研究と開発は一定の条件を満たせば、例外的に固定資産として計上で

---

[298] Revue fiduciaire［1977］page 178.

きることになった。

5. 1970年代の審議のまとめ

1970年代には、CNC（国家会計審議会）の文書2号に見られるように、研究開発の本質を分析し、その特性に適した会計処理が検討された。その特性については、今日の議論の基礎ともなるべきもので、次の3点にまとめられる。

1. 不確実性
    研究開発の成否が不確実である。研究開発は成功を目指して着手されるが、失敗の可能性もあり、また成功の場合の効果の発現の度合い、期間を予測することが極めて難しい。
2. 個別化の問題
    研究プロジェクトを明確に個別化し、その支出を特定することが困難である。
3. 秘匿性
    研究開発活動は、秘匿性を有する場合が多い。

そして、その特性を考慮し、会計処理方法として、費用計上、繰延処理（繰延資産計上）、および無形固定資産計上の三つの方法が挙げられ、それぞれ見解が示された。

1. 費用計上
    研究開発の結果が恒常的に利用できる場合、あるいは逆に研究開発の成否および効果の発現期間が不明な場合は、費用として計上すべきである。
    これは、成功の確率の低さ、原価算定の困難さ、および固定資産に求められる財産性の欠如が理由である。
2. 繰延処理
    繰延資産の特性は、第1に例外的な支出で反復性がないこと、第2に「無価値（non valeur）」「実質的な価値がない（sans valeur réel）」ことである。

しかし、研究開発費は、そのような特性に反し、反復性があり、費用の繰延とは性質を異にする。
3. 無形固定資産計上

PCG 1957 年版では、無形固定資産には法的保護の有無が要件となっている。

研究開発費は法的保護下にある「知的所有権」に該当しないため、無形固定資産として認められない。

また、研究開発中の支出は、成功の場合には「特許権」として「資産」になりうるし、失敗の場合は無価値であるので、いずれにしても無形固定資産に計上することはできない。

このような検討の結果、PCG 改正までの経過措置が示された。それは、研究開発費の不確実（aléatoire）な性質から、「慎重性の原則（la règle de prudence）」を尊重し、費用処理することが適切とするものであった。

しかし、例外として、次の要件を満たす場合には、資産計上することが容認された。

・プロジェクトが個別化でき、そのコストの期間配分が明確に行われること
・プロジェクトが技術的成功および商業的利益を得る確率が高いこと

ただし、基礎研究への支出は、いかなる場合にも費用計上による。

この「個別化」と「技術的成功および商業的利益の高い確率」の要件を満たせば資産計上を容認する規定は、商法上の変更はない。

このように PCG 1957 年版において、研究開発という概念すら明確でなく、繰延資産である「設立費」の下位勘定として扱われていたものが、1970 年代の審議を経て、会計上も飛躍的な展開が見られたわけである。

これは、科学技術等の研究開発にかかる支出が、企業設立時の費用の繰延とは性質を異にするものであると明確に示したことであり、今日の研究開発費の会計への第一歩として意義あることと認められる。繰延資産は実質的な価値を持たないと言う理由で、研究開発費を繰延資産として計上することが不適切で

あるとする結論からは、研究開発費が実質的な価値を持つものであると解釈することも可能である。

さらに、PCG 1957 年版では、無形固定資産について法的保護があることを条件として挙げているため、研究開発費は無形固定資産に含まれることにはならなかったことを考慮すると、ここにも他の無形固定資産とも質を異にする研究開発費の特性を見ることができる。すなわち、研究開発費は繰延資産と異なり実質的価値を有すると考えられるが、他の無形資産のように法的保護を有するものでもない。

CNC の審議では、資産に対して求められる財産性を明確に証明するには至らなかったが、研究開発費は単なる費用の繰延ではなく、実質的価値を有するものと位置付けられた。研究開発費は、繰延資産とも他の無形固定資産とも性質を異にすることが明らかであり、この点は無形固定資産の財産性の議論へと発展していくことになる。

Ⅳ 研究開発費の資産計上の容認

1. PCG 1982 年版

・PCG 1982 年版における改正箇所

1972 年に改正作業が始められていた PCG は、1973 年の EC 加盟国拡大のため EC 会社法第 4 号指令の修正が始まったことにより影響を受けた。1975 年には PCG の改正原案は完成していたが、EC 指令の修正を反映しなければならず、PCG 改正修正案は、1978 年の EC 修正第 4 号指令の公表後の 1979 年に確定成文として承認され、1982 年大蔵省令として公布された。

1982 年の改正において、クラス 2 の固定資産は以前の PCG 1957 年版に比べ、設立費および無形固定資産について大きな変化が見られる。まず、クラス 2 の名称自体、「固定価値勘定（Compte de valeurs immobilisées）」から、「固定資産（Compte d'immobilisation）」に変更された。PCG 1957 年版では、設立費の資産としての価値の取り扱いを勘案して、固定価値勘定という微妙な表現を

用いていたが、今回の改正で固定資産という表現になった。

　そして、固定資産の有形と無形を明確に区別し、設立費（繰延資産）が無形固定資産に含まれた。ただし、これはEC会社法第4号指令10条Bの「国内法令により定義され、資産へ記載することを認められている設立費は、また同様に国内法規により、『無形固定資産』の最初の項目として記帳することも容認される」という規定に基づくものであり、CNC（国家会計審議会）の文書2号に示された「設立費は繰延資産として無形固定資産とは一線を画するもの」という議論を覆すものではない。

研究開発費に関連する改正の主な点は次のとおりである。

- 有形固定資産の整備に伴い、無形固定資産が同位の勘定として、明確に区別された。
- 繰り延べが認められている設立費[299]が整備され、無形固定資産に含められた。
- 1982年の改正までの経過措置として勘定番号29を割り振られていた研究開発費は、無形固定資産に含められ、勘定番号203を使用することとなった。

---

[299] 設立費を含む無形固定資産の勘定体系は次のように改正された。
　Classe 2 固定資産（Compte d'immobilisations）
　　20.　無形固定資産（Immobilisations incorporelles）
　　　　201.　設立費（Frais d'établissement）
　　　　　　2011.　創立費（Frais de constitution）
　　　　　　2012.　開業費（Frais de premier établissement）
　　　　　　　　20121.　市場調査費（Frais de prospection）
　　　　　　　　20122.　広告宣伝費（Frais de publicité）
　　　　　　2013.　増資その他の取引（合併・分割・組織変更）
　　　　203.　研究開発費（Frais de recherche et de développement）
　　　　205.　利権および同等の権利、特許権、ライセンス、商標権、製法、その他の権利
　　　　206.　賃借権（Droid de bail）
　　　　207.　営業権（Fonds commercial）
　　　　208.　その他の無形固定資産
　　21.　有形固定資産（Immobilisations corporelles）
　　　　211.　土地（Terrains）
　　　以下省略

表 5-4　PCG 1957 年版と PCG 1982 年版におけるクラス 2 の比較

勘定番号	PCG 1957 年版 クラス2　固定価値勘定	PCG 1982 年版 クラス2　固定資産勘定
20	設立費	無形固定資産
21	固定資産	有形固定資産
22	—	受託固定資産
23	建設仮勘定	建設仮勘定
24	戦災固定資産	—
25	長期貸付金	—
26	投資有価証券	資本参加および参加債権
27	預託金および補償金	その他金融固定資産
28	—	固定資産償却累計額
29	—	固定資産減価引当金

出典：筆者作成。

・固定資産の評価勘定である償却累計額と減価引当金が末尾にまとめられた。

PCG 1957 年版と PCG 1982 年版のクラス2の勘定を比較すると表 5-4 のようになる。

・研究開発費の規定

無形固定資産に含まれることになった研究開発費は、勘定番号 203 に計上されることとなった。その規定は次の通りであり、研究開発費の定義、会計処理方法、減価償却、および利益配当の制限に関して定められている。

　・勘定番号 203 に関する規定[300]
　　研究開発費は、次の要件を満たす場合には、<u>無形固定資産に計上することができる</u>。
　　ここでいう<u>研究開発費</u>とは、企業が自身のためにこの分野で実現した努力に

---

[300] PCG [1986] pages II. 27-28.

対する支出のことである。第三者により発注された製品の製造原価に算入される費用、つまり関連費用勘定あるいは仕掛製造勘定に記帳される費用は除く。

　原則：企業は、研究開発費を、その支出のあった会計年度の費用として記帳する。研究開発活動の<u>不確実性</u>ゆえ、慎重性の原則を遵守するためである。

　例外：研究開発費は次の要件を同時に満たせば、勘定番号203の資産に記帳することができる。

（注：基礎研究費は、常に支出のあった会計年度の費用として記帳されるため、資産計上から除かれる。）

・かかるプロジェクトが明確に個別化され、かつその費用は時間の経過に伴ってそれを配分するために明確に限定されなければならない。
・各プロジェクトは、貸借対照日に、技術的成功および商業的収益の確かな可能性（sérieurses chances）を持たなければならない。
・例外的な場合を除き、これらの費用は5年を超えない期間で規則的に償却されなければならない。

　会社形態の企業には、<u>利益配当禁止</u>の規則が、例外的な場合を除いて、設立費と同一の条件で適用される。

　勘定番号203に借方記帳し、勘定番号72「固定資産自家建設高」に貸方記帳する。プロジェクトが失敗した場合は、それらの費用は直ちに償却し、勘定番号687「固定資産特別償却費」に借方記帳しなければならない。

　プロジェクトの実現にかかる研究の結果、特許権を取得した場合には、企業は特許権の潜在価値を決定するが、それは勘定番号203に記帳された費用の未償却残高を超えてはならない。この金額が特許権の帳簿価額となり、勘定番号205「利権および同様の権利、特許権他」に借方記帳し、同額を勘定番号203から貸方記帳する。

　減価償却と利益配当につき、例外規定を用いる場合は、附属明細書で説明を付さなければならない。

・最長5年での減価償却規定から離脱し、予想される使用期間で減価償却する場合。
・未償却部分と同等以上の任意積立金（réserves libres）があり、利益配当を行う場合。

（下線は筆者による。）

表 5-5　期中に支出した研究開発費[301]

	合計	基礎研究	応用研究	開発
特定の給付関連のない研究開発支出額…………	X			
顧客からの注文によらないもの (a) …………	X	X	X	X
潜在的顧客に関連するもの…………………………	X	X	X	X
特定の経営給付に関連する研究開発支出額 (b)	X			
フランスの顧客：				
国および公共団体………………………	X		X	X
その他顧客……………………………	X		X	X
外国の顧客 (c) …………………………	X			
合　計　1 ………………………………		X	X	X	X
その他の研究開発支出額：				
非課税の支出額……………………………	X			
助成金からの支出額………………………	X			
取得研究成果………………………………	X			
合　計　2 ………………………………	X			
総　合　計………………………	X			
うち勘定番号 29 への計上額 ………………	X			

注：(a) この項目には、企業の潜在的な研究能力を維持・発展させるため自主的に行った研究開発作業、および顧客からの注文による研究開発作業のうち顧客が負担しない部分を含む。
　　(b) この項目には、顧客からの注文により行われた研究開発費の支出、および顧客から発注された製品の製造に必要な研究開発費の支出を含む。
　　(c) この項目には、新しく行われる研究開発のために取得した研究開発成果だけを含む。
出典：PCG 1986 年版より。

　これらの規定の他、補足として、表 5-5 の様式を営業報告書に添付することができるとしている。表 5-5 の様式は、1970 年代にフランス銀行が採用していたものと同一であり、PCG において正式に採用されたことになる。
　また、研究開発費の不確実性により、経営責任者は期中に支出したこの種の費用の会計処理について、株主あるいは出資者の総会において注意を喚起しな

---

[301] CRC [1986] II.193. Tableau des dépenses de recherche et de développement engagées au cours de l'exercice.

・無形固定資産への計上

　研究開発費について、設立費の内容が整備され無形固定資産に含まれたこと、そして研究開発費が設立費から分離され無形固定資産に含まれたことの2点が、1982年に大きく改正されたところである。

■　設立費の無形固定資産計上

　日本の繰延資産に相当する概念で、繰り延べ処理されていた設立費が、無形固定資産に含まれることになった。しかし、CNCの1974年文書2号[302]では、設立費は他の無形固定資産に比べ、「価値のない（non valeur）[303]」ものであると述べられ、無形固定資産の項目に記載されるが、無形固定資産とは一線を画していた。

　PCG 1982年版では、金融資産を除く固定資産を「企業活動のため長期にわたり利用され、一度の使用で費消されない有形あるいは無形の要素である[304]」とし、「価値」については触れていない。したがって、「価値」が要件とはみなされないため、先の文書で「価値を持たない」と解説されていた設立費も、無形固定資産として含まれることとなったと理解される。

　また、5年以内の早期償却や利益配当の禁止が規定されているところから、従来の無形固定資産とは同質のものではないと考えられていたことがこの点からも明らかである。

　この「無形固定資産へ計上」という変更については、理由が明確に説明されていないが、EC会社法第4号指令第10条の「設立費（繰延資産）を無形固定資産へ記帳することを容認する」という内容の規定に従ったものであり、議論の転換があったためではないと考えられる。

---

[302]　CNC［1974］.
[303]　«non valeur»は財務アナリストが使用した表現で、この文書2号の作成者の表現は«sans valeur réelle»であると注意書きが付されている。
[304]　PCG［1986］page I.32.

■ 研究開発費の無形固定資産計上

研究開発費を無形固定資産へ計上することを容認したが、設立費の無形固定資産計上と同様に、改正の明確な理由は示されていない。CNCの1974年文書2号でも、資産計上を認めたものの、無形固定資産計上を積極的に肯定する理論は見られず、繰り延べでもなく、無形固定資産でもなく扱われてきた。

文書2号での無形固定資産計上を反対する理由として、法的保護の有無が挙げられていた。法的保護が無形固定資産計上への要件として規定されてはいなかったが、帰納的に導かれたものであった。この改正で研究開発費の無形固定資産計上が容認されたことは、法的保護が絶対要件から退けられたと理解できる。

また、設立費と同じく費用収益対応を理由に、本来の資産としての価値は持たないが、支出を繰り延べるためだけに無形固定資産計上が容認されたわけでない。「価値」という点で、設立費とは同質の扱いではないと思われる。研究開発の成功が不確実（aléatoire）であることから費用処理を原則とするものの、技術的成功あるいは商業的収益獲得の確かな可能性（sérieuse chance）が見込まれれば資産計上が容認される。これは、不確実ではあるが、資産としての価値を有するもの、あるいは価値を有する可能性のあるものと読み取ることができ、単なる支出の繰り延べとは異なるものである。

ただし、原則として5年以内の早期償却と利益配当禁止が規定されている。この点については、支出の繰り延べであることが理由であるのか、成功の不確実性が理由であるのか解説は付されていない。

成功の不確実性に対処するため、資産計上へは慎重性の原則の適用の必要性が強調され、経営者の説明責任にも言及している。このため、研究開発費を無形固定資産に計上した場合、経営者はその旨を株主総会あるいは共同経営者総会において指摘しなければならないという措置を設けた。しかし、資産計上するか否かの見極めは経営者に一任されており、客観的で詳細な計上規準は設けられていない。また仮に計上規準が設けられたとしても、成功か失敗かはそのような客観的な規準で図れるものではないと指摘されている[305]。現在でも問題となっている経営上の恣意性がすでに議論されていることに注目すべきであ

る。

　また、成功と収益獲得の確かな可能性という要件とそれに基づく資産計上については、会計学上の重大な問題を提起するものであるという指摘もあった。研究開発の成功と収益獲得の高い確率が明らかになった時点でその期の貸借対照表に資産計上できるという規定に対して、成功のチャンスが長い研究の最後にしか判明しなかった場合、その研究の初年度の会計に立ち返ることができるのかという疑問が呈され、また資産への振替仕訳（借方　203 研究開発費／貸方 720 固定資産自家建設高）も過去の研究開発費は費用処理しているため、それまでの支出全額が資産計上されるわけではないので意味がないというコメントも示された[306]。

　研究開発費の定義は依然 PCG に規定されておらず、研究開発費の区分も明示されていない。しかし、営業報告書の附属書類である研究開発費の支出明細表は、基礎研究、応用研究および開発の 3 区分に分けたことから、採用された区分を知りうる。定義等の欠如の場合は前に公表されたものを適用するという慣例から、CNC の文書第 2 号に示された区分と定義が適用されることになる。

2. EC 会社法第 4 号指令と国内法化

・EC 会社法第 4 号指令

　1978 年に発令された EC 会社法第 4 号指令[307]における研究開発費に関する規定は次のようである。（関係条文のみ抜粋）

　　第 10 条　資産（Actif）
　　A．（省略）
　　B．設立費（Frais d'établissement）
　　　国内法令により定義され、資産へ記載することを認められているこのような

---

[305] Mémento [1983] page 482.
[306] Culmann [1980] page 143.
[307] CE [1978].

設立費は、また同様に国内法規により、『無形固定資産』の最初の項目として記帳することも容認される。
C. 固定的資産（Actif immobilisé）
　I. 無形固定資産（Immobilisations incorporelles）
　　1. 国内法規が資産への記帳を認めている範囲の研究開発費
第34条　（設立費の評価）
1. a) 国内法令が設立費の資産計上を認めている場合、それらは最長5年で償却しなければならない。
　b) 設立費が完全に償却されておらず、任意積立金（réserves disponible）および繰越利益が未償却部分より少ない場合は、すべての利益配当は禁止される。
第37条　（「研究開発費」および「のれん」の評価）
1. 第34条は、研究開発費にも適用することができる。しかしながら、加盟国は例外として、第34条1項a）から離脱することができる。その場合は、同様に第34条1項b）からも離脱することができる。これらの離脱は、附属書類に表示し、その理由を明記しなければならない。

　EC会社法第4号指令では、研究開発費を繰延資産ではなく、無形固定資産として扱っている。しかし、資産計上について詳細は加盟国の国内法に委ねられており、資産計上は研究開発に対するすべての支出額であるのか、部分的であるのか、また資産計上を容認するのか、あるいは強制するのか明示されていない。この規定では、資産計上が禁止されるものではないことが明らかになっている。

　研究開発費を無形固定資産としながらも、5年以内の早期償却および償却中の配当禁止など、扱いは繰延資産と同様である。

　フランスにおける1970年代の議論では、研究開発費の会計処理を、費用処理、繰延資産計上、あるいは無形固定資産計上のいずれが適切であるか述べられていたが、法律のヒエラルキー上、上位に位置するEC会社法の規定により、繰延資産への計上の可能性はなくなったことになる。EC会社法では裏付けとなる理論は示されていないが、フランス国内法もEC会社法に従い改正を

行うこととなった。

・商法 1983 年改正

　EC会社法第4号指令を受け、その国内法化のため、1983年4月30日法律83-353[308]でEC会社法第4号指令と商人および特定会社の会計義務の調和化（以下、調和化法と省略）が公布され、その施行令が同年11月29日施行令83-1020[309]（以下、調和化施行令と省略）により公布された。一般に1983年調和化法と呼ばれる法律と施行令により、同年商法および会社法が改正された[310]。

　商法典に編纂された調和化施行令における研究開発費にかかる規定は次のとおりである。

　　第19条
　　　企業の存在または発展のための支出であり、特定の財や用益の生産にかかわらないものは、貸借対照表の資産に「設立費」として表示することができる。
　　　応用研究および開発費は、商業利益をもたらす確かな可能性を有し（sérieurse chance）、プロジェクトを明確に個別化できる場合に、貸借対照表の資産に研究開発費の項目で記帳できる。
　　　（3段目、4段目は営業権に関する規定のため省略）
　　　設立費、応用研究および開発費は、償却計画に従い5年以内に償却するものとする。
　　　例外として、特定のプロジェクトにおける応用研究および開発費は、当該資産の使用期間を超えない範囲で、より長期間にわたり償却できる。附属書類において、その正当性を説明しなければならない。

---

[308] Loi [1983].
[309] Décret [1983].
[310] 調和化法により、商法8条から17条までが改正され、その編名も「商業帳簿（Des livres de commerce）」から「商人の会計（De la comptabilité des commerçants）」へ変更された。そして、商法1条から17条に適用される施行令として、調和化施行令が17条の後に挿入された。2007年の商法の再編纂で、調和化施行令19条は、1段から4段がR.123-186条、5段および6段がR.123-187条、7段がR.123-188条となった。

上記の諸項目が未償却である場合は、未償却残高に等しい任意積立金（réserves libres）がない限り、いかなる配当も行うことができない。

（7段目は鉱脈探索に関する規定のため省略）

調和化施行令はEC会社法第4号指令の研究開発費の無形固定資産計上の規定をさらに詳細にしたものである。調和化施行令によると、研究開発費の区分が示されており、「応用研究および開発費」の資産計上を「容認」するものである。その資産計上の容認には、プロジェクトの「明確な個別化」および「商業利益をもたらす確かな可能性」という二つの要件が挙げられているが、PCG 1982年版に見られるような「費用（原価）の明確化」については言及がない。

これらの研究開発費の区分と、要件は、1970年代の審議から導かれたものである。ただし、その審議では、区分による異なる会計処理まで展開しなかった。調和化施行令、つまり商法においては、「応用研究費および開発費」についてのみ規定しており、「研究費」あるいは「基礎研究」についてはその文言すら法令中にはない。しかし、「応用研究費および開発費」という表現から、研究開発を基礎研究、応用研究および開発に区分し、基礎研究は費用とすることを読み取ることができる。この区分とそれに基づく会計処理は、この調和化施行令に先立ち公表されたPCG 1982年版と一致するものである。

・PCG 1982年版と1983年調和化施行令

PCG 1982年版、および商法典に編纂された1983年調和化施行令における研究開発費にかかる規定はともに、プロジェクトの「明確な個別化」と「収益獲得の可能性」が高い場合には資産計上を容認している。しかし、PCGが「無形固定資産」への計上と明確に規定しているのに対し、調和化施行令による改正後の商法は「貸借対照表の資産」への計上と規定しているところに違いが見られる。EC第4号指令で「無形固定資産」への計上と明示されていたものを、商法で「無形固定資産」とは規定していない点は、PCGと商法の会計に関する規定の性質に由来するものであると考えられる。

償却については、5年内の早期償却を原則とし、その使用期間を超えない範

囲での5年を超える長期償却を例外として認めている点も、両者に違いはない。そして、利益配当制限についても同一の措置が規定されている。

研究開発費については、PCGの1982年改正と商法および会社法の1983年改正により、EC会社法第4号指令の国内法化が終了したことになる。

3. PCG 1999年版

1996年、加速度的に変化し拡大する経済状況に対応する会計基準を迅速に作成し適用するため、会計基準改革法案が上院に提出された。PCGも恒久的に修正が繰り返される準恒常法あるいは恒常法と同一の性質をもつものとし、その規範性を高め、規定の編纂においても条文番号を付すことにより、以後の部分修正を容易にする施策が採用された。そのPCG 1999年版では、研究開発費は、第3編会計処理と評価の方法、第6章特別の性質を有する借方要素、貸方要素の評価と会計処理において、次のように規定されている。

第3編　会計処理と評価の方法
第6章　特別の性質を有する借方要素、貸方要素の評価と会計処理
（Evaluation et comptabilisation des éléments d'actif et de passif de nature particulière）
第1節　特別の性質の資産（Actifs de nature particulière）
第361-1条
実体の存在あるいは発展を左右する開業時に支出された費用で、その額が特定の財、用益の生産にかかわらないものは、無形固定資産として、設立費の項目に計上できる。
第361-2条
例外的に、応用研究費および開発費は、技術的に成功し、商業的に利益を上げる確たる可能性を有し、明らかに個別化され、しかもその原価が明確に定められうる計画に結びつくという<u>条件を満たせば、無形固定資産として記帳されうる</u>。

会計処理の変更に基づく応用研究費、開発費の無形固定資産としての計上は将来に向かってのみ、すなわち、旧プロジェクト、新プロジェクトの双方につ

いて、会計処理の変更年度以降に発生した費用に対してのみ行われる[311]。
第361-3条
第361-1条、第361-2条に従って無形固定資産に計上された設立費、研究費、開発費は計画的に<u>5年内に償却</u>される。例外的に、特別の計画のための場合、研究費、開発費は5年を超えて償却されうる。ただし、資産の使用期間を超えることはできない。

　計画の中止の場合には、それに対する研究費、開発費は直ちに臨時償却の対象となる。
第361-4条
当期中に記録された費用のうちには、全体として収益を上げる確たる可能性をもち、将来の特定の活動に結びつくがゆえに<u>繰り延べ</u>られるものもある。

(下線は、筆者による。)

第5編　財務諸表（Document de synthèse）
第3章　年次計算書の雛形、附属書類（Modèle de comptes annuels Annexe）
第1節　附属書類の内容（Contenu de l'annexe）
第531-2条　附属書類には、貸借対照表、損益計算書にかかる次の補足情報が、重要な場合に限り、含まれる。
第531-2/10条　研究開発費の次のような離脱の場合の注釈
・最長5年の減価償却
・減価償却完遂前の利益配当

PCG 1999年版は、準恒常法として条項番号の採用など、形式的な改正が主であり、研究開発費についても内容の重要な変更はない。唯一、第362-2条後段に費用計上から無形固定資産計上へ変更する場合の規定が新たに加えられた。これは、「会計処理方法の変更は、古いプロジェクトも新しいプロジェクトと同様に、変更年度以降に発生した費用に対してのみ適用される将来に向かった措置である」と定めたもので、1970年代の「過去に遡って資産化して

---

[311] 条項361-2の2段目は、CRC [1999c] により、変更された。変更前は、「実用化された研究費、開発費、組織の変更のための基本的費用といったものの、無形固定資産としての計上は、新規計画のためのものに限られる。」であった。

もよいのか」という問題提起に応えたものであると考えられる。

　研究開発の明確な個別化、技術的成功と商業収益獲得の確かな可能性、およびその原価の認識が明らかである場合、無形固定資産への計上が認められた。さらに、5年以内の減価償却と償却中の利益配当の禁止が規定され、それらから離脱する場合は附属書類への記載が定められている。

　これは、1983年調和化施行令による改正後の商法と一致している。ただし、商法が「貸借対照表の資産への計上」という表現に対し、PCGは「無形固定資産への計上」と表現が異なっている。

　また、PCG 1982年版は研究開発費を規定の文中では研究と開発に区分していなかったが、それら規定への注における基礎研究費は費用処理する旨の表示や、附属書類の表の雛形における基礎研究、応用研究、開発という区分による表示により、その区分と会計処理を表していた。それに対しPCG 1999年版は、応用研究費と開発費の無形固定資産への計上の容認と明確にしている。これにより、基礎研究費の費用処理という文言は削除された。

　この応用研究費と開発費という区分が設けられたことは、この改正前に比べPCGと商法の一層の一致を示すものである。PCG 1982年版がこのような区分を示しつつ無形固定資産への計上を容認していなかったため、商法との間に微妙な差異が生じていたが、その点もこの改正で解消されたことになる。

　PCG 1982年版、商法、およびPCG 1999年版の研究開発費に関する規定をまとめると表5-6のようになる。

　このPCG 1999年版に、無形固定資産に計上しうる研究開発費とは、①支出であること、②実体自身のためのものであり、第三者からの注文品の製造原価から除かれる費用であることという明確な規定がないため、PCG 1982年版の規定を参照することという記述が解説書[312]に見られる。しかし、無形固定資産への計上は、第三者からの受注による製造原価に含まれる支出ではないことは明らかであるため、記述が削除されたものと考えられる。1970年代に始め

---

[312] Mémento [2004] page 791. およびRevue fiduciaire [2001], page 746.

表 5-6　PCG 1982 年版、商法、PCG 1999 年版の比較

	PCG 1982 年版	商法（1983 年改正）	PCG 1999 年版
研究開発費の区分	研究開発費（区分なし）附属書類の表雛形で、基礎研究、応用研究、開発の三区分の表示	応用研究費と開発費	基礎研究費、応用研究費、開発費
定義	企業自身のための支出、第三者の発注にかかるものを除く	なし	なし
原則会計処理	費用処理　基礎研究は必ず費用処理と明示あり	応用研究費および開発費の貸借対照表の資産への計上を容認	費用処理
例外会計処理	無形固定資産への計上を容認		特別の性質の資産として、無形固定資産へ計上を容認
容認規定の条件	個別化、費用（原価）の明確化、技術的成功・商業収益獲得の確かな可能性	個別化、商業収益獲得の確かな可能性	個別化、原価の明確化、技術的成功・商業収益獲得の確かな可能性
減価償却	最長 5 年で償却	同左	同左
減損規定の適用	なし	同左	同左
償却中の利益配当	禁止	同左	同左
償却/利益配当の離脱	あり	同左	同左

出典：筆者作成。

られた費用の繰延と研究開発費の研究から年月も経て、無形固定資産への計上の対象となっている支出の特定まで必要としなくなったと推察される。

　しかし、無形固定資産への計上を容認しているものの、それは無形固定資産の次のような定義および規定「実体にとって積極的な経済価値をもつ財産のすべての要素は資産要素とみなされる。（中略）実体の活動にあって持続的に使

用される資産要素は固定資産を構成する。(中略) 例外的に費用には条項361-1、または361-7に従って資産として記されるものもある。[313]」から、研究開発費が無形固定資産の定義を満たすものではないが、例外的に繰り延べられる費用として無形固定資産へ計上すると認めたもとであった。したがって、この改正においても、研究開発費が本質的に無形固定資産の性質を有すると認められたわけではない。

また、それら解説書は、基礎研究、応用研究、および開発の3区分とそれぞれの定義を1974年CNC文書第2号から引用しており、この点においては1960年代からのOECDフラスカティ・マニュアルにベースを置いていることに変化は見られない。

V　IAS/IFRSとPCG

1. PCG 2004年改正

・IAS9における研究開発費

1970年代の高度経済成長に伴う研究開発活動の活発化により、研究開発活動の支出についての会計処理および開示の重要性が広く認識され、フランスなど諸外国および国際的機関において会計基準の整備が始められた。IASにおいても研究開発費の会計基準がIAS9「研究および開発活動の会計」として1978年に公表された。

このIAS9では、「研究」と「開発」の定義を次のように規定した。

> 定義 (par.3)
> 「研究」とは、新しい科学的または技術的知識および理解を得ることを期待して企てられた独創的で計画的な調査をいう。

---

[313] CRC [1999b] 条項211-1、岸 [2004] 17ページ。

図5-2 IAS9における研究と開発の区分

出典：筆者作成。

「開発」とは、商業的生産の開始にさきだって、研究成果またはその他の知識を、新しいまたは実質的に改良された材料、装置、製品、製造方法、システムまたはサービスの生産計画または設計へ具体化することをいう。

このようにIASにおいては、研究開発の最初の基準において、「研究」と「開発」の2区分を採用し、その後のIAS38への改正を経て現在でも2区分を踏襲している。この区分は、日本の「研究開発費等に係る会計基準」も同様であり、国際的な基準と一致している。

研究費および開発費の会計処理について、次のような規定が設けられている。

研究費および開発費の会計処理
(par.9 より一部抜粋)
　多くの場合、当期の研究費および開発費と将来の効用との間には直接の関係がほとんどない。なぜならば、このような効用の金額およびそれを享受する期間はあまりにも不確実であるからである。したがって、研究費および開発費は、通常それが発生した期間に費用として計上される。
(par.10 より一部抜粋)
　しかしながら、製品または生産方法が技術的にも商業的にも企業化が可能なものであること、また企業が製品を販売し、または生産方法を利用するのに十分な資源を保有していることが明示される場合には、第9項で言及した不確実

性は大幅に減少する。このような場合には、開発活動の費用を将来の期間に繰り延べることが適切であろう。過年度において費用として計上された開発費は、(中略)過去にさかのぼって資産計上されることはない。
(par.11 より一部抜粋)
　繰り延べられた開発費は、製品の販売もしくは生産方法の利用または合理的な期間のいずれかにもとづいて、組織的に償却される。

IAS9 では、研究開発はその発生と将来便益との直接的関係がほとんどないこと、また、発生時と便益享受時の期間的対応が不確実であることから、研究費および開発費は発生時に費用処理することとした。しかし、開発費については、その不確実性が減少する場合があり、その場合には開発費を将来の期間に繰り延べることが適切であると述べている。つまり、研究費は常に費用処理であり、開発費も原則費用処理であるが、繰延することが適切な場合もあると繰延を容認された。

そして、そのような「不確実性が大幅に低下」し、「繰り延べることが適当とされる」開発費は、次の5つの要件を満たした場合であると規定された。

(par.17)
　次の基準をすべてみたす場合には、開発費は、将来の期間に繰り延べることができる。
(a) 新製品または新生産方法が明確に定義されており、その製品または生産方法に負担されることのできる費用が、個別に識別できること
(b) 製品または生産方法の技術的な企業化可能性が明示されていること
(c) 企業の経営者が製品または生産方法を生産・販売または利用する意図があることを明らかにしていること
(d) 製品または生産方法の将来の市場性について明確な徴候があるか、あるいは販売されるのではなく内部で使用される場合には企業にとっての有用性が十分に明示されること
(e) プロジェクトを完成し、製品または生産方法を販売するにたる十分な資源が存在すること、または入手できると合理的に期待されること

1978年公表のIAS9において、研究および開発の定義、会計処理方法、および繰延が容認される場合の規準が明記され、今日のIAS38「無形資産」の研究開発に係る規定の骨子を見ることができる。一定の開発費を繰延処理することが適切であるとしたことは、この時点では、また積極的に資産性を認めたわけではないと考えられる。

また、繰延処理の選択には、厳しい要件を満たすことを課している。これは、繰延処理の選択を安易に、あるいは恣意的に行うことを防止するための措置であると捉えることができる。

その後、IAS9は、1993年に改正され、研究開発活動への支出を費用とすべきか資産とすべきかを明らかにするため、資産としての認識規準がより明確に規定された。定義、会計処理および認識規準は次のように示された。

> 改正IAS9（par.14からpar.16より抜粋）
>
> 研究開発費の複数期間への配分は、コストと企業が研究開発活動から得ることを期待する経済的便益との関係による。コストが将来の経済的便益を生じさせる可能性が高く（probable）、かつ当該コストを信頼性のおける方法で測定できる場合、当該コストは認識規準を満たすものである。
>
> 研究は、特定の研究への支出の結果として、実現する将来の経済的便益が十分に確実ではない。したがって、研究費は発生時に費用として認識される。
>
> 開発活動は、プロジェクトが研究局面の活動より進展した段階であるため、企業が将来の経済的便益を享受しうる場合がある。したがって、開発コストは、将来の経済的便益を生じさせる可能性が高いことを示し、規準を満たす場合には、資産として認識される。

認識規準の詳細な記述は次のようであり、IAS38の6規準とほぼ同一の内容と表現となった。

・将来の経済的便益を創出する高い可能性
・製品あるいは生産方法が明確に識別でき、帰属するコストが個別化でき信頼のおける方法で評価できる。

・技術的な実行可能性
・製品あるいは生産方法を製造、販売あるいは企業自身の利用の可能性
・製品の市場の存在あるいは企業での利用の証明
・プロジェクトを完成し、製品を販売あるいは利用するに至る十分な資源

　改正 IAS9 における最も大きな変更は、要件を満たす開発費の「資産計上を強制」したことである。改正前は、繰延処理を容認したが、開発費を「資産」とはしていなかった。それに比べ、この改正 IAS9 は、「将来の経済的便益を創出する高い可能性」を開発費が擁する場合があることを指摘し、開発費の資産性を明確にしたものである。ここに開発費に関する会計上の大きな展開を見ることができ、これは現行の IAS38 でも踏襲されている。

・開発費の資産計上への展開

　IAS/IFRS においては、1978 年 IAS9「研究および開発活動の会計」が公表され、その後 1993 年に改正された。1998 年に IAS9 は廃止され、新たに IAS38「無形資産」が設けられ、2004 年に一部改正があった。その 4 度の改正において、開発費の分析も発展し、会計処理も変遷してきた。

　1978 年の IAS9 では、開発活動への費用の支出時と将来の便益との期間的な対応関係が不確実であるという理由から、原則発生時の費用処理とした。しかし、繰り延べることが適切な場合もあるとし、繰延処理を認め、その会計処理の選択を可能にする要件を明示した。その後 1998 年の改正で、開発費の「将来の経済的便益の創出の高い可能性」に着目し、認識規準を満たす場合は資産計上を強制した。ここに大きな転換があったことを認めることができる。そしてこれ以降、開発費に関しては、認識規準を満たす場合は資産に計上することを規定している。

　PCG 1957 年版では、研究開発費を繰延資産として扱っていた。そして高度経済成長を迎え、研究開発活動への支出の増加に伴い、研究開発費の特性の分析および適切な会計方法の研究が始まった。1974 年の国家会計審議会（CNC）の文書 2 号において、それまで設立費の下位勘定であった研究開発費を下位勘

定から削除し、設立費に並ぶ勘定として経過的に新たな勘定番号を設けた。この1970年代から開発費は他の繰延処理される費用とは同一の性質ではないことが認識されていたが、まだ積極的に資産であることを認めていなかった。早期償却や利益配当計算からの除外など、繰延資産と同様の規定が設けられていた。

その後、開発費は1982年の改正で無形固定資産の区分に計上されることになったが、これはEC会社法第4号指令に基づくものであり、フランスは開発費の資産性を完全に認めることには至っていなかった。しかし、基礎研究費は費用処理としたが、応用研究費および開発費については、原則費用処理としながらも、要件を満たす場合は例外として資産計上を認めた。

・PCG 2004年版における研究開発費

2005年からの上場企業の連結計算書へのIAS/IFRS直接適用と同時に、PCGも2004年、IAS/IFRSへの収斂を目的とした改正が行われ、翌年2005年から適用された。研究開発費に関するものでは、資産の定義、無形固定資産の定義および自己創設無形固定資産の重要な改正があった。

このPCGの規定改正のため、国家会計審議会（CNC）は、「資産の定義、会計処理、および評価に関するの意見書2004-15」を公表し、研究開発費の会計処理について次のような意見書[314]を提出した。（必要箇所のみ抜粋）

 3 固定資産の会計処理基準（Critères de comptabilisation d'une immobilisation）
 3.3 内部創設の無形固定資産（Immobilisations incorporelles générées en interne）
 3.3.1 研究局面と開発局面の区別
    内部創設の無形資産が§3.1の計上基準を満たす場合、実体は固定資産の創設を
    ・研究局面
    ・開発局面

---

[314] CNC [2004b].

第5章 研究開発費の特性と会計規定　267

に分類しなければならない。

実体が無形固定資産の創設を目標とした内部計画が研究局面か開発局面か区別できない場合は、当該計画の支出を研究局面においてのみ発生したものとして扱う。

3.3.2　研究支出

研究（内部計画の研究局面）への支出は、発生時に費用として計上されなければならず、後に無形資産のコストとして加えることはできない。

研究計画は、製造や商品化にはまだ距離があり、将来の経済的便益の獲得の可能性の基準を満たさないので、研究（内部計画の研究局面）により得られたいかなる無形要素も資産化してはならない。

研究活動の例：

a) 新知識の獲得を目的とした活動；
b) 研究やその他知識の結果からもたらされうる応用研究、評価および最終選択；
c) 材料、装置、製品、工程、システムあるいはサービスに関する代替的手法の研究；
d) 新しい、あるいは改良された、材料、装置、製品、工程、システムあるいはサービスの使用可能性の定式化、概念、評価および最終選択

3.3.3　開発コスト

(i) 開発コストが明瞭に個別化できるプロジェクトに関わり、技術的な成功および商業的な収益性を得る可能性（sérieuses chances）がある場合、または数年にわたる開発計画のための経済的な持続性がある場合は、開発コストを資産に計上することが<u>できる</u>。これは、実体が次の基準をすべて満たすことを意味している。

a) 使用あるいは販売を目的として無形固定資産を完成させるために必要な技術の実行可能性；
b) 無形固定資産を完成させ、それを使用または売却するという意図；
c) 無形固定資産を使用あるいは販売できる能力；
d) 無形固定資産が可能性の高い（probable）将来の経済的便益を創出する方法。とりわけ、実体は無形固定資産から創出される製品の市場、無形固定資産それ自体の市場、あるいはそれを内部で使用する場合はその有益性を示さなけ

ればならない。；
e) 開発を完成させ、無形固定資産を使用あるいは販売するための適切な技術上、財務上およびその他の資源の利用可能性；
f) 無形固定資産の開発中の支出を信頼のおける方法で測定できること。

<u>開発コストの資産計上は、優先的方法とみなされる。</u>
開発活動の例
a) 設計、建設、およびモデルや試作品の使用前・製造前のテスト
b) 新技術を含む、工具、鋳型および原版の設計
c) 商業製造規模以下のパイロット工場の設計、建設、および操業
d) 新規あるいは改良された材料、装置、製品、工程、システム、あるいはサービスの設計、建設、およびテスト
e) インターネット・サイトの開発および制作コスト

(a-d は IFRS 38 para.59 と同じ)

(ii) 内部創設の営業権、ブランド、新聞・雑誌のタイトル、顧客リスト、およびそれに類似するものへの支出は、開発活動のコストと区別することができない。したがって、これらは無形固定資産として計上することはできない。このような内部費用に係るその後の支出も同様である。

さらに CNC は、この意見書に示された改正を予定する新規定の詳細な解釈を次のように公表した[315]。（必要箇所のみ抜粋）

3.3 内部創設の無形固定資産計上の条件
内部創設の無形固定資産の計上条件は、IAS38 のように研究局面と開発局面に分けられる。

研究局面中の支出は費用として計上し、後に資産化することはできない。

意見書 2004-15、3.3.3 に規定されている条件を満たす場合は、開発コストは資産計上<u>できる</u>。IAS38 との相違点は、1983 年 11 月 28 日の施行令[316] 19 条にお

---

[315] CNC [2004c].
[316] 商法に編纂された EC 会社法第 4 号指令への調和化施行令を示す。

いて資産化を選択肢として規定していることである。開発コストの資産化が、優先的方法とされている。
6.2 内部創設の無形固定資産―開発コスト
　3.3に明記されている開発コストの計上条件は、資産の定義に関する意見書を参考とする。研究局面と開発局面は、明確に区別される。応用研究の規準（norme）は、混同されうるが、実質上、開発コストの規準に該当しないものとする。

意見書とIAS38の規定との根本的な相違点は、IASが資産化を強制しているのに対し、1983年11月29日付調和化施行令19条が開発コストの資産化を選択肢としていることにある。しかし、その選択肢は、開発コストに限定されている。

CNCの意見書とその解釈が会計規定委員会（CRC）に提出され、その意見書に基づき、「資産の定義、会計処理、および評価に関する会計基準委員会規則2004-06[317]」が公表され、PCG 1999年版の研究開発に関する規定は次のように改正された。（必要箇所のみ抜粋）

　第3編　会計処理と評価の法則（Règles de comptabilisation et d'evaluation）
　　第1章　資産、負債、収益、費用の会計処理（Comptabilisation des actifs, des passifs, des produits et des charges）
　　　第1節　資産の会計処理（Comptabilisation des actifs）
　　　　細則3　内部創設の無形固定資産の会計処理（Comptabilisation des immobilisation incorporelles générées en interne）

311-3　内部創設の無形固定資産計上の条件
1.　<u>研究（あるいは内部計画の研究局面）への支出は、発生時の費用として計上しなければならない</u>。また、それ以降の無形固定資産のコストとすることもできない。

---

[317] CRC [2004].

2. 明確に個別化できるプロジェクトであり、技術的な成功および商業的な収益性を得る可能性（sérieuses chances）がある場合、または数年にわたる開発プロジェクトに対し経済的な実現性がある場合は、開発コストを資産に計上することが<u>できる</u>。これは、実体が次の規準をすべて満たすことを意味している。
a) 使用あるいは販売を目的として無形固定資産を完成させるために必要な技術の実行可能性；
b) 無形固定資産を完成させ、それを使用または売却するという意図；
c) 無形固定資産を使用あるいは販売できる能力；
d) 無形固定資産が可能性の高い（probable）将来の経済的便益を創出する方法。とりわけ、実体は無形固定資産から創出される製品の市場、無形固定資産それ自体の市場、あるいはそれを内部で使用する場合はその有益性を示さなければならない。；
e) 開発を完成させ、無形固定資産を使用あるいは販売するために適切な技術上、財務上およびその他の資源の利用可能性；
f) 無形固定資産の開発中の支出を信頼のおける方法で測定できること。

<u>開発コストの資産計上は、優先的方法とみなされる。</u>
この条項は、331-3/2条で定めるソフトウェアの製造原価には適用されない。
3. 内部創設の営業権、商標権、新聞雑誌のタイトル、顧客リストおよびそれに類する要素への支出は、活動全体の開発コストと<u>区別することができない</u>。したがって、これらの要素は、無形固定資産として計上されない。これらの内部の支出に関するそれ以降の支出も同様に扱う。
4. もし実体が、無形固定資産の創設を目標とするプロジェクトのうち、<u>研究局面と開発局面を区別できない場合には、この計画への支出は研究局面とし、その会計年度の費用として処理する。</u>

（下線は筆者による。）

PCG 2004年版、IAS38、および商法の規定を比較すると表5-7のようになる。

2004年のPCGの改正は、IAS/IFRSの会計観や規定から多大な影響を受け、資産の定義においては、従来フランスが準拠してきた「<u>財産性</u>」と、「支

第5章 研究開発費の特性と会計規定　271

表 5-7　IAS38, PCG, および商法の規定の比較

	IAS38	PCG	商法
研究開発の区分	研究局面と開発局面	研究局面と開発局面	応用研究と開発
研究局面の会計処理	発生時の費用処理	同左	応用研究費および開発費は貸借対照表の資産への計上を容認
開発局面の会計処理	要件を満たせば資産計上を強制	要件を満たせば資産計上を容認　資産計上が優先的方法	
資産計上の要件	下記の6規準と同じ	明確な個別化、技術的成功・商業収益獲得の確かな可能性、または、計画遂行への経済的実行可能性	明確な個別化、商業収益の確かな可能性
資産計上の規準	6規準	IAS38の6規準と同じ	なし

出典：筆者作成。

配」や「将来の経済的便益」などの連結会計基準やIAS/IFRSが準拠している概念を並列したものとなった。

　無形固定資産も従来の財産性が問われるのではなく、将来の経済的便益の流入が要件となった。無形固定資産についての議論はのれんの扱いが中心であったが、その理論展開から無形固定資産も定義づけられ、研究開発費もその将来の経済的便益の流入に注目され、資産計上へと展開されたものである。

　規定を詳細に分析すると、研究開発の区分も研究局面と開発局面の2区分となり、研究局面における支出は費用計上、開発局面は要件を満たせば資産計上とし、IAS38とPCGはほぼ同様の内容となった。両者の相違点は、要件を満たした場合、IAS38が資産計上を「強制」しているのに対し、PCGは資産計上を優先的方法としながらも「容認」している点である。

　PCGが開発局面についても資産計上の容認にとどめた点は、PCGより上位に位置する商法が容認規定であることによると考える。国内法上の矛盾を極力抑制する意図のもと決定がなされたと推察する。他方、研究開発の区分は商法の3区分と異なることになり、意見書においてもその混在を認めているが、資

産計上の「強制」と「容認」の違いほど重大な差異ではないので、PCG は混乱を回避する実体への配慮のため、IAS38 の規定に従ったものと考える。

IAS38 に規定された資産計上の六つの規準も同じく PCG に規定され、従来の PCG の「プロジェクトの明確な個別化、原価の明確化、および技術的成功と商業収益獲得の高い可能性」を満たせば、六つの規準を充足することになると規定で述べられている。つまり、今回の改正で、PCG は IAS38 と同じ六つの要件を規定に含んだが、それは従来から PCG が規定していた要件を満たせば、自動的にそれら新しい六つの要件も満たしているということを強調するものである。ここにも、IAS/IFRS の規定の細かさと、PCG の歴史的な発展過程に見られる特徴の差異が認められるものである。

また、PCG の上位に位置する商法との不一致につき、国家会計審議会は商法の改正を勧告するとしていたが、最終的にその勧告は退けられ、商法は改正されていない。

2. 将来の経済的便益の蓋然性

研究開発費の資産計上の要件として、「将来の経済的便益の蓋然性[318]」が挙げられている。「将来の経済的便益」は明確に定義が示されているが、「蓋然性（probabilité, 英語 probability）」については解釈の困難さこそ示されているが明確な説明がない。PCG 改正のもとになった IAS/IFRS にはもとより、改正時に公表された CNC（国家会計審議会）の意見書にも述べられていない。したがって、研究開発費の開発コストに将来の経済的便益を得る「蓋然性」があるか否かという難しい判断は、経営者らの判断に委ねられることになる。

その「蓋然性」について、難解だが重要な判断規準であるので、まず一般的な言語上の解釈により考察を行う。«probable» との比較に挙げられる言葉が «possible» である。日本語では、「蓋然性[319]」と「可能性」という訳語になり、厳密には「可能性」は起こるか起こらないか、可能か否かを示す言葉で、それ

---

[318] IAS38 par.57（d）および PCG 第 311-3 条 2 項（d）«la façon dont l'immobilisation incorporelle génèrera des avantages économiques futurs probable.»

に対し「蓋然性」は起こる度合いを示すものと使い分けることがある。ゼロでない限り常に「可能性」はあり、多少や高低など程度を示す場合には「蓋然性」を用いるということである。これに従うと、「可能性が高い」あるいは「可能性が低い」という表現は正しくないということになる。本論文は言語学に関するものではないので、あいまいな使い分けになるが、「可能性が高い、低い」という表現や、「可能性」や「蓋然性」という表現を用い、その文面により判断するものとする。

　«probable»と«possible»を比較することにより、«probable»が示す「蓋然性の度合い」を検討すると表5-8のようになる。

　このように«probable»は、高い確率あるいは高い蓋然性（可能性）を示し、その程度の高さは具体的に数値で表されているわけではないが、一般的に50％以上とされている。したがって、起こらない可能性より、起こる可能性の方が高い場合を示すと考えることができる。

　そして次に、IAS/IFRSを参考に考察すると、IAS/IFRSの概念フレームワークに「将来の経済的便益の蓋然性（La probabilité d'avantages économiques futurs, The probability of future economic benefit）」（par.4.40、旧par.85.）において、「蓋然性の概念（le concepte de probabilité）は、認識規準において、ある項目に関連する将来の経済的便益が企業に流入するか、または企業から流出する

表5-8　«Possible»と«Probable»の比較

Possible	Probable
可能性	蓋然性
低い可能性	高い可能性
greater than zero	greater than 50%

出典：筆者作成。

---

[319] 広辞苑によると、蓋然性とは「ある事柄がおこる確実性や、ある事柄が真実として認められる確実性の度合い。確からしさ。これを数量化したものが確率。例：蓋然性が乏しい推測」

274　第2部　今日のフランス会計

ことの不確実性の度合い（au degré d'incertitude, to the degree of uncertainty）に言及するために用いられている。この概念は、企業活動の環境を特徴付ける不確実性と一致する。将来の経済的便益の流れに結び付く確実性の度合いの表現は、財務諸表の作成時に利用可能な証拠に基づいて行われる。例えば、ある企業に対する受取勘定が支払われる可能性が高いときは、反証がない限り、資産として当該受取勘定を認識することが正当化される。しかし、債権の母集団を大きく取った場合には、ある程度の不払いは、通常は可能性が高いものとして考えられる。したがって、経済的便益の予想される現象を表す費用が認識される[320]」と示されている。

「蓋然性」については、IAS37「引当金、偶発債務および偶発資産」に記述があり、「蓋然性が高い」とは何を意味するか解説している。「経済的便益をもつ資源の蓋然性の高い[321]流出（Sortie probable de ressources représentatives d'avantages économiques）」という見出しで、次のように記述している。「負債として認識される要件としては、現在の債務があるだけでなく、債務を決済するための経済的便益を持つ資源の流出の蓋然性が高くなければならない。本基準書*では、資源の流出または他の事象が<u>起こらない可能性よりも起こる可能性の方が高ければ、蓋然性が高いとみなされる</u>[322]。すなわち、<u>事象の起こる確率が起こらない確率よりも高い場合である</u>。現在の債務が存在する可能性が高くない場合には、企業は、経済的便益を有する資源の流出の蓋然性がほとんどない（la probabilité est faible, the possibility[323] is remote）場合を除き、偶発債務を開示する。（下線は筆者による）」さらに、文中＊の注において、「本基準書で

---

[320]　IFRS [2005].
[321]　IFRS [2005] IAS37, par.23. この日本語訳では、「可能性の高い」という表現を用いているが、本文中では「蓋然性の高い」という表現を使用する。
[322]　フランス語原文は、次の通りである «…est considéré comme probable, s'il est plus probable qu'improbable…c'est-à-dire si la probabilité que l'événement se produira est plus grande que la probabilité qu'il ne se produise pas.»
[323]　このIAS37, par.23の英語原文中、probableあるいはprobabilityが使用されているが、この箇所だけpossibilityと記されている。

は、『蓋然性が高い（probable）』を『起こらない可能性よりも起こる可能性が高い（plus probable que non probable）』と解釈しているが、この解釈は必ずしも、他の基準書には適用されない」とIAS37においてのみ適用する解釈であることを注釈している。

　IAS/IFRSには適用範囲の限定があるものの、「起こらない可能性よりも起こる可能性が高い場合に蓋然性が高い」とみなされ、したがって、「蓋然性が高い」ということは、起こる確率が50％以上を示すと理解することができる。

　これを「将来の経済的便益の高い蓋然性（可能性）」に適用すれば、「将来、50％以上の確率で経済的便益を得る場合」ということなる。研究開発費の資産計上の要件でも「高い蓋然性（可能性）（probable）」を、50％を境としてその確率に基づいて判断することが可能だと考えられる。

　「高い蓋然性」とは「50％以上の確率」ということが導き出されるが、その「50％以上」かどうかの判断は、経営者たちの経験、あるいは経験に基づく感覚によるものである。このような判断に恣意性を完全に排除しうるものではない。そこで、PCGの会計原則の「誠実性の原則」を遵守し、「誠実に」会計処理を行うことが求められるものである。

3. 無形資産認識規準における「蓋然性」

　IAS38における無形資産の認識規準である「将来の経済的便益の蓋然性」について、主に「蓋然性」が証明されるケースを次に検証する。IAS38の「蓋然性」に関する認識規準は、次のようである。

　　par.21　無形資産は、以下を満たす場合に、かつ、その場合にのみ、認識しなければならない。
　（a）資産に起因する、期待される将来の経済的便益が企業に流入する蓋然性が高く（probable）；かつ
　（b）資産の取得原価は信頼性を持って測定することができる。

　実体が無形資産を計上する場合は、購入等による取得、企業結合による取

得、および自己創設によるものである。購入等による取得は、ある無形資産の単独の取得の場合を指すものである。IAS38では、単独取得および企業結合による取得の場合は、「蓋然性」が高いという規準を満たすと解説している。

単独の取得の場合、実体が取得のために支払う対価は、その無形資産が有する「将来の経済的便益が企業に流入する蓋然性」への期待（attente）に応じたものである。つまり、その無形資産の価額は、「蓋然性」を反映したものであり、認識規準を満たすものである。

次に、企業結合による取得の場合、無形資産の取得原価は結合時の公正価値によるものである。この公正価値は、資産から生ずる「将来の経済的便益が企業に流入する蓋然性」の市場の期待を反映したものであり、「蓋然性」は公正価値により裏付けられ、認識規準を満たすのである。

企業結合による場合は、その無形資産が被買収企業の計算書類に計上されていなくても、のれんとの識別および評価の規準を満たせば、のれんと区別して別箇に計上することができる。この場合も、その無形資産は、公正価値により評価されているものであるので、「蓋然性」の要件を満たすものである。

これらの単独の取得および企業結合による取得は、それぞれ購入価額および公正価値が、信頼性のある取得原価の測定という要件を満たし、かつその信頼しうる取得原価が「将来の経済的便益の流入の蓋然性」に対する期待を反映したものであり、「蓋然性」を証明することになる。つまり、取得原価がその無形資産への「期待」を表すものであり、その「期待」の存在が「蓋然性」を証明するというものである。

一方、取得原価を有していれば、「将来の経済的便益の流入の蓋然性」という認識規準をみたすということは、つまり購入価額や公正価値を有する要素は必然的に便益をもたらすことを意味する。この点はIAS38が概念フレームワークから離脱しているという指摘もある[324]。これは、明確かつ信頼しうる取

---

[324] Lebrun [2004] Lebrunは続いて、宝くじを例に挙げ、「宝くじには取得価格があるが、当たる確率は非常に乏しい（une probabilité très faibre）。IAS38に基づくと、資産計上しなければならないが、概念フレームワークに基づくと費用になる。」と述べている。

得原価があることと、「蓋然性」を有することは異なると述べるものであると考える。

また、«probable»「蓋然性」とは、起こらないより起こる確率が高いことを意味し、«probable» という言葉は度合いを示す形容詞がなくても確率の高いことを示すと解釈されているが、その解釈に反して「期待する」のは「高い蓋然性」だけなのかという記述もあった。それは、IAS/IFRS の資産の定義の改正の際に呈され質問にみられ、「2008 年に公表された草案で使用された『期待する (attendu, expected)』という表現は、『高い蓋然性』のみを表すのか、あるいは『低い蓋然性』を含めあらゆる程度の蓋然性を示すのか」というものだった[325]。

この質問への明確な解説はなかった。それは «expected» という表現が、概念フレームワークの「資産の定義」にすでに用いられていたことによる。「資産とは、過去の事象の結果として当該企業が支配し、かつ、将来の経済的便益が当該企業に流入することが期待される (sont attendues, are expected) 資源をいう」という部分である。これまで特にこの点が疑問視されなかったのは、「期待」されるのは、「蓋然性」のあるもの、つまり、50% 以上であるものを示すという共通した解釈に基づくことによると考える。

4. 内部創設無形資産

IAS38 において、無形資産の認識規準を満たすものは、のれんと区別し資産計上することが定められている。そこに無形資産計上の積極性を見出すものであるが、他方で内部創設無形資産の計上にはかなり制限をつけ、具体的に計上を禁止する項目も挙げている。計上禁止項目として、内部創設のれんを始め、内部で創設されるブランド、題字、出版タイトル、顧客リストおよびこれらに類似する項目と例示し、「無形資産と認識してはならない」と、規定している。計上禁止の理由は、「これらに関する支出が、事業を全体として発展させる原

---

[325] Scheid [2010].

価と区別することは不可能である」というものである。

　また、取得原価の有無によっても単独での取得あるいは企業結合の場合は、内部創設と異なる会計処理となることも論点となっている。この点の矛盾をLebrunは「IAS38に従えば、取得する進行中の研究および開発プロジェクトは、その進行の度合い如何にかかわらず、また成功の潜在性（potentialité）にかかわらず、取得原価があるということで費用ではなく無形資産に計上できる。最終的にそのプロジェクトが目的を達成しなかったとしても」と指摘し[326]、仮にそのプロジェクトが企業内で開発されているものであれば、IAS38に基づくならば資産として計上するのは不可能であり、そのような開発への支出を費用ではなく資産として計上したければ、第三者に委託し、それを取得するという形を取らなくてはならないと述べている。

　内部創設の無形資産には、将来の経済的便益を得る高い蓋然性など、求められる要件は多い。「のれんとの区別」、「将来の経済的便益の高い蓋然性」そして「原価」の3要素が、取得と内部創設の資産計上に際して差異となるものである。取得の場合、のれんと区別できるものが、内部創設の場合にはのれんと区別できないということにもなる。

　EC会社法第4号指令では内部創設無形固定資産計上について、国内会計基準を尊重し、自由裁量を認めるものであった。それにより、フランスも従来は「市場シェア」や「（内部創設の）商標権」を資産計上していた。この二つの項目が計上禁止となり、影響がおよんだことは、LVMHやシャネルの例で明らかである。

Ⅵ　おわりに

　科学技術の発展に伴い重要性を増した研究開発費についての展開を検証してきた。1960年代末、OECDは科学技術が経済の発展の原動力と位置付け、研

---

[326] Lebrun [2004].

究開発の統計調査のため、研究開発を分析し、その特性を明確にしつつ、区分と定義を表した。そこですでに、区分することの難しさと、成功の不確実性という特性が示された。

そのOECDのレポートを参考に、会計審議会は研究開発の支出増加に伴い提起されていた会計処理の問題を解決すべく審議を始めた。1970年代、すでに費用処理、繰延処理、あるいは資産計上のそれぞれについて問題点が挙げられており、とりわけ資産計上については資産に求められる財産性が論点となった。しかし、研究開発は設立費などとは異なり、何か価値があり、単純に費用の繰延とすることも妥当ではないという議論もあった。

PCG 1982年版では、原則費用計上としながらも、要件をみたせば無形固定資産に計上できるとした。これは、EC会社法第4号指令の国内法化として捉えられ、資産計上に十分な理由を認めたものではないと考えられる。また、早期全額償却および償却中の利益配当の禁止からは、研究開発費に財産性が認められないことを示し、資産計上の容認とはいえ、それは繰延処理と同じ意味合いであると捉えることができる。

PCG 1999年版でも、資産の定義は財産性に基づき、研究開発費に関する諸規定にも変化がなかった。このことから以前と同様に、資産計上というよりむしろ繰延処理であったことを読み取ることができる。そして、さらに研究開発費を「特殊な性質の資産 (actif de nature particulière)」として、例外的に無形固定資産への計上を容認していることからも、研究開発費は財産性を有する資産ではないことが明確に表されている。

また他方、1986年に連結会計がPCGへの挿入という形で初めて規定された。そして1999年、連結会計基準がPCGから独立して設けられた。この連結会計基準において、無形資産を認識する一つの要件として「将来の経済的便益」が述べられた。これはフランスにとり資産に対する新しい概念であった。

そして2004年のPCGの資産の定義の改正において、従来フランスが準拠してきた「財産性」と、連結会計およびIAS/IFRSによる「将来の経済的便益」が並列という形で示された。これにより、研究開発費は法的な財産性を問われることなく、資産の定義を満たすことになった。また1970年代以来の単純に

費用を繰り延べる設立費とは異なる「何か価値がある」ということも認められたと考えられる。

研究開発が注視され始めた1960年代当初より、その特殊性は分析されており、本質は将来も変わらないだろう。しかしながら、ここで検証したように、経済を取り巻く環境が変化するに伴い、会計も変わり、研究開発費の会計処理にも変化が見られた。研究開発費の有する属性が変化していくものではないにもかかわらず、会計処理は将来また変更される可能性があることを示唆するものである。

また、PCGとIAS38「無形資産」の研究開発費に関する規定はほぼ同一の文言で規定されており、規準を満たした場合に資産計上を「強制」するか「容認」するかの違いとなった。しかしながら、「強制」を規定しているIAS38においても、成功の不確実性を理由に規準を満たさないとして、資産計上しないケースが多く見られる。このようなばらつきは、計算書類の比較可能性を阻害するものである。

さらに、研究開発への投資額の規模を考慮すると、それを資産計上するか否かは極めて経営戦略的でもあり、そこに恣意性が介在するのは否定できない。確固たる会計処理を確立することは、非常に困難なことと想像しうるが、研究開発の成功の不確実性にも対処できる客観的規準を設けることが必要であると考える。

第6章

研究開発費の先行実態調査

I はじめに

　1980年代の世界的なM&Aの大きな波、そして金融市場の拡大と一層の活性化は、欧州企業にも多大な影響を及ぼした。M&Aとそれに伴い発生するのれんについて、国際的に会計処理が統一されておらず、国や企業により多様性が見られていた。一方、証券取引による金融市場も大きく発展し、投資情報としての会計書類の有益性が大きく注目された。このような状況の中で、のれんを中心とする無形資産の会計上の状況や、企業が選択した会計方法による投資情報への影響が数多く研究された。

　さらに、企業価値の上昇を目的とした無形資産への支出の増加もこの頃から顕著になった。コンピュータの普及とネットワーク社会の確立は、情報産業を大きく発展させ、通信をはじめとする多くの産業分野で変革が起こった。無形資産についての議論も幅広く行われたが、とりわけソフトウェア開発に関する会計処理の確立が急務とされ、各国とも会計規定作成に着手した。

　ソフトウェア以外の無形資産への支出も増加し、特に研究開発や広告宣伝の活動は従来に比べ継続して増加傾向にあった。このような支出に関する会計処理は多様であり、会計書類の比較可能性や有用性についての実証研究が多く行われた。

　2005年からのEU域内上場企業の連結計算書へのIFRS直接適用が転機となり、EU域内ではIAS38「無形資産」が適用されることになり、統一を見た。この直接適用により、無形資産についての会計情報の比較可能性および透明性

が担保されているかを実証することは重要な研究課題として取り上げられた。

これらの背景から、フランス企業の無形資産の開示状況を実証研究から読み取り、その結果から導かれるフランス企業の特徴を検討するものである。

まず無形資産の実態調査を検討し、次にフランス企業の研究開発費の資産計上状況、IAS38の初度適用による研究開発費への影響と関連する事例研究を取り上げるものである。

II 無形資産におけるフランスの特徴

1. 慎重性と秘匿性の国別比較

無形資産の会計情報に関してフランス企業が有する特徴を、Bessieux-Ollier の実態調査[327]を参考に検討を行う。

この実態調査は、1988年にアメリカのGrayが行った「各国会計制度の発展における国内文化の影響を理論化する試みに向けて（Towards a Theory of Cultural Influence on the Development of Accounting Systems Internationally）」で用いられた研究方法によるものである。Grayの用いた方法は、1）規則のタイプ（職業的判断と強制法規）、2）統一性と多様性、3）慎重性と楽観性、4）秘匿性と透明性を調査し、理論を構築するものであった。

この研究方法を基に、Bessieux-Ollier は無形資産の会計状況に関して、「慎重性の傾向」と「秘匿性の傾向」について研究を行った。フランスとの比較に、ドイツおよびアメリカを選び、それぞれの国の企業について調査を行った。ドイツはヨーロッパの大陸文化圏にあり、EC会社法において会計基準も調和化が図られていることから、フランスと類似した会計基準を有する国として選択された。一方、アメリカは、それらの条件と対峙する国であることが選択の理由であった。

---

[327] Bessieux-Ollier [2006].

表 6-1　無形資産の会計規定の比較（1998 年）

	フランス	ドイツ	アメリカ
R&D 支出	基礎研究：費用処理応用研究および開発：資産計上可能	R&D：費用処理	R&D：費用処理
その他自己創設無形資産	商標（Marque）およびソフトウェアを除き、資産計上禁止	資産計上禁止	ソフトウェアを除き、資産計上禁止
連結初年度の無形資産の分類	のれん：資産計上可能、減価償却期間自由	のれん：資産計上可能、減価償却期間5年あるいは使用期間、株主持分からののれんの控除可能	のれん：資産計上、最長40年で経済的有効期間で償却
	その他無形資産：設立費：最長5年で償却 特許権およびその他権利：最長期間の設定において可能な使用期間で償却、使用期間が無限の場合は減価償却不可（商標、営業権）	その他無形資産「法的保護」を有するもの：将来的収益を基に算定した償却 創立費、開業費：最長5年で償却	その他識別可能な無形資産：資産計上、最長40年の使用期間で償却

出典：Bessieux-Ollier [2006] page 183 より。

　調査が行われた 1998 年当時の無形資産に関する 3 国の会計規定は、表 6-1 のとおりであった。

　無形資産の会計規定は 3 国間で一致しているものではなく、次のような特徴が会計規定において表れている。

　・フランス
　　　応用研究および開発への支出、自己創設無形資産（商標）の資産計上を容認している。

- ドイツ
    無形資産の計上を厳しく制限している。
- アメリカ
    のれんの資産計上を強制している。
- フランスとドイツ
    のれんの資産計上を容認している。

　無形資産の資産計上については、3カ国のうち計上を容認している範囲が最も広いのがフランスであり、最も厳しく制限しているのがドイツである。この点では、フランスとドイツの会計規定が近いものであるとは言えない。また、のれんについては、アメリカが計上を強制しているのに対し、フランスとドイツは容認に留まっており、この点ではフランスとドイツは類似し、その両国にアメリカが対峙していることがわかる。

　実態調査は、3カ国の926企業をサンプルとして選び、1998年のアニュアル・レポートに基づき行われた。企業規模は情報収集の面から、大企業が対象とされた。926企業のうち、504企業からアニュアル・レポートが収集され、うち87企業は、貸借対照表に無形資産の計上あるいは損益計算書に無形資産への支出の記載がなかったため除外され、残りの417企業のアニュアル・レポートから調査が行われた。対象企業は、フランス77社、ドイツ49社、アメリカ291社であった。それをさらに産業別に4区分したものを表6-2に示す。

表6-2　サンプル企業の国別、産業別区分

		産　業				合計
		メディア	食品	石油・ガス・石炭	化学・薬品・化粧	
国	フランス	20	24	8	25	77
	ドイツ	9	15	5	20	49
	アメリカ	58	40	27	166	291
合　計		87	79	40	211	417

出典：Bessieux-Ollier [2006] page 176.

「慎重性の傾向」と「秘匿性の傾向」を検証するため、これらの対象企業のアニュアル・レポートをそれぞれ次の10項目において、「はい」なら「1」、「いいえ」なら「ゼロ」とし、その合計点数を総合計点数で除したもの数値により分析が行われた。

<u>「慎重性の傾向」の検証項目</u>
1. 創出無形要素を資産計上しているか？
   (1'. 石油およびガス探鉱に関する研究開発費の会計にいずれの方法を用いたか？ 成功コスト：1、フルコスト：ゼロ
   これは、米国の石油・ガス・石炭産業に属する企業に対するものである。米国はこれらの産業に従事する企業に対し、研究開発費の計上について選択肢を残している。)
2A. のれんはあるか？
2. 初年度からのれんを計上しているか？
3. のれんを計画的な減価償却の対象としているか？
4. のれんを減損の対象としているか？
5. のれんの償却期間は？（20年以上：1、20年未満：ゼロ）
6A. その他無形資産はあるか？
6. 初年度から無形資産を計上しているか？（取得R&Dなど）
7. その他無形資産を計画的な減価償却の対象としているか？
8. いくつかのその他無形資産を減損の対象としているか？
9. その他無形資産の償却期間は？（21.70年[328]以上：1、20.70年未満：ゼロ）
10. その他無形資産に適用する減価償却方法は？（定率法：1、定額法：ゼロ）

<u>「秘匿性の傾向」の検証項目</u>
1. 無形要素への支出のうち資産計上していない金額を開示しているか？
   (1'. 石油およびガス探鉱に関する研究開発に用いた会計方法を開示しているか？

---

[328] Bessieux-Ollier［2006］page 174,「1998年における無形資産の平均減価償却期間は20.70年と算出された。」

これは、米国の石油・ガス・石炭産業に属する企業に対するものである。米国はこれらの産業に従事する企業に対し、研究開発費の計上について選択肢を残している。）

2. 資産計上していない無形要素への支出の内容を開示しているか？
3. 無形資産全体において詳細な部分情報を開示しているか？
4. のれんの金額を開示しているか？
5. のれんの減価償却期間を開示しているか？
6. その他無形固定資産の詳細な金額を開示しているか？（無形全体の20%以上に該当する場合）
7. その他無形資産の減価償却期間を開示しているか？
8. 減価償却累計額を開示しているか？
9. 無形資産をタイプ別に減価償却累計額を明記しているか？
10. のれんおよびその他無形資産の年間減価償却額および特別減損を開示しているか？

これらの10項目のポイントから得られた結果を表6-3、表6-4に示す。

表6-3 「慎重性の傾向」における国別結果

	企業数	平均	中間値	標準偏差	最小値	最大値
フランス	77	0.5560	0.5714	0.1771	0.0000	1.0000
ドイツ	49	**0.6335**	0.6250	0.1403	0.3333	1.0000
アメリカ	291	0.5496	0.5000	0.2477	0.0000	1.0000

出典：Bessieux-Ollier [2006] page 176 より。

表6-4 「秘匿性の傾向」における国別結果

	企業数	平均	中間値	標準偏差	最小値	最大値
フランス	77	0.1966	0.1666	0.1731	0.0000	0.6667
ドイツ	49	**0.2980**	0.3000	0.2294	0.0000	1.0000
アメリカ	291	0.2151	0.2000	0.1932	0.0000	0.8000

出典：Bessieux-Ollier [2006] page 176 より。

表6-5 「慎重性の傾向」および「秘匿性の傾向」の強さの順位

	慎重性の傾向	秘匿性の傾向
フランス	2	3
ドイツ	1	1
アメリカ	3	2

出典：筆者作成。

　Bessieux-Ollier の結果をまとめると表6-5のようになり、この実態調査から、Bessieux-Ollier は、次のように結論付けている。

　「慎重性の傾向」の調査では、1位ドイツ、2位フランス、3位アメリカの順で慎重性の傾向が強いという結果が得られた。また、欧州大陸とアメリカという対比では、欧州大陸の方がアメリカより慎重性の傾向が強いという結果も得られた。

　「秘匿性の傾向」の調査では、1位ドイツ、2位アメリカ、3位フランスの順で秘匿性の傾向が強いという結果だった。また、欧州大陸とアメリカという分類は、この秘匿性の傾向を特徴づける結果は得られなかった。

　1988年の Gray の研究は、より広い範囲で行われているが、欧州大陸諸国とアングロ・サクソン諸国という分類であり、欧州大陸諸国の方がアングロ・サクソン諸国よりも秘匿性の傾向が弱いという結果を得ている。今回の調査結果は、分類方法が異なるが、Gray の結果に反するものではない[329]。

　さらに、「秘匿性の傾向」調査からは、フランス企業の方がアメリカ企業よりも無形要素の計上が多かったこともこの研究で明らかになった。この結果も、先行実証研究に反するものではない[330]。

---

[329] Bessieux-Ollier [2006] page 177, Bessieux-Ollier は、さらに「1996年 Zaraeski の研究および1995年 Gray と Vint の共同研究の結果にも、今回の結果は反するものではない」と述べている。

[330] Bessieux-Ollier [2006] page 177, Bessieux-Ollier は、さらに「1999年 MacArthur の研究および1995年 Meek、Robert および Gray の共同研究の結果にも、今回の結果は反するものではない」と述べている。

この Bessieux-Ollier の研究では、調査対象企業数が 3 国で一定ではなく、アメリカ企業が圧倒的に多い。産業別の企業数は統計がとられているが、企業規模は不明である。このような点を考慮しても、ドイツが慎重性の傾向も秘匿性の傾向も強いという結果が得られることは、ドイツの会計基準の検討から予想されることであり、つまりドイツ会計基準の特性を裏付ける実態調査である。

アメリカの会計基準では、慎重性の原則の重視から自己創設の無形資産や研究開発費の資産計上を禁止しているが、慎重性の傾向はフランスよりも低く、3 国で一番低い結果となっている。

また、フランスは、その会計基準においても他の 2 国に比べ、無形資産の計上を広く認めるものであり、この研究でも秘匿性の傾向は 3 国で一番低い結果となっている。商標や市場シェアなどフランス基準に特徴的な無形資産の計上が、このような結果を導くものと考える。

このような国の傾向は、会計に見られるそれぞれの国の性格とも受け取ることができ、文化的・歴史的な背景が与える影響もあるのではないかと推察するものである。

2. 無形資産の計上状況における国別比較

Walliser が行った実態調査においても国ごとの多様性が証明される結果を得ている。Walliser は商標（Marque, Brand）の会計の研究を中心に、無形資産および無形固定資産の実態調査を行った。2001 年に出版された著書[331]では、無形資産の計上状況を国別に比較し、国による特徴を分析している。その調査方法と結果は次のようである。

調査対象国は、フランス、ドイツ、イギリス（UK）の 3 国であり、いずれも EU 加盟国として域内では経済的にも主要な国である。1999 年の調査当時、EC 会社法指令により会計規定の調和化は行われていたが、IFRS はまだ適用

---

[331] Walliser [2001].

されていなかった。無形資産の会計規定において、自己創設ののれんの計上は3国とも禁止されていたが、自己創設の商標の計上はフランスでは容認されていた点が相違点として挙げられている。

対象企業は、各国50企業で、アニュアル・レポートの連結計算書類に基づくものであるが、詳細な情報収集のため営業報告書も参考としている。また、うち22企業については、会計財務担当責任者への意見聴取も参考としている。企業規模はいずれも大企業に分類される上場企業である。50企業の選択については、各国の純資産上位50社という方法によると産業に偏りが生じるため、金融および不動産業を除く次の五つの産業から10社ずつが調査対象とされた。

1. エネルギー・第一次製造業・建設
2. 部品・自動車
3. その他消費財
4. 食品
5. 流通・サービス

対象項目は、アニュアル・レポートの表示方法により異なるため、まず無形資産の項目での計上を調べ、次にのれんと無形固定資産に区分して表示されている場合はその項目への計上、さらに無形固定資産を詳細に表示している場合は、商標項目への計上を調査するものであった。これを図示すると、図6-1の

図6-1 対象項目の区分

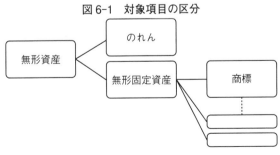

出典：筆者作成。

ようにまとめられる。
　それぞれの計上状況と計上額を調査した結果は、次のとおりであった。

- **無形資産の計上**
  国　別：非常に顕著な差異。フランスおよびドイツの全企業において、無形資産の計上が見られ、イギリスは約30％の企業のみ無形資産を計上していた。
  産業別：差異はなし。
- **無形資産の計上額**
  国　別：顕著な差異。無形資産を計上している企業の数においてはイギリスの3倍であるドイツは、計上額は最も少なく、フランス企業の計上額は最も多い。
- **無形固定資産の計上**
  国　別：非常に顕著な差異。ドイツとイギリスは無形資産として計上しているにすぎないが、フランスは無形固定資産として資産において区分表示を行っている。
  産業別：わずかな差異。
- **無形固定資産の計上額**
  国　別：顕著な差異。ほとんどのドイツ企業の計上額は僅少であるのに対し、フランス企業は逆の傾向がみられた。イギリス企業については、のれんの計上が行われた場合には計上額が大きい。
  産業別：顕著な差異。とりわけドイツにおいて顕著。エネルギー・第一次製造業・建設業における計上額が最も多い。
- **のれんの計上**
  無形資産を計上している企業グループのうち25％がのれんを計上していない。
  国　別：非常に顕著な差異。ドイツは、のれんを無形固定資産と一緒に計上している。それに対しフランスは、のれんと無形固定資産を区分して表示していた。イギリスは、のれんの資産計上は非常にまれであった。
  産業別：差異はなし。

・のれんの計上額

　国　別：差異はなし。

　産業別：顕著な差異。エネルギー・第一次製造業・建設および部品・自動車産業は多額ののれん計上額であった。

さらに詳細な企業別のデータをまとめると表6-6、表6-7のようであった。

表6-6　無形資産計上額の上位20社

(単位：100万ユーロ)

	企業名	国	産業	計上額
1	Christian Dior	仏	その他消費財	6,680.62
2	Rhône-Poulanc	仏	エネルギー・第一次・建設	6,098.15
3	Grand Metropolitan	英	食品	5,797.01
4	Hoechst	独	エネルギー・第一次・建設	5,602.06
5	Danone	仏	食品	5,563.54
6	Alcatel Alsthom	仏	部品・自動車	5,126.50
7	Saint Gobain	仏	エネルギー・第一次・建設	3,843.85
8	Elf Aquitaine	仏	エネルギー・第一次・建設	3,822.92
9	L'Oréal	仏	その他消費財	3,317.85
10	Peugeot-Citroën	仏	部品・自動車	3,211.54
11	Smithkline Beecham	英	その他消費財	3,064.18
12	PPR	仏	流通・サービス	2,877.23
13	Cadbury Schweppes	英	食品	2,308.96
14	VIAG	独	エネルギー・第一次・建設	2,105.67
15	Guiness	英	食品	2,082.09
16	Reckitt & Colman	英	その他消費財	1,708.96
17	Pechiney	仏	エネルギー・第一次・建設	1,683.08
18	Eridania Beghin Say	仏	食品	1,483.08
19	Total	仏	エネルギー・第一次・建設	1,442.31
20	British Petroleum	英	エネルギー・第一次・建設	1,431.34

出典：Walliser [2001] page 317 より。

表 6-7　無形固定資産計上額の上位 20 社

(単位：100 万ユーロ)

	企業名	国	産業	計上額
1	Christian Dior	仏	その他消費財	6,210.77
2	Grand Metropolitan	英	食品	5,797.01
3	L'Oréal	仏	その他消費財	3,243.54
4	Cadbury Schweppes	英	食品	2,308.96
5	Guiness	英	食品	2,082.09
6	Danone	仏	食品	2,054.31
7	PPR	仏	流通・サービス	1,760.62
8	Reckitt & Colman	英	その他消費財	1,708.96
9	British Petroleum	英	エネルギー・第一次・建設	1,383.58
10	Smithkline Beecham	英	その他消費財	1,197.01
11	BASF	独	エネルギー・第一次・建設	1,104.64
12	Saint Gobain	仏	エネルギー・第一次・建設	950.31
13	VIAG	独	エネルギー・第一次・建設	864.43
14	Rhône-Poulanc	仏	エネルギー・第一次・建設	785.38
15	Lafage	仏	エネルギー・第一次・建設	709.38
16	Sodexho	仏	流通・サービス	699.23
17	Eridania Beghin Say	仏	食品	692.92
18	Bouygues	仏	エネルギー・第一次・建設	680.00
19	Hoechst	独	エネルギー・第一次・建設	652.06
20	Siebe	英	部品・自動車	641.79

出典：Walliser [2001] page 319 より。

　前掲の無形資産（表6-6）および無形固定資産（表6-7）の計上額上位20社を国別に比較すると表6-8、表6-9のようになる。

　Walliserの研究では、フランス、ドイツおよびイギリス（UK）3国のそれぞれ五つの産業から10社ずつを調査対象としている。この調査において、無形資産計上額の上位20社のうち12社がフランス企業であり、無形固定資産計上

第 6 章　研究開発費の先行実態調査　293

表 6-8　無形資産の計上額上位 20 社国別比較

(単位：100 万ユーロ)

	企業数		計上額	
	企業数	割合	計上額	割合
フランス	12	60%	45,150.67	65.20%
ドイツ	2	10%	7,707.73	11.13%
イギリス（UK）	6	30%	16,392.54	23.67%
合　計	20	100%	69,250.40	100.00%

出典：Walliser［2001］に基づき、筆者作成。

表 6-9　無形固定資産の計上額上位 20 社国別比較

(単位：100 万ユーロ)

	企業数		計上額	
	企業数	割合	計上額	割合
フランス	10	50%	17,786.46	50.06%
ドイツ	3	15%	2,621.13	7.38%
イギリス（UK）	7	35%	15,119.40	42.56%
合　計	20	100%	35,526.99	100.00%

出典：Walliser［2001］に基づき、筆者作成。

額の上位20社においても10社がフランス企業であった。共に上位20社においては、フランスが半数以上を占める結果が得られ、無形資産および無形固定資産の計上の多さはフランス企業の特徴と捉えることができる。

これはBessieux-Ollierの研究とも同様の結果となり、ここでもまた、フランス会計基準の無形要素に対する特徴を裏付ける実証結果を得たことになる。

III　IAS/IFRS 適用による無形資産への影響

1．無形資産およびのれんの増減

2005年からのIAS/IFRS直接適用への移行準備として、2004年はフランス

会計基準を適用した会計書類とIAS/IFRSを適用した会計書類の2種類が各企業により作成された。このような年は、移行準備期を除いて他に例を見ない特殊な年である。したがって、2004年の二つの会計基準による会計書類を比較することにより、フランス会計基準からIAS/IFRSへの移行による影響が明らかとなる。

この2004年の計算書類を基に、FabreとFarjaudonによる無形資産に関する移行による変化を分析した共同実証研究[332]を参考に影響を検討する。

調査対象企業は、CAC40[333]を構成する企業のうち金融業および保険業を除く32企業とし、2004年のアニュアル・レポートを基に、IAS/IFRSの適用が無形資産に及ぼした影響について調査が行われた。資産総額、無形資産総額、のれんおよびその他無形資産の計上額から指数を算出し、会計基準による変化を比較するものであった。次の算式により求められた指数を用いている。

$$\frac{のれん}{のれん＋その他無形資産}=X \qquad \frac{のれん＋その他無形資産}{資産合計}=Y$$

Xは、のれんが無形資産に占める割合を示す。
Yは、無形資産が資産に占める割合を示す。

Xをx軸に、Yをy軸にとり、散布図を作成すると、次の五つのグループに分類された。

・第1グループ：IAS/IFRSの影響がない。
・第2グループ：無形資産合計額は変化がないが、のれんが増加した。
・第3グループ：無形資産合計額は変化がないが、のれんが減少した。

---

[332] Fabre et Farjaudon [2005], Fabre et Farjaudon [2007].
[333] CACは、«Cotation Assisté en Continu» の略であり、Euronext Paris証券市場に上場している企業のうち、取引量が最も多く、かつ異なる産業から選択された40社で構成する指数を示す。また、その構成企業をCAC40と呼ぶこともあり、フランスの代表的な企業である。

・第4グループ：のれんは増加し、無形資産も増加した。
・第5グループ：のれんは増加したが、無形資産の割合は減少した。

それぞれの散布図であきらかになった会計基準による変化をグループ別にまとめて図示する（図6-2、図6-3、図6-4）。

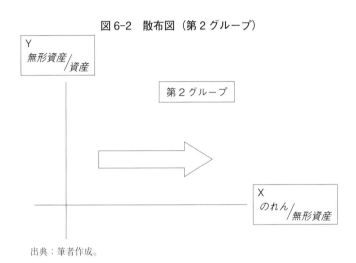
図6-2　散布図（第2グループ）

出典：筆者作成。

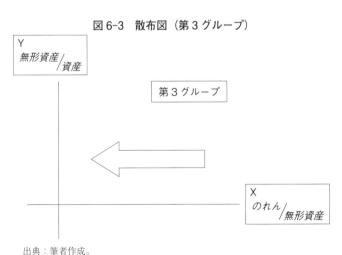
図6-3　散布図（第3グループ）

出典：筆者作成。

図6-4　散布図（第4・第5グループ）

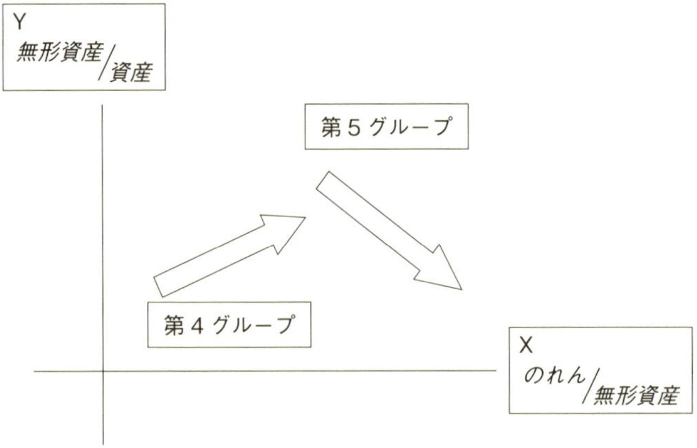

```
Y
無形資産／資産
                        第5グループ

              ↗
                            ↘
        第4グループ
                                      X
                                   のれん／無形資産
```

出典：筆者作成。

表6-10　会計基準変更による無形資産およびのれんの変化

	企業数	企業数割合	割合の増減変化 無形資産／資産合計	割合の増減変化 のれん／無形資産
第1グループ	16	50%	変化なし	変化なし
第2グループ	9	28%	変化なし	増加 ↗
第3グループ	4	13%	変化なし	減少 ↘
第4グループ	2	6%	増加 ↗	増加 ↗
第5グループ	1	3%	減少 ↘	増加 ↗
合　　計	32	100%		

出典：Fabre et Farjaudon [2005] に基づき、筆者作成。

グループ別の割合と傾向をまとめると表6-10のとおりある。
それぞれのグループの特徴の詳細な検討は次のようにまとめられている。

・**第1グループ：変化なし**

調査対象の企業のうち半分が、会計基準の変更による影響はなく、無形資産

が資産に占める割合も、のれんが無形資産に占める割合も変化がなかった。変化が見られない理由として、次の三つの仮説を立てることができる。

　　・IAS/IFRS 直接適用開始以前より適用していた。
　　・IAS/IFRS 直接適用の影響をなるべく小さくとどめた。
　　・IAS/IFRS を厳格に適用したが、無形資産の重要性が乏しかった。

　アニュアル・レポートを詳細に検討したが、変化がなかった全体的な理由は得られなかった。

・第2グループ
　調査対象企業のうち約3分の1が、無形資産総額に変化はないが、のれんの計上額に増加がみられた。
　のれんの計上額は、フランス基準適用では無形資産のうち 49% であったが、IAS/IFRS 適用では 80% と上昇した。無形資産全体額に変化がないことから、無形資産項目間の振替により、のれんが増加したものである。これは、市場シェアおよび営業権の計上が IAS/IFRS では禁止されているため、それらがのれんに振り替えられたものである。とりわけ L'Oréal 社（化粧品）において顕著であり、のれんの割合が 18% から 77% へと大きく増加している。

・第3グループ
　無形資産の計上額に変化は見られないが、のれんの計上額に減少が見られた企業である。のれんから無形資産項目への振替が行われたものである。例えば、Alcatel（機械・通信機器）は、のれんから開発費への振替による影響である。

・第4グループ
　のれんの無形資産に占める割合が増加し、無形資産の資産に占める割合も増加した企業である。LVMH（流通・複合企業）および Danon（食品）がこれに該当している。

・第5グループ

のれんの無形資産に占める割合が増加し、無形資産の資産に占める割合は減少した企業である。例外的なケースで、Vivendi（コミュニケーション・メディア）1社のみであった。これは Vivendi グループのうち Vivendi Universal Entertainment の売却予定を反映した結果であった。

Fabre と Farjaudon は、次のように結論している。調査対象企業のうち約半数において、IAS/IFRS 基準の適用に変わっても無形資産およびのれんの状況に何も変化がなかったことは、理論上の予想に反するものであった。また、IAS/IFRS による影響は五つのグループに分類されたが、そのうち二つのグループに調査対象企業の約8割が含まれる結果であった。

この共同実証研究に見られるように、適用される会計基準の変更にもかかわらず、大半の企業の無形資産の状況に変化がなかったことは、他の実証研究から明らかになったように他国に比べ無形資産の計上が多く、また他国や IAS/IFRS が計上を認めていない無形資産項目の計上を容認していたフランスにとり意外な結果だったと捉えることができる。そして、のれんの割合が増加した企業が約4割を占めることは、のれんと識別して無形資産を計上するという IAS38 の目的に反するものであることも注目すべきことである。また、このような結果は市場シェアや自己創設商標などフランスが確立してきた無形資産の認識方法や認識規準が否定され、それらの無形資産項目はすべてのれんに含まれることになったことを意味する。

2. のれんの増減に関する企業別データ

無形資産の会計基準変更の実態調査では、Bessieux-Ollier と Walliser が企業別の分析を詳細に行っている。この研究は、CAC40 のうち金融・保険等を除く26社を対象に、2003年、2004年、2005年の3年間の無形資産の変化をアニュアル・レポートに基づきデータを収集したものである。

まず、無形資産が非流動性資産（actif non courant）合計に占める割合のデータをまとめると表6-11のような結果が得られている。

表6-11 非流動性資産に占める無形資産の割合

無形資産割合	2003 企業数	%	2004 CRC	%	2004 IFRS	%	2005 企業数	%
x≧2/3	3	50%	5	46%	4	42%	3	46%
2/3＞x≧2/1	10		7		7		9	
1/2＞x≧1/3	5	50%	6	54%	6	58%	6	54%
x＜1/3	8		8		9		8	
合　計	26	100%	26	100%	26	100%	26	100%

注：＊CRCはフランス基準、CRC99-02を示す。
出典：Bessieux-Walliser [2007] page 230より。

表6-12 対象企業の分類

	会社数	割合	特　徴
第1グループ	10	38%	のれんが無形資産に占める割合が増加
第2グループ	7	27%	無形固定資産が無形資産に占める割合が増加
第3グループ	9	35%	のれんと無形固定資産の区分が安定的
合　計	26	100%	

出典：筆者作成。

　表6-11では無形資産が非流動資産に占める割合が半分以上の企業数は全体の約半数であり、また逆に無形資産が半分未満の企業数も約半数であることが示された。詳細にみると、無形資産が3分の2以上を占める企業数は他の区分に比べ少なかった。そして、会計基準の変更は、企業数において変動は見られなかった。

　次に、のれんと無形固定資産の比率のデータが検討されている。この実証研究では無形資産はのれんと無形固定資産から構成されるとし、アニュアル・レポートの資料から対象企業は三つのグループに分類され、詳細なデータが検証されている。グループ分けとそれぞれの詳細なデータを表6-12～表6-15に示す。

　Bessieux-OllierとWalliserの研究では、のれんの増減に注目し研究が行わ

表6-13　第1グループ　のれんが無形資産に占める割合が増加した企業

企業名		2003	2004 CRC	2004 IFRS	2005
Bouygues	のれん	4%	3%	82%	81%
	無形固定資産	96%	97%	18%	19%
分析：市場シェアおよび営業権をのれんに振替。					
Cap Gemini	のれん	60%	38%	90%	93%
	無形固定資産	40%	62%	10%	7%
分析：市場シェアを取得差額に振替					
Carrefour	のれん	60%	89%	93%	92%
	無形固定資産	10%	11%	7%	8%
分析：店舗の営業権が消滅。これに関する他の情報はなし。					
Danone	のれん	58%	56%	74%	78%
	無形固定資産	42%	44%	26%	22%
分析：営業権をのれんに振替。取得予定企業の少数株主分の買取をのれんに計上。					
L'Oréal	のれん	18%	18%	77%	76%
	無形固定資産	82%	82%	23%	24%
分析：市場シェアの振替。					
Lagardère	のれん	50%	42%	61%	60%
	無形固定資産	50%	58%	39%	40%
分析：無形固定資産の振替。記載はないが、おそらく営業権の振替による。					
PPR	のれん	32%	19%	45%	46%
	無形固定資産	68%	81%	55%	54%
分析：市場シェア、商標、営業権をのれんに振替。1999年より遡及適用。					
Veolia	のれん	61%	66%	81%	81%
	無形固定資産	39%	34%	19%	19%
分析：市場シェア、取得営業権をのれんに振替。延払い費用を消去。					
Vivendi	のれん	60%	67%	80%	76%
	無形固定資産	40%	33%	20%	24%
分析：市場シェア消去。商標の償却およびオフ・バランス無形要素（スポーツ契約権）の計上。					

出典：Bessieux-Ollier et Walliser [2007] page 232 より。

表6-14 第2グループ　無形固定資産が無形資産に占める割合が増加した企業

企業名		2003	2004 CRC	2004 IFRS	2005
Alcatel	のれん	93%	90%	84%	82%
	無形固定資産	7%	10%	16%	18%
分析：開発費の資産化。					
LVMH	のれん	47%	46%	34%	34%
	無形固定資産	53%	54%	66%	66%
分析：商標、営業権、流通ライセンスの振替。Louis Vuitton商標認識。					
Peugeot	のれん	90%	88%	36%	31%
	無形固定資産	10%	12%	64%	69%
分析：1999年からの遡及適用による開発費の資産化。					
Renault	のれん	14%	10%	5%	8%
	無形固定資産	86%	90%	95%	92%
分析：2002年以来開発費を資産計上済み。					
Total	のれん	67%	58%	35%	26%
	無形固定資産	33%	42%	65%	74%
分析：IFRS6の適用により、費用支出を計上。					
Vinci	のれん	12%	19%	13%	12%
	無形固定資産	88%	81%	87%	88%
分析：市場シェアを取得差額に振替、営業権を消去。許認可権を資産計上。					

出典：Bessieux-Ollier et Walliser [2007] page 233より。

れた。調査の結果、IAS/IFRSの適用による影響でのれんが増加した企業の数が最も多く、26社中10社に上った。この原因は、おもに市場シェアをのれんに振り替えたことによる。次に無形固定資産が増加した企業が7社あり、この増加の理由は研究開発費を資産計上したことが主な要因であった。そして、のれんとその他無形固定資産の割合に変化がなかったもので9社であった。これらの企業では、のれんと無形固定資産の増減が複合的に行われ、結果として両者の割合に変化がなかったものである。

のれんの増加には、やはりフランス特有の市場シェアが大きな要因となって

表6-15 第3グループ のれんと無形固定資産の区分が安定的な企業

企業名		2003	2004 CRC	2004 IFRS	2005
Accor	のれん	82%	83%	81%	81%
	無形固定資産	18%	17%	19%	19%
分析:市場シェアを取得差額に振替。設立費の消去。					
Air Liquide	のれん	79%	83%	85%	87%
	無形固定資産	21%	17%	15%	13%
分析:市場シェアを取得差額に振替。					
France Télécome	のれん	61%	62%	64%	64%
	無形固定資産	39%	38%	36%	36%
分析:償却資産である加入者データの市場シェアを振替。					
Michelin	のれん	65%	64%	66%	70%
	無形固定資産	35%	36%	34%	30%
分析:IAS38の影響はなし。開発費は費用計上を継続。					
Saint Gobain	のれん	73%	73%	74%	82%
	無形固定資産	27%	27%	26%	18%
分析:開発費の資産化。営業権ののれんへの振替。設立費の消去。					
Schneider	のれん	93%	83%	83%	82%
	無形固定資産	7%	17%	17%	18%
分析:開発費の資産化。延払費用の消去。					
Thales	のれん	91%	89%	89%	84%
	無形固定資産	9%	11%	11%	16%
分析:IAS38の影響なし。開発費はすでに資産化済み。					
Thomson	のれん	57%	56%	56%	60%
	無形固定資産	43%	44%	44%	40%
分析:市場シェアを償却資産である契約のある顧客との関係に振替え。					

出典:Bessieux-Ollier et Walliser [2007] page 236 より。

いることが明らかになった。市場シェアとのれんの関連は、他国に見られない特異な影響による結果であると考えられる。

Ⅳ 研究開発費の会計処理に関する先行実態調査

1. フランス企業の研究開発費の資産計上状況

　フランス企業が研究開発への支出をどのように会計に反映させているのかについて Ding と Stolowy が研究[334]を行い、2003年に発表した。SBF250[335]（Société des Bourses Françaises）のうち76社の2000年のアニュアル・レポートを基にした調査である。調査企業数は、表6-16、表6-17に示す。

　これらのデータを基に、次の項目について検討した。

- ・研究開発への積極的な方針：研究開発に積極的に取り組んでいる企業は、その努力を外部に伝達しているか。
- ・研究開発費の会計方針：研究開発費を資産計上している企業は、アニュアル・レポートに詳細な情報を提供しているか。

表6-16　調査対象企業数

	企業数
SBF 250	250
－　金融および不動産業	－32
＝　アニュアル・レポート調査企業	218
－　R&D に関する情報がない企業	－125
＝　R&D に関する調査対象企業	93
－　R&D 金額に関する情報がない企業	－17
＝　調査対象企業	76

出典：Ding et Stolowy [2003] page 14 より。

---

[334] Ding et Stolowy [2003].
[335] CAC40 の40社、CAC Next 20 の20社、CAC Mid 60 の60社、CAC Small の25社を含む Euronext Paris に上場している時価総額上位250社のこと。

表6-17 業種別調査対象企業数

業　種	企業数[*1]	企業数[*2]
航空・防衛	4	2
自動車・部品	7	7
消費財（食品、繊維、化粧品/高級品、その他）	15	9
工業（機械・部品、原料、化学）	24	19
エンジニアリング	4	4
ソフトウェア	13	11
情報機器	12	11
薬品・バイオテクノロジー	7	6
サービス（メディア、通信、その他）	7	7
合　計	93	76

注：[*1] アニュアル・レポートにR&Dの記載がある企業。
　　[*2] アニュアル・レポートにR&D計上額の記載がある企業。
出典：Ding et Stolowy [2003] に基づき、筆者作成。

・アングロ・サクソン市場への上場：アングロ・サクソン証券市場へ上場している企業は、フランス証券市場に上場している企業に比べ、研究開発活動についてより伝達しているか。
・産業別要素：革新的産業の企業の方が伝統的産業に比べ、より研究開発の情報を開示しているか。
・企業規模：研究開発の情報開示と企業規模に関連はあるか。

アニュアル・レポートに基づく情報を整理したものを表6-18に示す。

この統計から、全93社が提供している研究開発費の情報数は1社当たりの平均で31の情報数であることが示された。薬品・バイオテクノロジーが71情報で、最も多くの情報を提供していた。次いで、航空・防衛が42情報、さらに自動車産業が41情報であった。それに対し情報数が少なかったのは、消費財産業の17情報、工業の24情報であった。

同じ産業内でありながら企業ごとの情報提供数に大きな差が出たのは航空・

表 6-18 研究開発の情報量に関する産業別統計

産 業	企業数	情報数			
		平均	MAX	MIN	合計
航空・防衛	4	42	94	1	166
自動車・部品	7	41	79	19	289
消費財	15	17	59	3	258
工業	24	24	59	2	567
エンジニアリング	4	34	50	3	137
ソフトウェア	13	32	97	4	418
情報機器	12	33	61	7	394
薬品・バイオテクノロジー	7	71	186	13	495
サービス	7	28	69	5	197
合 計	93	31	186	1	2,918

出典:Ding et Stolowy [2003] page 16 より。

防衛産業で、最も多かったのは Thales の 94 情報であり、最も少なかったのは Sagem で 1 情報だけだった。この結果から同じ産業であっても企業間で差があることが明らかになった。これに対し、企業間で最も差が小さかったのは自動車産業で、最大が Peugeot PSA の 79 情報、最小が Valéo の 19 情報だった。

研究開発の主な Input 情報はインフラ整備および人的資源にかかるものであり、主な Output 情報は開発された製品、実現した研究である。提供された情報の種類では、Output 情報が最も多く 34.8% を占めている。それに会計情報、Input 情報が、それぞれ 32.5% および 21.7% と続いている。情報の提供が少ないものは、将来の支出および財務情報であり、ほとんど情報が提供されていない。

産業によりばらつきがないのが Input 情報であり、産業により情報の提供に大きな差があるのが、Output 情報と会計情報である。ソフトウェア産業は Output 情報が少なく (17.9%)、会計情報が多い (59.3%)。それに対し、薬品・バイオテクノロジー産業は Output 情報が多く (55.8%)、会計情報が少ない

表6-19 研究開発に関する情報の性質（1）

(%)

性質 産業	Input 情報	Output 情報	将来 支出	財務 情報	会計	戦略	合計
航空・防衛	33.7	34.9	0.0	3.6	18.7	9.0	100
自動車・部品	22.1	38.4	0.0	0.0	37.7	1.7	100
消費財	24.0	33.7	0.0	0.4	27.9	14.0	100
工業	24.3	33.3	0.5	0.2	27.7	13.9	100
エンジニアリング	25.4	26.9	0.0	0.0	39.6	8.2	100
ソフトウェア	18.9	17.9	0.2	0.7	59.3	2.9	100
情報機器	15.0	29.2	0.5	0.8	42.1	12.4	100
薬品・バイオテクノロジー	19.2	55.8	0.2	0.8	12.9	11.1	100
サービス	23.4	34.5	0.0	0.0	24.4	17.8	100
平　均	21.7	34.8	0.2	0.6	32.5	10.2	100

注：アニュアル・レポートにR&D情報の記載がある93企業が対象。
出典：Ding et Stolowy [2003] page 18 より。

(12.9%)（表6-19）。

　研究開発への支出の対売上高比率の統計では、薬品・バイオテクノロジー産業が最も多く、サービス産業が最も低い結果となっている。両産業共に企業規模の幅が大きいことも共通する特徴である。企業規模が最も大きいのは航空・防衛産業だが、研究開発の支出額を提供しているのは4社中2社であり、それら2社はいずれも研究開発費を費用処理している（表6-20）。

　アングロ・サクソンの証券市場へ上場している企業は、会計基準に従い産業を問わず研究開発への支出を費用処理している。一方資産計上している企業については、資産計上とその情報量の相関関係は認められない（表6-21）。

　この実証研究の調査結果を両博士は次のように結論づけている。研究開発活動が活発で支出も多い薬品・バイオテクノロジー産業および航空・防衛産業に属する企業は多くの情報を提供しており、消費財、機械産業の企業の情報量は少ないという結果が得られた。研究開発の情報提供は、産業により異なること

表 6-20　研究開発に関する情報の性質 (2)

産業	企業数	R&D 支出の対売上高割合 (%)		
		平均	Max	Min
航空・防衛	2	5.1	5.5	4.6
自動車・部品	7	4.0	6.3	2.5
消費財	9	2.0	4.0	0.5
工業	19	1.9	7.0	0.1
エンジニアリング	4	1.7	3.9	0.4
ソフトウェア	11	7.7	26.9	0.2
情報機器	11	8.1	24.6	3.1
薬品・バイオテクノロジー	6	32.1	138.9	1.2
サービス	7	0.6	1.4	0.02
全産業	合計76	6.2	138.9	0.02

注：太字は筆者による。
出典：Ding et Stolowy [2003] page 19 より。

が明確になった。

　しかし、企業にとっての研究開発活動の量的な大きさは、情報量の多さと相関関係をもつものではないことも明らかになった。例えば、Dassault Aviation や Sagem[336]（共に航空、防衛産業）など企業規模の大きな企業であっても、研究開発費の金額の情報は開示していないことがあげられる。航空・防衛産業は、研究開発に関して特に秘匿性が強い産業であることもその要因となっている。

　そして、薬品・バイオテクノロジー産業は、研究開発についての情報提供が多い結果が得られているが、そのうちアングロ・サクソンの証券市場に上場している企業は会計情報を含め情報の開示が少ないという結果も得られた。

　この 2003 年に発表した研究に続き、Ding、Solowy、および Tenenhaus は、

---

[336] Ding と Stolowy の研究では、Sagem を航空・防衛産業に分類しているが、当該企業は通信機器および自動車部品製造でも大きなシェアを占めている。

表 6-21 研究開発に関する情報の性質 (3)

産業	会計処理(企業数)		証券市場(企業数)		貸借対照表合計額(千ユーロ)		
	費用	資産	USA-UK市場	それ以外	平均	Max	Min
航空・防衛	2	0	2	0	29,376	41,444	17,308
自動車・部品	7	0	4	3	18,295	51,975	631
消費財	6	3	3	6	5,494	17,233	90
工業	16	3	8	11	8,445	31,666	123
エンジニアリング	3	1	3	1	1,130	1,599	839
ソフトウェア	6	5	3	8	355	1,109	24
情報機器	7	4	5	6	6,215	42,978	155
薬品・バイオテクノロジー	5	1	2	4	8,474	42,183	33
サービス	6	1	5	2	52,704	150,737	96
小 計	58	18	35	41			
合 計	76		76				

注:USA あるいは UK の証券市場とは、Londnon Stock Exchange, New York Srock Exchange および Nasdaq を示す。
出典:Ding et Stolowy [2003] page 20 より。

研究開発に関する情報提供について企業の規模による比較、および先端技術産業と伝統的産業の比較の研究[337]を 2004 年に発表した。調査対象企業は、先の研究に用いた 76 企業から Worldscope にデータのない企業 8 社を除いた 68 社とし、それらのアニュアル・レポートに基づき情報を収集したものである。

この 68 社のうち、54 社が研究開発費を費用処理しており、14 社が資産計上している。それら企業が属する産業と上場している証券市場の分類を表 6-22 示す。

この統計から、研究開発費の資産計上について、証券市場の分類では、アン

---

[337] Ding, Stolowy et Tenenhaus [2004].

表6-22 研究開発費の会計処理により区分される企業の特徴

(%)

		費用	資産計上
証券市場の分類	アングロ・アメリカン以外の証券市場	77.8	85.7
	アングロ・アメリカンの証券市場	22.2	14.3
産業の分類	伝統的産業	68.5	35.7
	先端技術産業	31.5	64.3

注:太字は筆者による。
出典:Ding, Stolowy et Tenenhaus [2004] page 90 より。

グロ・アメリカン以外の証券市場で上場している企業が多く、また産業の分類では、先端技術産業に属する企業が多いことが明らかとなったことが指摘されている。

さらに、研究開発費を資産計上している企業を、次の項目について詳細な統計的分析が行われた。

- 研究開発への積極性
- 上場証券市場
- 企業規模
- 所属産業
- ROA
- 負債レベル
- ベータ指数[338]

その結果をまとめると次のとおりである。証券市場と所属産業以外の項目での相関関係では、資産計上と企業規模は関係がなく、研究開発への積極性は負の相関関係であることが明らかになった。これは、企業経営者が研究開発に関

---

[338] この研究では、23カ月から35カ月の連続した期間の終値の変動とローカル指数の経過の関係をベータ変数として用いている。

して秘匿性を有していることを意味する。また、ROA および負債レベルとの関連も認められなかった。

そして、この研究により、研究開発を資産計上している企業は先端産業に属するものが多いこと、その先端産業は高いベータ指数[339]を示したことからより「危険」という結果[340]が得られた（表6-23）。

この連続した二つの研究は、研究開発費に関する情報提供・開示について広く分析したものであり、会計情報のみを基に企業の財務状況の分析を行ったものではなく興味深い。

最初の研究では、フランス企業93社を九つの産業に分類し、研究開発に関する情報の量および内容を分析したものである。93社のうち、研究開発について金額の情報を提供していた企業は76社であった。金額の情報開示がなかった企業のうち、企業規模も大きく研究開発活動も活発である航空・防衛産業の2社が含まれていることは、その産業自体の特異性からも研究開発が有する秘匿性が要因であることが明らかに示されている。

表6-23　相関関係のマトリックス

	積極性	証券市場	企業規模	先端技術	ROA	負債	ベータ
積極性	1						
証券市場	0.016	1					
企業規模	−0.070	0.338	1				
先端技術	0.321	0.048	−0.159	1			
ROA	−0.201	−0.054	−0.015	−0.038	1		
負債	−0.102	−0.023	0.082	−0.005	−0.236	1	
ベータ	0.085	0.231	−0.002	0.581	−0.036	0.189	1

注：太字は筆者による。
出典：Ding, Stolowy et Tenenhaus [2004] page 99 より。

---

[339] 5%以上で相関関係が明白とされるが、ハイテク産業は5.81%という結果が得られた。
[340] Ding, Stolowy et Tenenhaus [2004] page 104.

研究開発活動も活発であり、売上高に対する支出割合も大きい薬品・バイオテクノロジー産業は、7社中6社が金額も開示しているが、そのうち資産計上しているのは1社のみであった。この薬品・バイオテクノロジー産業は、基礎研究にも非常に長い期間を要し、かつ開発段階に進んでも認可が得られるかどうかの不確実性が強調される産業である。ここに研究開発の有する成功の不確実性が会計へ及ぼす影響が明らかになっている。

続く二つ目の研究では、フランス企業を先端技術産業と伝統的産業に分類し、分析したものである。アングロ・アメリカンの証券市場以外で上場している先端技術産業に属する企業に、研究開発費を資産計上している割合が多いことが実証された。しかし、それら企業の研究開発への積極度と資産計上は負の相関関係があり、資産計上している企業は、より「危険（risquée）」という結果を得ている。

資産計上の統計結果は、アメリカの会計基準が研究開発を費用処理としていることも要因となっていると考えられる。また、この研究では企業を先端技術産業と伝統産業に分類したと前提条件が述べられているが、その分類の詳細な規準やそれぞれの調査対象となった企業が不明である。

1970年代にすでに指摘されていた研究開発の特性である秘匿性、不確実性が、この研究においても実証されたことになる。1970年代に比べれば、2000年の方が研究開発活動は活発になり、支出金額も増加し、情報開示の必要性や重要性が高まっている。しかし、研究開発に関しては会計情報を始め、あらゆる情報の開示が飛躍的に増加したとは言い難く、現在でもその秘匿性や不確実性が情報開示に対して阻害要因となっている。また、会計方法の選択は、企業の戦略の一環ともなり、恣意性が排除しえないことも、実証されたと捉えられる。

2. 研究開発費の資産計上と投資情報の関連性

Cazavan-JenyとJeanjeanは、研究開発費の資産計上と株価とリターンの関連を研究し、資産計上が投資情報として有益かどうかを分析した。フランス企業93社の1998年から2000年の3期分の会計情報を基に、三つの実証研究[341]

を発表している（表6-24）。

　調査対象となった企業のWorldscopeのデータベースを基に調査が行われた。フランスは研究開発費を資産計上と費用処理の二つの方法を認めているが、Worldscopeのデータベースは米国式の会計様式であるため、研究開発費を資産計上した場合、無形固定資産に含まれ区分表示がない。一方、費用処理した場合は、研究開発費の項目で表示されている。したがって、調査対象となる企業の選択には、費用処理がWorldscopeのデータベースを用い、資産計上している企業の選択は、Extelのデータベースを用いた。次いでそれらの企業のアニュアル・レポートと照合して確認が行われた。このような方法により全フランス上場企業のうち研究開発費の会計情報を開示している企業を選別し調査が行われた。

　フランスが認めている研究開発費の2種類の会計方法のうち、いずれが適切であるかという研究だった。理論的には研究開発プロジェクトに収益性（rentable）が見込まれる場合は資産計上が望ましいとされるが、現実には収益性が見込まれるにもかかわらず費用処理されていることがある。この研究では収益性のある研究開発費は資産計上する方が投資情報として有益なものと考え、研

表6-24　調査対象企業数

	企業数
フランス上場企業	1,477
－銀行、財務サービスおよび保険業	－33
合　　計	1,404
サンプル企業	93
上場企業に占める割合（％）	6.62%
1998-2000年の調査対象数（93×3）	279
調査実施対象数	247
調査対象数に占める調査実施対象数（％）	83.53%

出典：Cazavan-Jeny et Jeanjean [2003] page 12 より。

---

[341] Cazavan-Jeny et Jeanjean [2003]、[2005] および [2006]。

究開発費の資産計上は株価およびリターンに正の相関関係を有すると仮説をたて、実証が試みられた。

さまざまな項目の統計的分析の結果、先端技術産業は伝統的産業との比較で、次のような特徴が見られた。

・成長の可能性が高い。
・負債が少ない。
・より危険である。
・資本総額が少ない。

さらに先端技術産業の方が、より多く研究開発費を資産計上しているという結果も得られ、先のDingとStolowyの研究結果と一致するものである。

しかしながら、仮説に反し、研究開発費の資産計上は株価およびリターンにネガティヴな関連性があるという結果が得られた。つまり、研究開発費の資産計上は投資家にマイナス信号となることを意味している。これは、アメリカで行われた1998年のAbodyとLevの研究、2004年のCallimaciとLandryの研究の結果に反するものであることが指摘されている。

このような結果について、Cazavan-JenyとJeanjeanは次のような検討を加えている。資産計上がネガティヴな影響を与えるのは、信頼性の欠如によるものである。逆の表現では、信頼性の欠如が資産計上の適切性を阻害しているともいえる。信頼性の欠如は慎重性の原則に通じ、信頼性が欠如しているにもかかわらず資産計上することは、慎重性の原則に反する。

一方、費用処理には資産計上とは全く逆の特徴が表れる。つまり、研究開発が成功する場合においても、統一的に費用処理する場合は、完全に信頼しうるものであり、慎重性の原則に基づくとされる。しかし、費用処理した場合は、市場への情報伝達を果たすものではない。

この実証研究において、研究開発費の資産計上が株価およびリターンに対して負の相関関係にあることが統計的分析から数値で示された。しかし、このような仮説に反する結果となった原因は、数値そのものの信頼性の欠如に起因す

ると推定的結論が導き出されている。

　この信頼性の欠如の発生要因は、研究開発に対する秘匿性であり、また会計方法における戦略性あるいは恣意性であると考えられる。調査が実施された時期はまだ IAS/IFRS が直接適用になっておらず、フランス基準でも資産計上は容認されているが例外規定であった。2004 年のフランス基準の改正で、資産計上は例外規定から優先的規定へと変更され、認識規準も詳細に規定された。会計基準の改正が資産計上に対してどのような影響を与えたかを調査することが必要となる。

　会計方法に選択肢が存在する場合、戦略性や恣意性を完全に排除することは困難である。しかし、研究開発への支出が増加し重要性も増大している現在、戦略性や恣意性を排除するために費用処理に一本化することも適切とは考えられない。

　また、信頼性についても、そこには絶対的な信頼性を確保することはいかなる場合でも困難であり、絶対的な真実を要求することに等しい。したがって、会計情報の信頼性と会計情報の有用性における妥協点を見出すことが必要であると考える。

Ⅴ　IAS/IFRS 適用による研究開発費の会計への影響

1. IAS38 の初度適用による研究開発費の会計への影響

　2005 年からの IAS/IFRS 直接適用により、フランス企業が研究開発費に関して受けた影響についての研究が、Touchais と Lenormand により行われた[342]。フランス会計基準では従来、研究開発費の費用処理と資産計上の二つの会計方法を認めており、基礎研究への支出を除き、一定の規準を満たせば資産に計上することができた。つまり、2005 年までは企業に会計方法の選択が委

---

[342] Touchais et Lenormand [2008].

ねられていた。

　2005年以降、IAS/IFRSの直接適用の導入とともに、フランス基準における研究開発費の規定もIAS38とほぼ同様の内容となった。唯一の差異は、IAS38が認識規準を満たせば資産計上を強制する点であり、フランス基準は資産計上を強制していない。しかし、従来のフランス基準で例外だった資産計上が、改正により優先的方法となり、費用処理が例外となった。

　この適用会計基準の変更の移行準備として、2004年の会計期はIAS/IFRS基準に基づいた計算書類とフランス基準に基づいた計算書類の2種類が各企業において作成された。TouchaisとLenormandの研究は、この極めて特異な年である2004年の計算書類を比較することにより、フランス企業における影響を検証するものであった。

　この研究は、SBF250（Société des Bourses Françaises：フランス証券市場上場企業）の250社のうち118社を調査対象としたものである。企業の選択は表6-25に示す。

　調査対象企業のアニュアル・レポートに基づき調査が行われた。2004年における開発費の会計方法別の分布を示したものが表6-26であり、フランス基準からIAS38への移行の影響を表わすものである。

　フランス基準からIAS38への変更により、開発費を資産計上した企業は20社から67社へと47社増加した。しかし、47社のうち16社は、すでに無形資

表6-25　調査対象企業

SBF 250社	250
2004年12月31日が期末ではない企業	-46
金融業および不動産業	-25
フランス会計基準を適用していない企業	-13
アニュアル・レポートを調査した企業	166
研究開発費の記載がない企業	-48
研究の調査対象とした企業	118

出典：Touchais et Lenormand [2008] page 30 より。

表6-26　開発費の会計方法の変更

2004年	フランス基準	IAS/IFRS基準
費用処理	93　(82%)	31　(43%)
資産計上	20　(12%)	67　(57%)
合　　計	113 (100%)	118 (100%)

出典：Touchais et Lenormand [2008] page 30 より。

表6-27　資産計上額

(1,000ユーロ)

2004年	企業数	平均値	中間値	標準偏差	最小値	最大値
フランス基準						
研究開発費	17	113,240	1,614	409,492	76	1,696,000
研究開発費および自己創設ソフト	23	84,065	1,462	352,809	3	1,696,000
IAS/IFRS基準	57	220,963	4,780	785,838	1	4,404,000

出典：Touchais et Lenormand [2008] page 31 より。

産に計上されていたソフトウェアを開発費に振り替えたものである。フランス基準では、自己創設ソフトウェアはソフトウェアあるいはその他無形固定資産への計上が義務付けられていたため、これらを開発費に振り替えただけである。したがって、この47社の増加という数値は微妙な含みを持つものと捉えられる。

　また、2005年、2006年の継続的な推移では、2005年が5社、2006年が2社増加しただけで、大きな変化は見られない。

　資産計上されている開発費の計上額を両基準に基づき比較すると表6-27に示したとおりとなる。

　研究開発費の資産計上を行っている企業のうち、詳細な計上額を開示しているのは、IAS/IFRS基準では57社であり、その57社のうちフランス基準で研究開発費と自己創設ソフトウェアの合計額を資産計上していた企業が23社、そのうち研究開発費のみを資産計上していた企業が17社であった。資産計上

額を比較すると、フランス基準の平均より、IAS/IFRS 基準適用時の平均の方が増額している。IAS/IFRS の適用により、開発費を資産計上する企業数の増加のみならず、資産計上額も増加していることがわかる。

開発費を資産計上している企業の規模を調べるため、それら企業の時価総額をまとめると表 6-28 のとおりである。

この資料から、フランス基準の適用において研究開発費を資産化している企業は、調査対象企業全体から見ると比較的規模の小さい企業であることが読み取れる。このことは、大企業の方が資産計上することを躊躇していることを示すものでもある。しかし、IAS/IFRS の適用により、資産化している企業の規模は平均的なものになり、企業規模と資産化の特徴的な関連は見られなくなった。

より詳細な分析では、重要度の高い企業ほど株主持分に対する開発費の資産計上額が多いという結果が得られている。これは、大企業ほど研究開発に代表される無形資産に投資していることを示すものでもある。計上額に注目すると、フランス基準でも資産計上していた企業のうち、IAS/IFRS 適用により著しく増加した企業は5社あり、1社がやや減少し、他はあまり変化がみられなかった。

また、フランス会計基準適用時には資産計上していたが、IAS/IFRS では計上規準を満たさなくなったという理由から資産計上を取りやめた企業は、1社のみである。

IAS/IFRS の適用で、開発費の資産計上が強制となったが、大部分の企業は

表 6-28　開発費の資産計上を行っている企業の時価総額

(1,000 ユーロ)

2004 年	企業数	平均値	中間値	平均偏差値
調査対象企業全体	118	5,604,607	478,750	14,097,682
フランス基準適用	23	1,690,250	235,350	3,937,047
IAS/IFRS 基準適用	57	5,583,200	465,065	13,930,082

出典：Touchais et Lenormand [2008] page 31 より。

IAS38 の規準を満たさないとして費用処理しており、その詳細な理由は不明である。理由を明示している企業は 2004 年で 9 社、2005 年は 6 社であり、そのうち 4 社は製薬会社である。開発中の薬剤は臨床実験が開始される前は資産化できないと理由を述べている。

このような分析結果から、Touchais と Lenormand は次のように結論を述べている。IAS38 の開発費の資産化の強制により、資産計上した企業は増加したが、依然費用処理を継続する企業も多い。無形資産の重要性が高まっていると言われている中、約半数の企業しか開発費を資産計上していないのが現状である。資産計上が強制されているにもかかわらず費用処理を継続するのは、計上規準を満たしていないということが理由である。これは IAS38 が完全に適用されていないことを示し、比較可能性を阻害する要因となる。

適用会計基準の変更により、開発費の資産計上を行う企業数、およびその計上額も増加したことは、IAS38 に規定される資産計上の強制による影響である。研究開発活動を行っている企業の大半が費用処理を継続して採用していることは、IAS38 により開発費の資産計上の強制が正しく適用されていないのか、正しく適用されているにもかかわらず計上規準を満たさないからなのかは、依然不明であり推察の域を出ない。各企業が同じ尺度を持ち正しく適用しているのであれば、費用計上する企業が半数以上であれ、それらの計算書類の比較可能性は確保されていることになる。

しかし、多くの研究者は IAS38 が等しく全企業に適用されているわけではないと疑念を抱いている。それは研究開発の持つ成功の不確実性や秘匿性などの特性が潜んでいることによる。

理論的には、開発費を資産計上する方が、企業価値が高まるはずである。にもかかわらず、資産計上しないのは秘匿性が要因となっていると考えられる。また、Cazavan-Jeny と Jeanjean の研究からは、IAS38 適用前の資料ではあるが、資産計上と株価およびリターンはネガティヴな関係という結論を得ている。これも理論的には矛盾する結果であり、企業の戦略性や恣意性が大きく影響していると結論付けられた。

どこまで恣意性が関与しているかは、現在のところ測定する方法は開発され

第6章 研究開発費の先行実態調査　319

ていない。企業が採用した会計方法の継続した適用状況、あるいは附属明細書への情報開示により、企業から発信された会計情報を利用者が分析することが求められることになる。

2. IAS/IFRS 初度適用時の影響に関する企業別事例

　Sellami Mezghanni は、研究開発に関する IAS/IFRS の初度適用時のフランス企業への影響を、企業ごとに詳細に検討する研究[343]を行った。CAC40 の 40 社から金融業、外国規準適用企業[344]および研究開発費の計上がない企業を除き 25 社を選択し、さらに次のような企業を除き 8 社に絞った。

・研究開発費を費用処理しており、IAS/IFRS への移行の影響がなかった企業：12 社
・研究開発費の資産計上規準を満たさないため、費用処理した企業：4 社
・2004 年以前から IAS38 を適用していた企業：1 社（Thales 社）

　調査対象となった 8 社は、Alcatel（情報通信）、Peugeot（自動車）、Renault（自動車）、Sanofi-Aventis（製薬）、Schneider（電気機器）、Thomson（電気機器）、Total（エネルギー）であり、それらの 2004 年のアニュアル・レポートを基に情報を収集したものである。
　各社の詳細なデータは次のように示されている。

・ALCATEL

　IAS38 の遡及適用により Alcatel の、2004 年以前の開発コストの一部が資産化され、期末の貸借対照表に 3 億 1,200 万ユーロ計上された。これは、資本開始残高を 2 億 7,400 万ユーロ増加させる影響を及ぼす（表6-29）。
　IAS38 および IAS36 の適用は、2004 年の純利益を 1,200 万ユーロ増加させ

---

[343] Sellami Mezghanni [2008].
[344] US GAAP を適用している Arcelor, EADS および STMicroelectronics を指す。

表 6-29　2004 年貸借対照表に見られる研究開発費の資産化による兆候

(百万ユーロ)

	01.01.2004　期首	31.12.2004　期末
その他無形固定資産（Net）	312	323
繰延税金資産	−38	−38
株主持分	274	285
純利益	0	12

出典：Sellami Mezghanni [2008] page 47 より。

た。これは、2004 年において資産化した以前の開発費から償却額を除いた 1 億ユーロから、以前に資産化していた開発費の減価である 8,800 万ユーロを差し引いたものである。

・PEUGEOT

IAS38 の適用により 27 億 4,800 万ユーロの研究開発費を資産計上し、これにより株主持分が 23 億 2,500 万ユーロ増加した。無形固定資産（研究開発費）の振替が 4 億 2,300 万ユーロあった。また、関係会社における開発費の資産計上が 600 万ユーロ増加する影響があった。

2004 年の成果計算書では、研究開発費の資産化により連結経常利益を 2 億 5,400 万ユーロ増加させる効果があった。また、関係会社においても 2,000 万ユーロの純利益増加の影響があり、合計で 2 億 7,400 万ユーロの効果があった（表 6-30）。

・RENAULT

2002 年から IAS38 を適用していたことは、研究開発費の資産化に関して無形固定資産を 9 億 7,500 万ユーロ増加させ、繰延税金資産を 3 億 4,100 万ユーロ減少させ、2004 年の持分株主開始残高に 6 億 3,400 万ユーロの影響という効果があった。これは、1 億 9,100 万ユーロの純利益の減少につながるものであった（表 6-31）。

表6-30 2004年成果計算書に見られる株主持分におけるR&D費の資産化の兆候

(百万ユーロ)

	01.01.2004	31.12.2004
株主持分	2,325	2,579
純利益		274

出典：Sellami Mezghanni [2008] page 47 より。

表6-31 2004年貸借対照表に見られる研究開発費の資産化による兆候

(百万ユーロ)

	01.01.2004	31.12.2004
無形固定資産（Net）	975	681
繰延税金資産	−341	−71
資産	634	610
繰延税金負債	—	167
株主持分	634	443
純利益	—	−191

出典：Sellami Mezghanni [2008] page 48 より。

・SANOFI-AVENTIS

　IAS/IFRS移行日において、グループは自己創設および取得による開発コストをIAS38の規準を満たすとし、2,600万ユーロ資産計上した。それに応じて繰延税金に900万ユーロの効果があり、研究開発費の資産化に関して株主持分に1,700万ユーロの影響があった。

　2004年12月31日期末には、自己創設および取得による開発コストは償却後5,200万ユーロである。1,800万ユーロの税効果後、この開発コストの資産化は株主持分期末残高に3,400万ユーロ増加の影響を及ぼした（表6-32）。

　2004年8月20日のSanofi-AventisのIFRSに基づく結合により、フランス基準に基づき費用計上されていたグループの研究開発費をAventisと統一するため資産計上を行った。2004年12月31日では、これらは無形固定資産とし

表6-32 2004年期首期末の貸借対照表に見られる研究開発費の資産化による兆候

(百万ユーロ)

	01.01.2004	31.12.2004
無形固定資産	26	4,715
繰延税金資産	−3	−3
関係会社分	—	289
資産	23	5,001
繰延税金負債	6	−40
株主持分	17	5,041

出典:Sellami Mezghanni [2008] page 48 より。

表6-33 2004年貸借対照表に見られる研究開発費の資産化による兆候

(百万ユーロ)

	自己創設・取得 R&D資産計上	Aventis社の R&D資産計上	Aventis社の R&D減価償却	IAS/IFRSによる影響
無形固定資産	52	4,748	−85	4,715
関係会社分	—	289	—	289
繰延税金資産	−3	—	—	−3
資産合計	49	5,037	−85	5,001
株主持分	34	5,060	−53	5,041
繰延税金負債	15	−23	−32	−40

出典:Sellami Mezghanni [2008] page 48 より。

て47億4,800万ユーロ計上された。これには関係会社の2億8,900万ユーロを含む。また、Aventisの研究開発費の償却額は無形固定資産を8,500万ユーロ減少させた(表6-32、表6-33)。

　自己創設および取得による研究開発費の資産化は純利益に1,800万ユーロ増加の影響を及ぼした。2004年のSanofi-Aventisの企業結合において、研究開発費の資産化は、純利益の53億7,000万ユーロ増加を導いた。Aventis社の研究開発費の減価償却費の検証により、5,300万ユーロが減少した。取得、自己

表 6-34　2004 年成果計算書に見られる研究開発費の資産化による兆候

(百万ユーロ)

	自己創設取得 R&D 資産計上	Aventis 社 R&D 資産計上	Aventis 社 R&D 減価償却	その他 リストラクション	IAS/IFRS による影響
研究開発費	31	5,046		－11	5,066
無形資産 減価償却	－4	—	－14		－18
営業利益	27	5,046	－14	－11	5,048
リストラクション費	—	—	－71	—	－71
経常利益	27	5,046	－85	－11	4,977
税額（費用）	－9	23	32		46
関係会社 純利益持分	—	301	—	—	301
連結純利益	18	5,370	－53	－11	5,321

出典：Sellami Mezghanni〔2008〕page 49 より。

創設の研究開発費、および Aventis 社の研究開発費の資産化が 2004 年 12 月 31 日の利益に及ぼす影響全体は、表 6-34 に示したとおりである。

・SCHNEIDER

Schneider 社は、2004 年から追跡を可能にするシステムを設置し、それによりプロジェクトにかかる開発費を貸借対照表に資産計上することにした。その結果、2004 年以降の新しいプロジェクトの開発にかかるもののみ資産計上された。2004 年 12 月 31 日において、開発コストの資産計上が税引前利益に及ぼした影響は 4,560 万ユーロであった。一方、その他の開発コストは、IAS38 の資産計上規準を満たさないため、費用処理している。この費用は 1 億 9,450 万ユーロで、製品売上に対する費用（製造原価）として振り替えられた。この振替により、棚卸資産の修正が行われた（図 6-5）。

図 6-5　2004 年資産計上と費用処理の影響

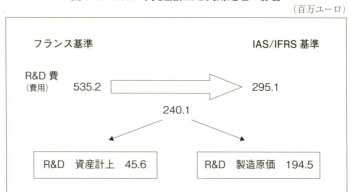

出典：Sellami Mezghanni [2008] page 49 より。

表 6-35　2004 年成果計算書および貸借対照表に見られる R&D 費の資産化の兆候

（百万ユーロ）

	01.01.2004	31.12.2004
無形固定資産	16	30
株主持分	16	30
純利益	—	14

出典：Sellami Mezghanni [2008] page 49 より。

・THOMSON

　IAS38 の遡及適用により、以前支出した開発費の資産計上を行い、無形固定資産が 1,600 万ユーロ（2,200 万ユーロから 600 万ユーロ減価償却を控除した額）が増加し、同時に 1,600 万ユーロ株主持分が 2004 年期首に増加した。

　2004 年 12 月 31 日期末では、2004 年期中の開発コスト 2,900 万ユーロの資産化と以前の会計期の 1,600 万ユーロの資産計上、および減価償却 1,500 万ユーロの計上により、無形固定資産（Net）は 3,000 万ユーロ増額した。これは、2004 年の利益を 1,400 万ユーロ増加させる影響があった（表 6-35）。

・**TOTAL**

　研究開発費の IAS/IFRS 適用による修正は、主に関係会社である Sano-fi-Aventis 社および Cepsa 社勘定に関連するものであった。Sanofi-Aventis 社の IAS/IFRS 適用においては、Aventis 社の研究開発費は会計処理の一致時に資産化された。これにより 7 億 4,600 万ユーロ、純利益が増加した。

　Sallami Mezghanni は、この研究の結論を次のように述べている。IAS/IFRS への移行による研究開発費の資産計上について、CAC40 の 25 社のうち大半の企業が全く影響がないか、顕著な影響がないとした。影響があまりなかったとするこれらの企業は、IAS38 適用に際し、遡及調査が不可能であるか、あるいは IAS38 に規定された資産計上規準を満たさないという理由から、研究開発費の資産計上を行わなかったとしている。他方、遡及調査により過去の研究開発への支出を資産計上し、それについて IAS36 に基づき減価償却を行った企業は、貸借対照表や成果計算書への修正が行われた。

　研究開発費の資産化は、投資家にとって会計情報の適切性を増加させるというメリットを持っている。IAS/IFRS は、収益性のある研究開発プロジェクトの認識をより可能にするはずである。しかし、そこには研究開発プロジェクトの収益性を見極めるという難題が持ち上がり、経営者の選択による影響が発生する。研究開発プロジェクトにより創出される将来の収益は経営者により判定されるのである。これはプロジェクトの新規性や商業的成功の不確実性から非常に難しいことである。

　IAS/IFRS の適用に際して、研究開発活動があまりに戦略的すぎる情報には、慎重であることが必要である。研究開発の秘匿性や著しく高い機密性、そして競争への利用などを考慮しなければならない。

　この Sallami Mezghanni の研究は、IAS/IFRS の移行時に研究開発費の資産計上について資料公開している CAC40 のうち 8 社に限定し、詳細な情報をまとめたものである。CAC40 の 40 社のうち、研究開発の情報があり、かつ資産計上を行っているのはわずか 8 社しかないという結果は非常に驚く。その他の研究開発費に関する記載がアニュアル・レポートに見られる企業でも、大半が依然費用処理を採用していることが明らかになった。これはまた、SBF250 の

うち118社を対象に研究を行ったTouchaisとLenormandの結果とも大きな差が見られるものでもある。後者の研究結果では、IAS/IFRSへの移行により研究開発費の資産計上は、企業数および計上額共に増加したという結果であり、増加の数値も極めて大きいことが検証されている。

このような差異は、やはりCAC40の企業の時価総額が非常に大きいことが一因ではないかと考える。Sellami Mezghanniの研究では、研究開発費の資産計上への修正とそれによる純利益および株主持分への影響を各社ごとにまとめているが、他の資産・負債の増減、それによる純利益や株主持分への影響が不明であり、それらとの関連で研究開発費の資産計上も戦略的に用いられた可能性は否定できない。しかし、そのような戦略的意図の有無は推測の域を出るものではなく、時価総額の大きい大企業が会計基準の変更という大きな局面にあっても、財務内容の安定を目的としていたか否かも調査研究からは明らかではないことを指摘するものである。

3. 企業会計基準委員会(ASBJ)による欧州企業の事例分析調査

企業会計基準委員会（ASBJ）は、IAS38を適用している欧州企業の実際の適用状況を確認するため、欧州企業50社の2007年のアニュアル・レポートを基に実態調査[345]を行った。調査対象は、開発費資産化額を開示するニーズが大きいと考えられた製薬業界、自動車業界を始め、製造業を中心とするものであった。この結果をまとめたものが「社内発生開発費のIFRSのもとにおける開示の実態調査」として、2008年に公表された。

この調査に基づく結果を表6-36に示す。

この結果、大別すると3つのグループに分けることができる。
　I. 社内発生開発費の資産計上をほとんど行わず、費用処理している業界
　　　製薬業界、食品・飲料業界、化学業界

---

[345] ASBJ [2008]。

表6-36 IAS38適用社内開発費の会計処理の業界別企業数

	全額費用処理	資産計上	会計処理不明
製薬	5		1
食品・飲料	6	1	
化学	2	3	
自動車		6	
自動車部品	2	5	
電気		6	
紙・パルプ	1	1	3
その他	2	3	3
合計	18	25	7

出典：ASBJ［2010］2ページより。

II. 各社ともに、相当程度の社内発生開発費を資産計上している業界
   自動車業界
III. 社内発生開発費をすべて費用処理している会社と一部資産計上を行っている会社とが混在し、対応がばらついている業界
   自動車部品業界、電機業界、紙・パルプ業界、その他の業界

開発活動への投資額が大きいと思われる自動車業界と製薬業界では、前者が相当額の資産計上に対し、後者が全額費用処理と相対する結果となっている。さらに詳細なこれら2業界のデータは次のようである。

製薬業界
対象企業：Astra Zeneca（UK）、Glaxo SmithKline（UK）、Merck（独）、Novartis（スイス）、Roche（スイス）、Sanofi-Aventis（仏）
会計処理：Glaxo SmithKline は会計処理不明としているが、他はすべて費用処理していた。

費用処理の理由：新薬認可のプロセスに特有の重大な不確実性を理由として、当局による認可の前に発生した研究開発費を費用として処理している旨を開示していた。

自動車業界
対象企業：BMW（独）、Daimler（独）、Fiat（伊）、Peugeot Citroën（仏）、Renault（仏）、Volkswagen（独）
会計処理：すべての会社が、社内発生開発費の資産計上を行っていた。
資産計上の理由：IAS38の資産化規準を満たすものである。とりわけ、原価が信頼をもって測定可能であること、および技術的な実行可能性が挙げられている（表6-37）。

企業会計基準委員会は、このような結果から、次のような指摘を行った。

・企業により計上の実務に大きなばらつきが生じている。
・計上の実務が業界ごとに分かれる傾向がある。

この調査資料からは、次のような結果を読み取ることができると考える。
これら対象となった企業は欧州の科学技術先進国の複数国の企業であり、国

表6-37　自動車業界における開発費の資産化率

(百万ユーロ)

会社名	研究開発支出額合計		資産化された開発費		資産化率（％）	
	2007年	2006年	2007年	2006年	2007年	2006年
BMW	3,144	3,208	1,333	1,536	42.39	47.88
Daimler	3,534	3,135	1,088	1,006	30.79	32.09
Fiat	1,741	1,558	932	813	53.53	50.88
Peugeot	2,074	2,195	754	882	36.35	40.18
Renault	2,462	2,400	1,287	1,091	52.27	45.46
Volkswagen	4,923	4,240	1,446	1,478	29.37	34.86

出典：ASBJ［2008］10ページより。

による特異性は排除されているものである。しかし、製薬業界と自動車業界という産業による区分では、特徴的な結果を得ることとなった。この点は企業会計基準委員会も産業別に特徴がみられることを指摘している。

　製薬業界は、当局の認可が得られなければ製造に着手できないため、その認可取得の不確実性ゆえ、開発費を費用処理するとしている。

　それに対し、自動車業界は、研究開発費支出合計における開発費の資産計上の割合は、29％から54％の間で分布するという結果が算出された。この数値は、開発費として支出したものに占める割合ではなく、費用処理しなければならない研究費を含む研究開発費に占める割合である。この点に注目すれば、開発費の資産計上割合はかなり高いことを読み取ることができる。

　また、資産計上の範囲をフランスの2社は比較的具体的に注記していたことも明らかになった。Peugeot社は、「プロジェクトへの着手時点（乗用車のスタイルの決定時に該当する）から、試作の開始時点までに発生した乗用車のおよび機械部品に係る開発費は、無形資産として認識される。」とし、Renault社は、「開発業務を開始し、新たな乗用車又は部品用の装置の製造を行うという決定が承認された時点から、その後の大量生産のための設計（デザイン）の承認時点までに発生した開発費は無形資産として資産化される。」と記載している。この2社の資産計上する開発費の範囲を比較すると、ほぼ同じ範囲であり、大きな相違がないことがわかる。業界ごとに、ある一定の線引きや区分が存在する可能性を示唆するものである。

　IAS38を適用する欧州各社が、そのIAS38に示される資産への計上規準を自己で解釈し適用した結果、産業ごとに類似した結果が得られるのであれば、IAS38の計上規準は十分に機能していることと考えられる。同じ産業に属する企業間の会計情報の比較可能性は保たれることになる。また、これは、日本での「計上規準が抽象的であり実務に適さない」という指摘への反対論証となりうるものである。逆に、日本の実業界が求めているような、全産業に適した抽象的ではない具体的な計上規準を設けることの方が困難ではないかと考える。

VI おわりに

　無形資産の計上状況および研究開発費の資産計上の状況の実態調査では、会計基準が国により差異がある場合、その基準により左右されるものであるが、それぞれの基準そのものに国の特徴が表れていると捉えられる。フランスの会計基準では、無形資産の計上を比較的広い範囲で容認しており、実態調査からも無形資産の計上が他国に比べ多いことが示されていた。

　2005年のIAS/IFRS直接適用のため、フランス企業は2004年にフランス基準およびIAS/IFRSに基づく2種類の計算書類を作成した。この例外的な事例に基づき多くの実態調査が行われた。この2基準の比較では、無形資産の計上が減少した企業は極めて少ないことが実態調査から明らかになっている。

　また、フランス企業における開発費の資産計上状況に関しても、実態調査から会計基準の変更による増加傾向を読み取ることができる。さらに、産業別に特徴があることも明らかになった。

　開発費を含む無形固定資産の計上が他国に比べるとフランスで積極的であった理由は、会計基準が計上を容認していたことと共に、フランスの会計処理が支出の機能性に基づくのではなく、本質的な属性に基づくことを挙げることができる。仮に開発費への支出を資産計上ではなく費用処理した場合、それらの支出が「開発費」という勘定科目の費用に集約されず、例えば人件費、光熱費、運送費など各項目に分散され「開発費」として把握することができなくなる。このフランスの会計基準の特徴も開発費の資産計上を考察する上で見落としてはならない点である。

　開発費の資産計上の是非に関して、これらの実態調査に見られるように支出額が大きく、開発活動も長期にわたることから、資産計上規準を満たす場合は資産計上が適切であると考える。計上規準が抽象的であり、資産計上は経営者の主観によるもので恣意性が排除しえないと指摘されているが、資産計上が行われていることから計上規準は機能しており、また資産計上の判断は経営判断とみなすことができるものである。研究開発力が企業力でもあり、その重要性

が広く認識されている現在において、開発費を適切に資産計上することは必要なことであると考えるものである。

終　章

　2部構成の本書は、第2部の無形資産が研究の出発点だった。IAS/IFRSの適用が実務界でも話題になり始めた頃、フランスの国家会計審議会（CNC）が国内会計基準であるPCGをIAS/IFRSにコンバージェンスさせる方針をたて、資産の定義を改正するという記事に大変興味を覚えたのがきっかけだった。また、その頃は無形資産の研究も盛んであり、無形資産の計上に特徴のあったフランス会計は恰好の分析対象だった。そして無形資産の中でも、支出額が多いにもかかわらず会計処理が定かではない研究開発費を研究の中心に据えたのである。

　EU加盟国間において、IAS/IFRSに対する姿勢は一様ではなく、難なく対応する国もあったのに対し、フランスは慎重で長い審議を要した。IAS/IFRSへのコンバージェントという選択が時間を要した主な要因ではあるが、フランスの会計制度が有する特徴も大きな要因ではないかと感じた。審議過程を追うほどに、PCGとIAS/IFRSを比較するほどに、フランス会計の特徴を見ることになった。そこで、フランス会計そのものを研究する必要を覚え、歴史的発展過程の検証を第1部にまとめた。

　フランスにおける大きな商取引の始まりは、13世紀のシャンパーニュ大市と考えてよいだろう。そこでの債権債務の備忘記録が会計への最初の一歩として捉えられる。その頃は時代考証からも、まだローマ数字の時代である。そして教皇庁のあったアヴィニヨンの繁栄から金融都市リヨンへと続いていく。そこには常にトスカーナの銀行家がいた。彼らが持ち込んだ会計がフランス会計の源と考えられる。

　複式簿記の研究では、しばしばルカ・パチョーリのスンマが取り上げられる。そしてヴェネツィアを起点にドイツを経由し、フランドル地方からフランスへと複式簿記が伝播したという研究も多い。確かに複式簿記の解説書の流れはそうであったかもしれないが、フランスの会計はトスカーナ人の実務的な銀行会計がもとであったと考える。

信用取引では公証人が作成する文書が債権債務の証拠書類であったが、取引量の増加によりその作業は追いつかなくなった。そして次に係争時の証拠書類として用いられたのが銀行の帳簿である。この時点で銀行帳簿の証拠能力が確立され、その担保のため厳格な記帳様式が定められた。この点は、会計と法律の関連からも明らかであり、リヨン市手形交換所規則に始まった帳簿の各ページへの略署の要請は、1953年に改正されるまで商法の条文に残っていた。

世界初の成文商法であるフランス商事王令に商人の記帳義務が規定された。会計規定と商法の歴史の始まりである。ここでの記帳義務は、安全な商取引の確立を目的としたものだった。この法整備において、フランスの債権者保護思想の発祥を見ることができる。

直接税導入による税法上の所得計算、および会社法上の配当可能利益計算など会計の役割も拡大したが、それらが散逸的でまとまりのないものにならないように確定決算主義が確立されていった。これらの債権者保護や確定決算主義は現在のフランス会計でも最も重要な特徴である。

そして第2次世界大戦後、フランスの統一的会計基準として、PCGが制定された。幾度かの改正を経て、PCGは会計原則、会計規定、および勘定表を擁する完成された基準となった。またその適用を税法も義務としていることは非常に重要な点である。PCGは私企業のみならず、公的組織および公会計、そして国の会計にも用いられる唯一の国内会計基準として確立した。

そのような発展過程の中で、会計基準の国際的な調和が求められ、EC会社法指令が発令された。それと同時にECへのイギリス加盟があり、フランスは会計原則の修正という大きな課題を抱えることになった。イギリスが要請する「真実かつ公正な概観（a true and fair view）」の原則を、ただ単純に仏訳するのではなく深く意味を吟味し「忠実な概観（une image fidèle）」とした。この改正で使われた«fidèle»や«sincère»という文言は、18世紀の会計解説書で用いられたもので、それ以来受け継がれてきたフランス会計上の重要な表現である。こうして最初のアングロ・サクソン文化への調和は義務を果たすことができたが、次にIAS/IFRSの適用がEUで決議されたのである。

第2部では、研究開発費に焦点をあて、その規定の変遷や影響を分析するこ

とにより、フランス会計の特性を分析した。科学技術の研究開発の重要性が認識され、研究開発活動に対する投資額も年々増加し、企業活動の中でも大きなウェイトを占めるにもかかわらず、その会計処理において重大な差異がみられるのが研究開発費である。IAS/IFRS のアドプションやコンバージェンスが議論される中、研究開発費に関する会計基準も差異解消必要項目として取り上げらた。

　第1部からフランスが成文法の国であり、会計制度は債権者保護および確定決算主義であることが明確になった。これらの特徴は、IAS/IFRS が立脚しているアングロ・サクソン文化に対峙するものである。このような根幹的な差異がフランスの改正作業を困難にする要因である。IAS/IFRS への対応が迅速であった国々は、アングロ・サクソン文化圏や、確定決算主義を採用していない北欧の国々であった。また、世界的にも IAS/IFRS を採用している国は、コモンウェルスの国が多いことからも、文化圏により会計基準の特徴が示されることを表している。さらに、フランスにおける企業の資金調達方法は、従来銀行借入れが中心であったことも、アングロ・サクソン圏との差異として挙げられる。

　資産の定義においても、フランスが歴史的に資産に求めていた財産性と IAS/IFRS が定義する新しい資産の要件の調整に多くの時間を要した。そして、従来の「財産性と所有」と共に、「将来の経済的便益と支配」という新しい資産の要件も PCG に規定することとなった。「将来の経済的便益」については PCG に定義を規定したが、「支配」については理論的に解釈し得なかったため、その定義を PCG に規定することは行わなかった。

　続いて無形固定資産および無形資産について考察を行ったが、ここでも歴史的な展開を検討することにより、会計基準上の発展を明らかにすることができた。PCG 制定当初、無形固定資産は法的権利に限定されており、資産として求められる財産性の要件を満たすものだった。その後、1980年代以降の活発な M&A や連結会計基準の整備に伴い、のれんが無形資産の議論の中心となった。フランスでは比較的無形固定資産の計上を容認しており、とりわけ市場シェアや商標（ブランド）という項目に特徴がみられていた。計算書類に計

上を認めるということは、つまり市場シェアあるいは商標（ブランド）に関して評価方法（算定方法）が確立していた事を示すものであった。それに対し、IAS/IFRS では無形資産に「識別可能性」が求められ、のれんと識別できれば別途無形資産として計上することとしたが、フランスが従来認めていた市場シェアや商標（ブランド）はのれんに含まれると規定された。さらに、自己創設無形資産の計上も大半が禁止された。

無形固定資産および無形資産について、IAS/IFRS は改正前の PCG に比べ計上を制限するものだったが、研究開発の開発コストに関しては認識規準を満たす場合は資産計上しなければならないとし、資産計上に積極性を示すものであった。このような現行の会計規定が整備されるまでの状況を、研究開発費の特性、会計基準の発展、実務上の実態調査を検討し考察を行った。

研究開発のうち開発費については、PCG も IAS/IFRS も原初は費用の繰延としていたが、両者はそれぞれに発展し、PCG 1982 年版では原則費用処理としながら、要件を満たした場合は資産計上を容認すると規定された。この改正以前、1970 年代にフランスでは研究開発費について審議が開始され、研究開発費の特性の分析がすでに行われていた。そこでは、研究開発の成功の「不確実性」が要因となり会計基準確定の困難さが指摘されていた。しかし、同時に研究開発費が他の費用の繰延と同一のものではないことも認識されていた。そして、2004 年、IAS/IFRS へのコンバージェンスで、開発コストが認識規準を満たす場合は資産計上を容認する改正に至ったものである。この改正は、例外的に認めていた資産計上の容認を優先的方法とするものであった。

IAS/IFRS では、6 項目の規準が規定されているが、それらは PCG が従来定めていた「明確な個別化、商業収益獲得の確かな可能性」と同様の内容である。IAS/IFRS においても、成功や将来の経済的便益獲得の「不確実性」が要因となり認識規準を満たさないとして資産計上を行わない場合について、その判断は主観的であり恣意性を排除し得ないとの指摘がなされている。しかし、恣意性の介在を理由に研究開発費を発生時に全額費用処理すべきとすることも、研究開発活動の有する特性に反するものであると考える。研究開発には「不確実性」が伴うが、長期にわたる継続した活動であり、支出の発生のたび

費用処理したのでは、その全体像を見失う危険が生じる。一律に費用計上を強制することは、会計情報の比較可能性を確保するであろうが、会計情報の有益性を失う危険が生ずる。したがって、規準を満たすと判断が下される場合には、資産に計上することが適切な会計処理であると考える。

　IAS/IFRSが直接適用になったEUの企業の実態調査からは、企業ごとに非常にばらつきがあり、会計情報の比較可能性が確保されていないという指摘がなされた。しかし、それらの実態調査を詳細に分析すると、業界ごとにそれぞれ特徴があることが明らかになる。そして、業界内において資産計上の規準が確立されつつあることも読み取れ、資産計上が機能している事を示すものであると解釈できる。また、「恣意性」についても、それを経営判断と理解することにより、会計情報を読み取ることは可能である。このような事由から、開発コストの資産計上は適切な会計処理と考える。

　フランスの会計を歴史上から、またPCGの分析からその特性を考察した。今、IAS/IFRSとの関係から多くの論点が挙げられている。そもそもPCGの目的とIAS/IFRSの目的は異なるものであり、調整は非常に困難である。が、常に統一的であろうとする頑固なフランスの一面もある。IAS/IFRSの規定は抽象的すぎるとか、有用性と信頼性の関係などさまざまな指摘がある。歴史を振り返れば、物事が極端に左右に振れる時がある。しかし、時を経るとまた元に戻ろうと振り子の原理が働く。戻る着地点は出発点と異なるかもしれないが、行き過ぎると戻るものである。近年のIAS/IFRSもこの観点からみると良いのかもしれない。

　クラシックとは何かという議論で、100年残ったらそれは社会現象ではなくクラシックであるということを聞く。そしてクラシックとして残るのは何か普遍性があるからだと言われる。フランス会計も一筋の道を迷わずまっすぐ歩んで発展してきたわけではないだろうが、歴史を顧みたときに現在にも残る普遍性を見出すものである。

　アングロ・サクソン文化との調整で苦労したフランスだが、Brexitによりまた将来のEU域内の会計も変化が起こるかもしれない。インターネット、スマートフォン、AIなどの出現でわずかな期間にがらりと変わったように、予

期できない変革がまた起こるであろう。さまざまな社会状況や経済状況に会計がどのように対応するのか注視しなければならない。

参考文献

欧文文献
法令関係　Législations

ANC [2010] Plan Stratégique 2010-2011.
CE [1978] IVème Directive du Conseil des Communautés Européennes du 25 juillet 1978, Concernant les comptes annuels de certaines formes de sociétés (78/660/CEE).
CE [1983] VIIème Directive du Conseil des Communautés Européennes du 13 juin 1983, Concernant les comptes consolidés (83/349/CEE).
CE [1995] Communication de la Commission COM 95 du 14 novembre 1995, «L'Harmonisation comptable: une nouvelle stratégie au regard de l'harmonisation internationale».
CE [2000] Communication de la Commission au Conseil et au Parlement européen COM 2000 du 13 juin 2000, «Stratégie de l'UE en matière d'information financière: la marche à suivre».
CE [2002] Règlement n°1606/2002 du Parlement Européen et du Conseil du 19 juillet 2002 sur l'application des normes comptables internationales.
CE [2003] Directive 2003/51 CE du Parlement Européen et du Conseil du 18 juin 2003.
Modifiant les directives 78/660/CEE, 83/349/CEE, 86/635/CEE et 91/674/CEE du Conseil sur les comptes annuels et les comptes consolidés de certaines catégories de sociétés, des banques et autres établissements financiers et des entreprises d'assurance.
CNC [1970a] Frais de Recherche et de Développement, Bulletin Trimestriel n°2, avril 1970.
CNC [1970b] Frais de Recherche et de Développement, Bulletin Trimestriel n°3, juillet 1970.
CNC [1971] Frais de Recherche et de Développement, Bulletin Trimestriel n°7, juillet 1971.

CNC [1972] Note d'information n°23 de novembre 1971, Bulletin Trimestriel n°9 annexe, janvier 1972.

CNC [1974] Document n°2 commentant sur la comptabilisation des frais de recherche et de développement, Bulletin Trimestriel annexe, janvier 1974.

CNC [1990] Document n°85, avril 1990.

CNC [1998] Mise en place du Comité de la réglementation comptable, Bulletin Officiel n°118, 1998.

CNC [1999] Définition des actifs, Bulletin Officiel n°119, 1999.

CNC [2001a] Définition des actifs, Bulletin Officiel n°126, 2001.

CNC [2001b] Projet d'avis relative à la définition des actifs, Bulletin Officiel n° 128/129, 2001.

CNC [2002a] Présentation de l'avis relative à la définition des actifs, Bulletin Officiel n°132, 2002.

CNC [2002b] Avis n°2002-B du 9 janvier 2002 du Comité d'urgence relatif au traitement comptable à la redevance due par chaque titulaire d'autorisation d'établissement et d'exploitation d'un réseau de radiocommunications mobiles de troisième génération, www2.budget.gouv.fr

CNC [2004a] Présentation du projet d'avis relative à la définition, la comptabilisation et L'évaluation des actifs, Bulletin Officiel n°138, 2004.

CNC [2004b] Avis n°2004-15 relatif à la définition, la comptabilisation et l'évaluation des actifs, 2004.

CNC [2004c] Note de présentation de l'avis n°2004-15, relatif à la définition, la comptabilisation et l'évaluation des actifs, 2004.

CNC [2005a] Avis n°2005-10 du 20 octobre 2005, afférent à l'actualisation du règlement n°99-02 relatif aux comptes consolidés des sociétés commerciales et entreprises publiques, 2005.

CNC [2005b] Note de présentation, Avis n°2005-10 du 20 octobre 2005, afférent à l'actualisation du règlement n°99-02 relatif aux comptes consolidés des sociétés commerciales et entreprises publiques, 2005.

CRC [1999a] Règlement n°99-02 du 29 avril 1999, relatif aux comptes consolidés des sociétés commerciales et entreprises publiques.

CRC [1999b] Règlement n°99-03 du 29 avril 1999, relatif à la réécriture du Plan Comptable Général.

CRC [1999c] Règlement n°99-09 du 24 novembre 1999, modifiant les dispositions du Plan Comptable Général relative à la mise en oeuvre des changements de méthodes comptables.

CRC [2004] Règlement n°2004-06 du 23 novembre 2004, relative à la définition, la

comptabilisation et l'évaluation des actifs.
CRC [2005a] Règlement n°2005-09 du 3 novembre 2005, portant diverses modifications au règlement n°99-03 du 29 avril 1999 du CRC relative au plan comptable général et à l'article 15-1 du règlement n°2002-10 relatif à l'amortissement et la dépréciation des actifs.
CRC [2005b] Règlement n°2005-10 du 3 novembre 2005, afférent à l'actualisation du règlement n°99-02 relatif aux comptes consolidés des sociétés commerciales et enterprises publiques.
Code [1808] Code de Commerce, 5e édition, 1808.
Code [1981] Code de Commerce 1981-1982, Dalloz, 1981, ISBN 2-247-00297-8.
Code [1984] Code de Commerce 1984-1985, Dalloz, 1984, ISBN 2-247-00550-0.
Code [1999] Code de Commerce 1999, Dalloz, septembre 1998, ISBN 2-247-03085-8.
Code [2011] Code de Commerce 2011, Dalloz, août 2010, ISBN 978-2-24709017-4.
Décret [1967] Décret n°67-236 du 23 mars 1967 sur les sociétés commerciales.
Décret [1983] Décret n°83-1020 du 29 novembre 1983 pris en application de la loi n°83-353 du 30 avril 1983 et relatif aux obligations comptables des commerçants et de certaines sociétés.
Décret [1986] Décret n°86-221 du 17 février 1986 pris en application de la loi n° 85-11 du 3 janvier 1985 relatif aux comptes consolidés de certaines sociétés commerciales et entreprises publiques et portant dispositions diverses relatives à l'établissement des comptes annuels.
Décret-loi [1935] Décret-loi du 8 août 1935 modifiant la loi du 24 juillet 1867 sur les sociétés en ce qui concerne la responsabilité pénale des administrateurs et le choix et les attributions des commissaires.
Décret-loi [1937] Décret-loi du 31 août 1937 modifiant ou complétant diverses dispositions de la loi du 24 juillet 1867 sur les sociétés et de la loi du 13 novembre 1933 réglementant le droit de vote dans les assemblées d'actionnaires.
IFRS [2001] International Accounting Standards Board (2001) *International Financial Reporting Standards*.（日本公認会計士協会国際委員会訳『国際会計基準書』同文舘出版、2001）
IFRS [2005] International Accounting Standards Board (2006) *International Financial Reporting Standards*.（企業会計基準委員会財務会計基準機構日本語訳監修『国際財務報告基準書』雄松堂出版、2005）
IFRS [2009] Code IFRS, Groupe Revue Fiduciaire, 2009.
Loi [1867] Loi du 24 juillet 1867 sur les sociétés.
Loi [1914] Loi du 15 juillet 1914 sur l'impôt sur le revenu.
Loi [1917] Loi du 31 juillet 1917 sur l'impôt cédulaire.

Loi [1966] Loi n°66-537 du 24 juillet 1966 sur les sociétés commerciales.

Loi [1983] Loi n°83-353 du 30 avril 1983 relative à la mise en harmonie des obligations comptable des commerçants et de certaines sociétés avec la IVe directive adoptée par le conseil des communautés européennes le 25 juillet 1978.

Loi [1985] Loi n°85-11 du 3 janvier 1985 relative aux comptes consolidés de certaines sociétés commerciales et entreprises publiques.

Loi [1998] Loi n°98-261 du 6 avril 1998 portant réforme de la réglementation comptable et adaptation du régime de la publicité foncière (1).

Ordonnance [1667] Ordonnance du 2 juin 1667 portant règlement pour le commerce de Lyon et concernant les lettre et billets de change.

Ordonnance [1673] Ordonnance de Louis XIV, Roy de France et de Navarre, pour le Commerce, règlement pour le commerce des négociants et marchands tout en gros qu'en détail, donnée à S. Germain en Laye au mois de Mars 1673.

Ordonnance [2004] Ordonnance n°2004-1382 du 20 décembre portant adaptation de dispositions législatives à la comptabilité des entreprises aux dispositions communautaires dans le domaine de la réglementation comptable.

Ordonnance [2009] Ordonnance n°2009-79 du 22 janvier 2009 créant l'Autorité des normes comptables.

OCDE [1969] Document des travaux, 1er révision sur la Mesure des Activités scientifiques et techniques, OCDE, 1969.

OCDE [1970] Frascati Manual II, OCDE, 1971.

OCDE [1975] La mesure des activités scientifiques et techniques, Manuel de Frascati 1975, édition de l'OCDE, Paris, 1976.

OCDE [1980] La mesure des activités scientifiques et techniques, Manuel de Frascati 1980, édition de l'OCDE, Paris, 1981.

OCDE [1993] La mesure des activités scientifiques et techniques, Manuel de Frascati 1993, édition de l'OCDE, Paris, 1994.

OCDE [2002] La mesure des activites scientifiques et techniques, Manuel de Frascati 2002, édition de l'OCDE, Paris, 2003.

PC [1947] Commission de Normalisation des Comptabilités, Plan comptable 1947, 1947.

PCG [1957] Conseil National de la Comptabilité, Plan comptable général, 1965.

PCG [1982] Conseil National de la Comptabilité, Plan comptable général.

PCG [1986] Conseil National de la Comptabilité, Plan comptable général, 4e édition.

Projet Loi [1996] Projet de loi portant réforme de la réglementation comptable et adaptation du régime de la publicité foncière, Sénat, annexe au procès-verbal de la séance du 15 octobre 1996.

Stile [1657] Le stile de la jurisdiction royale establie dans la ville de Lyon et présentement unie au Consulat pour la conservation des privilèges royaux des Foires.

Edition Francis Lefebvre

Editions F. Lefebvre, Actifs [2005] Actifs, Nouvelles règles comptables et conséquences fiscales, PriceWaterhouseCoopers, Edition Francis Lefebvre, 2005, ISBN 2-85115-623-3.

Editions F. Lefebvre, Conso [1999] Comptes consolidés 1999, règles françaises, comparaison avec les normes IAS, PriceWaterhouseCoopers, Edition Francis Lefebvre, 1999, 2e édition, ISBN 2-85115-432-X.

Editions F. Lefebvre, Conso [2005] Comptes consolidés 2005, règles françaises, PriceWaterhouseCoopers, Edition Francis Lefebvre, 2005, 4e édition, ISBN 2-85115-622-5.

Editions F. Lefebvre, IFRS [2003] IFRS 2005, Divergences France/IFRS, PriceWaterhouseCoopers, Edition Francis Lefebvre, 2004, 1re édition, ISBN 2-85115-499-0.

Editions F. Lefebvre, IFRS [2009] IFRS 2009, PriceWaterhouseCoopers, Edition Francis Lefebvre, 2009, 2e édition, ISBN 2-85115-793-5.

Mémento [1980] Mémento Pratique Francis Lefebvre, Comptable 1980, 2e édition, J. Raffegeau, P. Dufils, Edition Francis Lefebvre, 1979, ISBN 2-85115-024-3.

Mémento [1983] Mémento Pratique Francis Lefebvre, Comptable 1983, 3e édition, J. Raffegeau, P. Dufils, J. Corré et Befec Mulquin & Associés, Edition Francis Lefebvre, 1982, ISBN 2-85115-052-9.

Mémento [1989] Mémento Pratique Francis Lefebvre, Comptable 1989, 8e édition, Befec Mulquin & Associés, Edition Francis Lefebvre, 1988, ISBN 2-85115-122-3.

Mémento [1995] Mémento Pratique Francis Lefebvre, Comptable 1995, Befec Mulquin & Associés, Edition Francis Lefebvre, 1994, ISBN 2-85115-257-2.

Mémento [2000] Mémento Pratique Francis Lefebvre, Comptable 2000, 19e édition, PriceWaterhouseCoopers, Edition Francis Lefebvre, 1999, ISBN 2-85115-419-2.

Mémento [2004] Mémento Pratique Francis Lefebvre, Comptable 2004, 23e édition, PriceWaterhouseCoopers, Edition Francis Lefebvre, 2003, ISBN 2-85115-554-7.

Mémento [2006] Mémento Pratique Francis Lefebvre, Comptable 2006, 25^e

édition, PriceWaterhouseCoopers, Edition Francis Lefebvre, 2005, ISBN 2-85115-624-1.
Mémento [2010] Mémento Pratique Francis Lefebvre, Comptable 2010, 29e édition, PriceWaterhouseCoopers, Edition Francis Lefebvre, 2009, ISBN 2-85115-815-4.

Expert Comptable Média

Expert Comptable Média, PCG 2005 Actifs [2005] Mémento d'Experts, PCG 2005: actifs, amortissements et dépréciations, Expert Comptable Média, 2006, ISBN 2-910413-98-5.
Expert Comptable Média, PCG 2005 Fondamentaux [2005] Mémento d'Experts, PCG 2005: les fondamentaux, Expert Comptable Média, 2005, ISBN 2-910413-90-X.

Revue Fiduciaire

Revue fiduciaire [1977] Le code annoté de la comptabilité, Editions des Publications Fiduciaires, 1977.
Revue fiduciaire [1979] Le code annoté de la comptabilité, Editions des Publications Fiduciaires, 1979.
Revue fiduciaire [1983] Le nouveau code annoté de la comptabilité, Editions des Publications Fiduciaires, 1983, ISBN 2-86521-018-9.
Revue fiduciaire [1984] Dictionnaire de la comptabilité, Editions des Publications Fiduciaires, 1984, ISBN 2-86521-029-4.
Revue fiduciaire [2001] Dictionnaire de la comptabilité 2001, Editions des Publications Fiduciaires, 2000, ISBN 2-86521-519-9.

書籍・論文および記事　ouvrages, thèses, mémoires et articles

Baudet, J. C. [2014] "Histoire des mathématiques", Vuibert 2014, ISBN 978-2-311-01242-2.
Bessieux-Ollier, C. [2006] "Les pratiques d'évaluation et de publication des entreprises françaises, allemandes et américaines: le cas des éléments incorporels", *Comptabilité- Contrôle-Audit*, Tome 12-Volume 2, décembre 2006, pp.167-190.
Bessieux-Ollier, C. et Walliser, E. [2007] "La transition et la première application en France des normes IFRS: le cas des incorporels", *Comptabilité-Con-*

trôle-Audit, numéro thématique, décembre 2007, pp.219-245.
Bessieux-Ollier, C. et Walliser, E. [2010] "Actifs incorporels et comptabilité", *Revue Française de Comptabilité*, n°437, novembre 2010, pp.40-42.
Bernheim, Y. [1998] "A propos de principes comptables, d'harmonisation et d'image(s) fidèle(s)", *Revue Française de Comptabilité*, n°305, novembre 1989, pp.57-62.
Bernheim, Y. [1999] "L'Essentiel des US GAAP — Comptabilité Américaine Comparaison avec les rérérentiels IASC et français", Mazars & Guépard, 1999, ISBN 2-9511255-3-4.
Baudet, J. C. [2014] "Histoire des mathématiques", Vuibert 2014, ISBN 978-2-311-01242-2.
Bornier, P. [1703] "Conférences des Nouvelles Ordonnances de Louis XIV", Tome second, chez associez choisis par ordre de Sa Majesté, pour l'impression de ses nouvelles Ordonnances, 1703, Paris.
Brown, R. [1905] "A History of Accounting and Accountants", Frank Cass & Co. Ltd., 1968, First edition 1905.
Cazavan-Jeny, A. et Jeanjean, T. [2003] "Value Relevance of R&D Reporting: A Signaling Interpretation", ESSEC, juillet 2003.
Cazavan-Jeny, A. et Jeanjean, T. [2005] "Pertinence de l'inscription à l'actif des frais de R&D: une étude empirique", *Comptabilité-Contrôle-Audit*, Tome 11-Volume1, mai 2005, pp.5-21.
Cazavan-Jeny, A. et Jeanjean, T. [2006] "The Negative Impact of R&D Capitalization: A Value Relevance Approach", *European Accounting Review*, Vol.15, No.1, 37-61, 2006.
Chatfield, M. and Vangermeersch, R. [1996] "The History of Accounting", Garland Publishing, Inc. 1996, ISBN 978-0-415-71312-2.
Colasse, B. [2000] "Harmonisation comptable internationale", Bernard Colasse, *Encyclopédie de Comptabilité, Contrôle de Gestion et Audit*, Economica, 2000, ISBN978-2-7178-5670-5.
Colasse, B. [2001] "Comptabilité Générale, PCG 1999 et IAS", Economica, 2001, ISBN 2-7178-4321-3.
Colasse, B. [2005] "Comptabilité Générale, PCG, IAS/IFRS et Enron", Economica, 2005, ISBN 2-7178-5007-4.
Colasse, B. [2012] "Les fondements de la comptabilité", Edition La Découverte, 2012, ISBN 978-2-7071-7310-2.
Colasse, B. et Lesage, C. [2010] "Introduction à la Comptabilité", Economica, 2010, ISBN 978-2-7178-5837-2.

Culmann, H. [1980] "Le Plan comptable révisé de 1979, comptabilité générale", Presses universitaires de France, 1980.

Degos, J.-G. [1998] "Histoire de la comptabilité", Presses Universitaires de France, 1998, ISBN 978-2-7496-0118-2.

Delaporte, J.-B. F. [1808] "Commentaires sur le Code de Commerce", Demonville, 1808, Paris.

Delesalle, E. [2002] "La définition des actifs, un exposé-sondage du CNC", *Revue Française de Comptabilité*, décembre 2002.

Delesalle, E. [2004a] "CNC: Le projet d'avis sur la définition, la comptabilisation et l'évaluation des actifs", *Revue Française de Comptabilité*, mai 2004.

Delesalle, E. [2004b] "L'avis du CNC sur les actifs", *Revue Française de Comptabilité*, juillet-août 2004.

Delplanque, C. [2006] "Le Code de commerce 1807 par Catherine Delplanque", www.afhj.fr, 2006.

Ding, Y. et Stolowy, H. [2003] "Les facteurs déterminants de la stratégie des groupes français en matière de communication sur les activités de R&D", *Finance Contrôle Stratégie*, Vol.6, No.1, pp.6-29, décembre 2004.

Ding, Y., Stolowy, H. et Tenenhaus, M. [2004] "Les déterminants de la stratégie de «capitalisation» des frais de recherche et développement en France", *Finance Contrôle Stratégie*, Vol.7, No.4, pp.87-106, décembre 2004.

Ernst & Young [2005] Ernst & Young, "Passage aux IFRS, Les pratiques des grands groupes européens", CPC, 2005, ISBN 2-910688-06-2.

Ernst & Young [2006] Ernst & Young, "Première application des IFRS, Les pratiques des grands groupes européens", CPC, 2006, ISBN 2-910688-07-0.

Ernst & Young [2007] Ernst & Young, "IFRS, Les pratiques des grands groupes européens", CPC, 2007, ISBN 978-2-910688-25-7.

Engel, F. et Eletz, F. [2007] "Comptabilité Générale", Ecole des mines de Paris, 2007, ISBN 978-2-91-176284-3.

Fabre, K. et Farjaudon, A.-L. [2005] "Ecart d'acquisition et Normes IAS/IFRS, une étude empirique des pratiques des entreprises françaises", 2005, http.//basepub.dauphine.fr

Fabre, K. et Farjaudon, A.-L. [2007] "Actifs Incorporels: IFRS et CAC40", *Revue Française de Comptabilité*, décembre 2007.

Garnier, P. [1984] "Comptabilité commerciale, comptabilité générale — Plan comptable général révisé 1982 (et décret du 29.11.83)", Dunot, 1984, ISBN 2-04-015632-1.

Haulotte, R. et Stevelinck, E. [1975] "Luca Pacioli, La première traduction en

français du premier traité de comptabilité, Intégré dans la Summa de Arithmetica, Geomeria Proportioni et Proportionalita", Pragnos, 1975.
Hermet, G. et Jolibert, A. [1995] "La Part de Marché, concept, déterminants et utilisation", Economica, 1995, ISBN 2-7178-2745-5.
Hoarau, C. [2003] "Place et rôle de la normalisation comptable en France", *Revue française de gestion*, 2003/6, n°147.
Irson, C. [1678] "Méthode pour bien dresser toutes sortes de comptes à parties doubles, par débit et crédit, et par recette, dépense, et reprise", Paris, 1678.
Jouanique, P. [1995] "Luca Pacioli, Traité des Comptes et des Ecritures, Ouverture vers la Comptabilité Moderne", Edition Comptables Malesherbes, 1995, ISBN 2-910413-10-1.
Julian, J.-J. [2005] "Actifs incorporels et Parts de marché lors de la transition IFRS", *Revue Française de Comptabilité*, septembre 2005, pp.56-60.
Klee, L. [2009] "Image fidèle et représentation de l'entreprise", Bernard Colasse, *Encyclopédie de Comptabilité, Contrôle de Gestion et Audit*, Economica, 2009.
La Porte(de), M. [1769] "La science des Négocians et Teneurs de Livres, ou Instruction Générale pour tout ce qui se pratique dans les Comptoirs des Négocians, tant pour les affaires de Banque, que pour les Marchandises, et chez les Financiers pour les Comptes", chez les libraires associés, 1769, Paris.
Lauzainghein(de), C., Navarro, J.-L. et Nechelis, D. [2004] "Droit comptable", 2004, ISBN 2-24-704122-1.
Lebrun, B. [2004] "La Comptabilisation d'une immobilisation incorporelle suivant la norme IAS38", *Revue Française de Comptabilité*, juin 2004.
Lemarchand, Y. and Parker, R. H. [1996] "Accounting in France", Garland Publishing, Inc., 1996, ISBN 978-0-415-71560-7.
Lo Russo, R. [2010] "Droit Comptable Européen", Larcier, 2010, ISBN 978-2-8044-3812-8.
Massé, M. G. [1846] "Le Droit Commercial dans ses rapports avec le Droit des Gens et le Droit Civil", Guillaumin et Cie, Libraires, Paris, 1846.
Melis, F. [1962] "Aspetti della vita economica medievale (studi nell'archivio Datini di Prato)", Casa Editrice Leo S. Olschki, Siena, 1962.
Melis, F. [1972] "Documenti per la Storia Economica dei Secoli XIII-XVI", Instituto Internationale di Storia Economica «F. Datini» Prato, L. S. Olscheki, Firenze, 1972.
Merlin, M. [1808] "Répertoire universel et raisonné de jurisprudence", Troisième édition, Tome septième, Chez Carnery, Paris, 1808.
Nouveau Commentaire [1761] Conseiller au Présidial d'Orléans "Nouveau Com-

mentaire sur l'Ordonnance du Commerce du mois de Mars 1673", chez Debure l'aîné, 1761, Paris.

Pacioli, L. [1523] "Summa de Arithmetica, Geometria, Propotioni et Proportionalita", Paganino, 1523, nuova impresa in Toscolano.

Peragallo, E. [1938] "Origin and Evolution of Double Entry Bookkeeping — A Study of Italian Practice from the Fourteenth Century", American Institute Publishing Company, New York, 1938.

Pérochon, C. [1979] "Le Nouveau Plan Comptable Général —projet- Guide d'Application", Foucher, 1979.

Pérochon, C. [1983] "Présentation du Plan Comptable Français, PCG82", Foucher, 1983, ISBN 2-216-00162-7.

Pin, A. [1993] "The Contribution of Luca Pacioli to the Development of Business Accounting", *Economic Notes by Monte Dei Paschi di Siena*, Volume 22, Number 2, pages 161-177, 1993.

Pirolli, R. [1978] "La révision du plan comptable général", *Revue Française de Comptabilité*, mai-juin, 1978 n°83.

Raffegeau, J., Dufils, P. et Corré, J. [1980] "Plan Comptable Générale Révisé", Francis Lefebvre, 1980.

Richard, E. "Ordonnance de 1673 présentée par Edouard Richard", http.//partage.univ-rennes1.fr

Richard, E. [2005] "Droit des affaires, questions actuelles et perspectives historiques", Presses Universitaires de Rennes, 2005, ISBN 2-7535-0012-6.

Roover(de), R. [1948] "Money, Banking and Credit in Medieval Bruges-Italian Merchant Bankers, Lombards and Money Changers-A Study in the Origins of Banking", first edition 1948, ISBN 9781443776092.

Roover(de), R. [1953] "L'Evolution de la Lettre de Change XIVe-XVIIIe siècles", Librairie Armand Colin, 1953.

Roover(de), R. [1966] "The rise and decline of the Medici Bank 1397-1494", W. W. Norton & Company, Inc., 1966.

Roover(de), R. [1974] "Business, Banking, and Economic Thought in Late Medieval and Early Modern Europe, Selected Studies of Raymond de Roover", The University of Chicago Press, Ltd., 1974.

Ropert, O. [2009] "La Recherche et le Développement dans les Sociétés du Secteur de l'équipement Automobile", *Revue Française de Comptabilité*, avril 2009.

Roy, T. [2005] "La Convergence PCG/IAS: Jusqu'où", *Revue Française de Comptabilité*, juin 2005.

Sangster, A., Stoner, G. N. and McCarthy, P. [2008] "The Market for Luca Pacioli's Summa Arithmetica", *Accounting Historians Journal*, Vol.35, No.1, pages 111-134, June 2008.

Savary, J. [1675] "Le Parfait Négociant ou Instruction Générale pour ce qui regarde le Commerce de toute sorte de Marchandises tant que France, que des Pays Etrangers", 1675.

Savary, J. [1753] "Le Parfait Négociant V2: ou Instruction Générale pour ce qui regarde le Commerce des Marchandises de France et des Pays Etrangers", chez la Veuve Estienne, 1741, Paris.

Savary des Bruslons, J. [1741] "Dictionnaire universel de Commerce", 1753.

Scheid, J.-C. [2006] "La définition d'un actif", *Revue Française de Comptabilité*, novembre 2006.

Scheid, J.-C. [2010] "Une nouvelle définition de l'actif comptable", *Revue Française de Comptabilité*, mars 2006, p.5.

Sellami Mezghanni, B. [2008] "Pratique des entreprises françaises en matière de traitement comptable des frais de R&D suite à la transition aux normes IAS/IFRS: Cas du CAC 40", *Revue Française de Comptabilité*, octobre 2009, pp.44-50.

Sigler, L. E. [2002] "Finabocci's Liber Abaci — Leonardo Pisano's Book of Calculation", Springer 2002, ISBN 0-387-40737-5.

Stolowy, H., Haller, A. et Klockhaus, V. [2000] "La comptabilisation des marques en France, en Allemagne et selon les règles de l'IASC", 6ème version, HEC, octobre 2000.

Stolowy, H., Lebas, M. J. et Langlois, G. [2006] "Comptabilité et Analyse financières, une perspective globale", Edition De Boeck Université, 2006, ISBN 13-978-2-9041-5012-9.

Touchais, L. et Lenormand, G. [2008] "L'impact de l'IAS 38 sur le traitement des frais de développement; le cas des groupes français", *Revue Française de Comptabilité*, avril 2008.

Touchelay, B. [2011] "L'Éat et l'entreprise, une histoire de la normalisation comptable et fiscale à la française", Presses Universitaires de Rennes, 2011, ISBN 978-2-7535-1357-0.

Viandier, A. [1984] "Droit Comptable", Dalloz, 1984, ISBN 2-247-00537-3.

Viandier, A. et de Lauzainghein, C. [1993] "Droit Comptable", Dalloz, 1993, ISBN 2-247-01563-8.

Villain-Gandossi, C. [1969] "Comptes du Sel (Libro di ragione e conto di salle) de Francesco di Marco Datini pour sa compagnie d'Avignon 1376-1379", Biblio-

thèque Nationale, Paris, 1969.
Vlaemminck, J. H. [1979] "Histoire et Doctrines de la Comptabilité", Edition Pragnos, 1979, ISBN 2.901.382.
Walliser, E. [2001] "La mesure comptable des Marques", Vuibert, 2001, ISBN 2-7117-7957-2.
Yamey, B. S. [2004] "Pacioli's *De Scripituris* in the Context of the Spread of Double Entry Bookkeeping", De Computis, Revusta Española de Historia de la Contabilidad, Diciembre 2004, No.1, pp.142-154.
Zemzem, A. [2007] "Le Choix de comptabilisation des dépenses de recherche et développement en France: Détermination et Pertinence", Thèse de doctorat de l'Universitéde Nice Sophia Antipolis, novembre 2007.

和文文献

ASBJ [2008] 企業会計基準委員会、「社内発生開発費の IFRS のもとにおける開示の実態調査」、財務会計基準機構、2008 年。
ASBJ [2010] 企業会計基準委員会、「第 198 回企業会計基準委員会審議事項 (5)-3『検討論点：社内開発費の資産計上について』」、財務会計基準機構、2010 年。
泉谷勝美 [1997]『スンマへの径』森山書店、1997 年。
井戸一元 [1997]「ドイツの財務報告と国際会計基準の国内化」『豊橋創造大学紀要』、第 1 号、55-66 ページ、1997 年。
伊藤邦雄 [2000]『コーポレートブランド経営』日本経済新聞社、2000 年。
伊藤邦雄 [2001]「無形資産会計の現状と展望」『企業会計』2001 Vol.53, No.1、2001 年。
伊藤邦雄 [2004]「無形資産会計の論点」『會計』第 165 巻第 5 号、2004 年。
伊藤邦雄編著 [2006]『無形資産の会計』中央経済社、2006 年。
岩井高士 [2008]「製薬産業の研究開発資産と付加価値―連結財務データによる産業間比較―」『政策研ニュース』No.26、2008 年。
大下勇二 [1998]『フランス財務報告制度の展開』多賀出版、1998 年。
大下勇二 [2001a]「フランス会計の国際化対応」『會計』第 160 巻第 6 号、2001 年。
大下勇二 [2001b]「フランス連結会計基準の国際的調和 (7)―会計処理のオプション (1)―」、『経営志林』第 38 巻第 1 号、2001 年。
大下勇二 [2002]「フランス連結会計基準の国際的調和 (9)―会計処理のオプション (3)―」、『経営志林』第 39 巻第 3 号、2002 年。
加賀谷哲之 [2006]「第 8 章 無形資産の評価研究の視点と課題」(伊藤邦雄編著『無形資産の会計』中央経済社)、2006 年。

片岡泰彦［1998］『イタリア簿記史論』森山書店、1988 年。
片岡泰彦［2012］「第 1 章　複式簿記の生成・発展と『パチョーリ簿記論』への展開」（体系現代会計学第 8 巻『会計と会計学の歴史』中央経済社）2012 年。
木内佳市、中村宣一朗共訳［1962］『標準會計制度―プラン・コンタブル・ジェネラル』フランス国家会計委員会編、ミネルヴァ書房、1962 年。
岸悦三［1975］『会計生成史』同文舘出版、1975 年。
岸悦三訳［2004］『フランス会計基準』同文舘出版、2004 年。
国際会計基準委員会［1978］国際会計基準委員会「国際会計基準第 9 号『研究および開発活動の会計』」『企業会計』、第 30 巻 9 号、中央経済社、1978 年 8 月。
斉藤昭雄［1982］「プラン・コンタブルにおける勘定分類と各勘定の機能（三）―フランス会計制度研究の一齣―」『成城大学經濟研究』76 号、1982 年。
斎藤静樹［2005］「討議資料　財務会計の概念フレームワーク」中央経済社、2005 年。
坂本孝司［2011］「会計制度の解明、ドイツとの比較による日本のグランドデザイン」中央経済社、2011 年。
佐藤誠二［2006］「EU における会計国際化の新たな展開」『會計』第 163 巻第 1 号、2006 年。
辰巳正三［1977］「『基礎研究費および開発費の会計（案)』の解説」『企業会計』24 巻 4、中央経済社、1977 年 4 月。
友岡賛［1985］「『真実且つ公正なる概観』考〈その 1〉」『三田商学研究』28 巻 4 号、1985 年 10 月。
豊田俊一、小林央子［2008］「ASBJ 開発、研究開発費に関する論点整理」『経理情報』No.1175、2008 年 3 月。
日本公認会計士協会［1999］日本公認会計士協会「研究開発費およびソフトウェアの会計処理に関する実務指針」、1999、www.hp.jicpa.or.jp
中島省吾［1977］「『基礎研究費および開発費の会計（案)』解説」『産業經理』37 巻 5、産業經理協会、1977 年 5 月。
中島省吾［1978］「『研究および開発活動の会計』をめぐって」『産業經理』38 巻 10、産業經理協会、1978 年 10 月。
中野誠［2006］「第 11 章　研究開発投資と株式価値の関係性：グローバル研究」（伊藤邦雄編著『無形資産の会計』中央経済社）、2006 年。
中野誠［2008］「研究開発の会計学―研究開発費に関する論点の整理を題材として―」『企業会計』2008　Vol.60, No.6、2008 年。
永田京子［2006］「第 6 章　第 1 節　無形資産と不確実性」（伊藤邦雄編著『無形資産の会計』中央経済社）、2006 年。
中村宣一朗、森川八洲男、野村健太郎、高尾裕二、大下勇二共訳［1984］『フランス企業会計原則―プラン・コンタブル・ジェネラル―』同文舘出版、1984 年。
野村健太郎編著、番場嘉一郎監修［1982］『フランス会計論―プラン・コンタブル

研究—』中央経済社、1982 年。
野村健太郎 [1990]『フランス企業会計』中央経済社、1990 年。
野村健太郎編著 [2005]『プラン・コンタブルの国際比較』中央経済社、2005 年。
橋本寿哉 [2009]『中世イタリア複式簿記生成史』白桃書房、2009 年。
平松一夫、広瀬義州訳 [2002]『FASB 財務会計の諸概念』中央経済社、2002 年。
藤井秀樹 [2005]「フランス会計制度とプラン・コンタブル―会計基準調和化をめぐって」『プラン・コンタブルの国際比較』野村健太郎編著、中央経済社、2005 年。
藤田晶子 [2000]「のれんとブランドの会計」『税経通信』2000.01、2000 年。
藤田晶子 [2001]「のれんとブランド」『會計』第 160 巻第 2 号、2001 年。
藤田晶子 [2004a]「無形資産会計の論点」『税経通信』2004.11、2004 年。
藤田晶子 [2004b]「無形資産会計の史的展開」『経済研究』明治学院大学、2004 年 131 号。
藤田晶子 [2005]「無形資産会計とその研究動向（1）」『経済研究』明治学院大学、2005 年 132 号。
藤田晶子 [2007]「開発費の資産計上と資産・負債アプローチ」『会計基準』No.18、2007 年。
藤田晶子 [2008]「無形資産会計とその将来的課題」『企業会計』Vol.60, No.6、2008 年。
藤田晶子 [2012]『無形資産会計のフレームワーク』中央経済社、2012 年。
三浦伸夫 [2012]「パチョーリの代数学―手稿から刊本へ」『数理解析研究所講究録』第 1787 巻 2012 年。
宮原裕一 [2007]「研究開発費会計基準の制定アプローチに関する一考察―国際的統合への阻害要因分析とアプローチ―」『国士舘大学政経論叢』2007 年第 4 号、2007.12。
宮原裕一 [2009]「研究開発投資に関する実証研究の成果―財務会計上の研究開発費資産計上の妥当性―」『国士舘大学政経論叢』通号 147、2009.3。
宮原裕一 [2010]「研究開発費の会計処理―『無形資産に関する論点の整理』を通じて―」『国士舘大学政経論叢』通号 151、2010.3。
向伊知郎 [2003]「EU における IFRS 全面適用に向けての動向と課題」『會計』第 164 巻第 3 号。
森川八洲男 [1978]『フランス会計発達史論』白桃書房、1978 年。
山口幸五郎編 [1984]『EC 会社法指令』同文舘出版、1984 年。
吉岡正道 [2005]『フランス会計原則の史的展開』2005 年、ISBN 4-8394-2003-3
吉田健太郎 [2008]「『社内発生開発費の IFRS のもとにおける開示の実態調査』について」『会計・監査ジャーナル』No.641、2008 年。
渡辺章博 [2002]「無形資産会計」『企業会計』Vol.154, No.1、2002 年。

資料 1

L'Oréal （2004 年、2005 年アニュアルレポートより）

(1) 連結

(百万 Euro)

	31.12.2004				31.12.2005	
	フランス基準	振替 資産間	振替 資産負債間	IFRS		
固定資産合計	11,533.7	769.6	3,430.7	15,734.0	18,686.0	78.23%
取得差額（のれん）	817.2	2,669.9	26.7	3,513.8	3,837.1	16.06%
無形固定資産	3,739.7	-2,673.2	-1.6	1,064.9	1,201.0	5.03%
有形固定資産	1,943.7	241.3		2,185.0	2,466.0	10.32%
金融資産	5,033.1	-10.6	3,519.9	8,542.4	10,757.1	45.03%
繰延税金資産		542.2	-114.3	427.9	424.8	1.78%
流動資産合計	6,645.4	-769.6	-1,224.6	4,651.2	5,200.1	21.77%
資産合計	18,179.1		2,206.1	20,385.2	23,886.1	100.00%

・営業権（2,564.6）及び市場占有（105.2）は、IAS38 の識別可能性の適用により、取得差額（のれん）に振替られた。

無形固定資産内訳（2004 年）		対総資産	内訳（2005 年）	
商標権（耐用年数無期限）	618.5	3.03%	707.4	2.96%
商標権、プロダクトライン（償却資産）	26.7	0.13%	25.9	0.11%
ライセンス、特許権	346.2	1.70%	331.6	1.39%
その他	73.5	0.36%	136.1	0.57%
合計	1,064.9	5.22%	1,201.0	5.03%

（2004 年減価償却額 219.7）　　　　　　　　　　　　　　　　（減価償却 288）

注記　2004 年（フランス基準、改訂前 PCG）
・無形固定資産は、原価で計上している。取得により識別可能な無形要素は、個々に計上している。主に、商法権、市場占有、営業権を部分再評価法により評価している。
・商標権：取得した商標権に付いては、独立した専門家により、割引現在価値法により評価しており、以下の 2 方法による。
　プレミアム方法：商標がない場合の企業活動による将来のキャッシュフローを見積もる方法
　使用料方法：比較可能な商標の使用料の水準に基づいて、自己の商標の価値を算定する方法

- 市場占有：資産要素や企業タイトルの取得時に、その取得価額のうち市場におけるグループの位置の獲得や強化につながる部分は、市場占有に計上する。それは、取得日における活動及び収益力の指標などの経済データにより評価される。
- 研究開発費：その期の費用に直接計上している。
- 損益計算書より：研究開発費は、2003年 480百万ユーロ、2004年 507百万ユーロ すべて化粧品と皮膚研究の研究費である。

注記　2005年（IFRS基準）

- 無形固定資産は、原価で計上している。取得により識別可能な無形要素は、個々に計上している。主に、商標権、プロダクトライン，処方や特許権など。
取得固定資産は、独立した専門家により評価されている。
- 商標権：商標権については、取得後の使用価値を追随するのが容易である割引現在価値法を用いている。
- 研究開発費：研究段階での支出はその期の費用として会計計上している。
開発段階での支出は、IAS38に挙げられた用件を全て満たす場合、無形固定資産として計上している。
重要な開発計画であるが、商品化が不確実なものは、規準を満たさないものとみなす。

(2) 個別

	31.12.2004		31.12.2005	
固定資産合計	7,395.0	77.68%	7,817.4	77.73%
取得差額（のれん）		0.00%		0.00%
無形固定資産	389.9	4.10%	420.3	4.18%
有形固定資産	226.0	2.37%	232.7	2.31%
金融資産	6,779.1	71.21%	7,164.4	71.24%
繰延税金資産				
流動資産合計	2,125.4	22.32%	2,239.7	22.27%
資産合計	9,520.4	100.00%	10,057.1	100.00%

無形固定資産　内訳	2004		2005	
特許権、商標権	345.2	72.20%	345.3	66.75%
営業権	2.4	0.50%	3.0	0.58%
その他無形固定資産	130.5	27.30%	169.0	32.67%
合計　（取得価額）	478.1	100.00%	517.3	100.00%
償却・減損累計額	88.2		97.0	
合計　（残存価額）	389.9		420.3	

注記（2004年　改訂前 PCG 基準）
・無形資産は、取得価額にて貸借対照表に計上している。
・取得商標権は、その評判や将来の成果への貢献などの複数の評価基準により評価している。
・商標権及び営業権は、償却しない。売上高や収益率の状況により1年ごと判定するものとする。
・特許権は、5年で償却する。
・商標権の登録費用は、10年で償却する。
・高価格のソフトは、5年の定額償却、あるいは12カ月の特別償却による。
・そのほかの無形固定資産は、通常、20年を超えない期間で償却している。
・研究開発費は、その期の費用として計上している。

注記（2005年　改訂後 PCG 基準）
・無形資産は、取得価額にて貸借対照表に計上している。
・取得商標権は、その評判や将来の成果への貢献などの複数の評価基準により評価している。
・資産に関する規則 2004-06 の適用により、予想使用期間に基づき償却している商標を識別可能とみなす。
・商標権の初回登録費用は、以後、費用処理する。
・特許権は、5年で償却する。
・そのほかの無形固定資産は、通常、20年を超えない期間で償却している。
・研究開発費は、その期の費用として計上している。

資料2

Hermès International　（2004年、2005年のアニュアルレポートより）

(1) 連結

（百万ユーロ）

	2004 フランス基準		2005 IFRS 基準	
固定資産合計	575.6	33.12%	776.1	40.99%
のれん（Goodwill）	23.5	1.35%	19.7	1.04%
無形固定資産	32.7	1.88%	29.8	1.57%
有形固定資産	463.2	26.65%	499.5	26.38%
金融資産	36.1	2.08%	129.8	6.85%
その他	20.1	1.16%	97.3	5.14%
流動資産合計	1,162.2	66.88%	1,117.5	59.01%
資産合計	1,737.8	100.00%	1,893.6	100.00%

無形固定資産　内訳	2004		2005	
賃借権	33.3	42.31%	34.5	42.86%
営業権	3.0	3.81%	3.0	3.73%
その他無形固定資産	42.4	53.88%	43.0	53.42%
合計　（取得価額）	78.7	100.00%	80.5	100.00%
償却・減損累計額	46.0		50.7	
合計　（残存価額）	32.7		29.8	

注記（2004年　改訂前 PCG 基準）
・その他無形固定資産は、次のとおりである。
　　ライセンス、特許権、ソフト及び商標権の合計　22.4百万ユーロ
　　その他　20.0百万ユーロ
・設立費は、実際の経済価値及び慎重さを考慮し、取得した期中に全額を償却している。
・営業権と賃借権は、正味価額が予想実際価額を上回る場合、減価の対象とする。
・ソフトは、最長3年間で償却する。
・商標権と特許権は、正味価額が予想実際価額を上回る場合、減価の対象とする。

注記（2005年　IFRS 基準）
・無形固定資産は、IFRS38に基づき、信頼しうる方法により価格を評価でき、かつ将来の経済的便益がグループにもたらされると予想される要素を計上している。
・無形資産は、償却後残存価額にて計上している。主なものは、
　　賃借権
　　特許権、モデル及び自己創設以外の商標権
　　ソフト
賃借権は、使用期間が限定でき、かつ帳簿価額が予想実際価額を上回る場合、価値減少の対象となるものである。
自己創設商標権及びそれに類する要素は、IAS38の適用により、無形固定資産に計上しない。

(2) 個別

(千ユーロ)

	2004年 改訂前基準		2005年 改訂後基準	
固定資産合計	278,967	28.34%	283,050	27.80%
のれん（Goodwill）		0.00%		0.00%
無形固定資産	6,154	0.63%	435	0.04%
有形固定資産	2,154	0.22%	4,622	0.45%
金融資産	270,659	27.50%	277,993	27.31%
その他				
流動資産合計	693,241	70.42%	734,382	72.14%
その他調整勘定	12,160	1.24%	571	0.06%
資産合計	984,368	100.00%	1,018,003	100.00%

無形固定資産　内訳	2004年		2005年	
ライセンス、特許権、商標権	6,238	60.13%		0.00%
営業権	1,057	10.19%	1,057	21.85%
その他無形固定資産	3,080	29.69%	3,780	78.15%
合計　（取得価額）	10,375	100.00%	4,837	100.00%
償却・減損累計額	4,221		4,402	
合計　（残存価額）	6,154		435	

注記（2004年　改訂前PCG）
・買入商標権、及び自己創設商標権にかかる登録費とそれに先行する研究費は、資産化している。
　これらの費用は、商標権の保護期間での償却は行っていない。
　再登録費用は、費用処理している。

注記（2005年　改訂後PCG）
・2005年1月1日から適用となる資産に関する新規則により、2004年12月31日まで資産計上していた内部創設商標権に係る登録費用及び先行する研究費は、費用計上となった。2005年1月1日、当該新規則の遡及適用により、自己資本が5,917千ユーロ減少した。
・無形固定資産の増加は、主に新しいソフトに拠るものである。
・無形固定資産の減少は、新会計規則の適用による資産、登録済商標権の流出である。

資料3

Chanel S. A. S. （2004 年、2005 年決算申告書類より）

個別

(ユーロ)

	2004 年 改訂前基準		2005 年 改訂後基準	
固定資産合計	446,559,918	56.55%	429,485,236	56.90%
のれん（Goodwill）		0.00%		0.00%
無形固定資産	16,551,614	2.10%	19,196,330	2.54%
有形固定資産	75,947,985	9.62%	85,919,739	11.38%
金融資産	354,060,319	44.83%	324,369,167	42.98%
その他				
流動資産合計	342,528,459	43.37%	325,133,304	43.08%
その他調整勘定	623,858	0.08%	162,862	0.02%
資産合計	789,712,235	100.00%	754,781,402	100.00%

無形固定資産　内訳	2004 年		2005 年	
ライセンス、特許権、その他	5,103,862	26.84%	9,982,164	41.86%
営業権	13,499,985	70.99%	13,499,985	56.62%
その他無形固定資産	412,635	2.17%	362,143	1.52%
合計　（取得価額）	19,016,482	100.00%	23,844,292	100.00%
償却・減損累計額	2,464,868		4,647,962	
合計　（残存価額）	16,551,614		19,196,330	

注記（2004 年　改訂前 PCG）
・ライセンス、特許権、類似する権利
　ソフトは、12 カ月の期間で定額法で償却している。
　特許権、その他無形固定資産は、取得にかかる費用を除き、その取得価額で計上している。
　1997 年 1 月 1 日以来、商標権の登録費用は、資産計上している。
　自己創設商標権に係る再登録費用は、資産計上している。
　取得商標権に係る再登録費用は、費用処理している。
・営業権は、非償却。

注記（2005 年　改訂後 PCG）
・2005 年 1 月 1 日より、資産に関する新規則 CRC2004-06 を適用する。
　その適用により、2005 年 1 月 1 日付貸借対照表上、商標権の再登録費用は、0 となり、それにより自己資本が 1,729,068 ユーロ減少する。
・ソフト、特許権及び営業権については、2004 年と同じ。

資料4
LVMH （2004年、2005年のアニュアルレポートより）
（1）連結

(百万 Euro)

	31.12.2004				31.12.2005	
	フランス基準	振替	IFRS			
固定資産合計	10,934	5,898	18,105	70.95%	19,537	69.64%
取得差額（のれん）	3,222	826	4,048	15.86%	4,479	15.97%
商標権その他無形	3,837	4,001	7,838	30.72%	8,530	30.41%
有形固定資産	3,760	781	4,541	17.80%	4,983	17.76%
	115		115	0.45%	579	2.06%
繰延税金資産	5	212	217	0.85%	306	1.09%
その他固定資産	1,268	78	1,346	5.27%	660	
流動資産合計	7,273	-896	6,377	24.99%	8,516	30.36%
現金、現金同等物	1,017	18	1,035	4.06%		
資産合計	19,224	5,020	25,517	100.00%	28,053	100.00%

商標権その他資産	31.12.2004
Fendi	807
Guerlain	441
Céline	281
Loewe	122
Veuve Cliquot	113
Château d'Yquem	108
Krug	100
その他	294
ユーロ建商標権合計	2,266
Tag Heuer	804
Danna Karan NY	380
その他	196
外貨建商標権合計	1,380
賃借権	92
ソフトウエア	44
その他	55
合計	3,837

商標権、流通網（IFRSへの移行 01.01.2004）	
フランス規準	3,902
LVブランド	2,058
のれん、営業権その他への振替	2,179
商標権、販売網償却費	-249
その他	30
IFRS規準	7,920

無形固定資産内訳	31.12.2004		31.12.2005	
商標権（Marque、Brand）	5,494	60.13%	5,846	68.53%
流通網（Enseignes、Trade name）	3,281	35.91%	2,204	25.84%
その他無形固定資産	362	3.96%	480	5.63%
合計	9,137	100.00%	8,530	100.00%

商標権、流通網内訳	31.12.2004		31.12.2005	
ワイン・その他酒	350	4.68%	652	8.10%
衣類・皮革製品	3,603	48.19%	3,654	
香水・化粧品	599	8.01%	606	
時計・宝石	894	11.96%	887	11.02%
販売網	1,983	26.52%	2,204	
その他	47	0.63%	47	0.58%
合計	7,476	100.00%	8,050	19.70%

IFRSへの移行

初度適用

IFRS1に基づき、LVMHは1987年のMoët HennessyとLouis Vuittonの合併に遡及適用する。

これは、同じくIFRS3, IAS38, IAS36に基づくものである。

1987年、Louis VuittonとVeuve Cliquotは、Möet Hennessyの株の発行により合併した。

これは、LVによるMHの買収ではなく、プーリング法によるものだった。従って、当時いかなる資産の再評価も、特に商標権、行われなかった。

MHの株主は合併後の議決権を約60%支配しているので、これはIFRS3の適用によれば、MHによるLVの買収と考えられ、Louis Vuittonの商標権を再評価しうるものである。

商標権及び流通網（ブランド及びトレードネーム）の償却

フランス基準では、商標権は償却していなかった。

IAS38の適用により、無形資産は、使用期間が限定されているものは、その期間で定額法により償却される。使用期間が無期限のものは、非償却だが、年1回の減損テストの減損テストの対象となる。

使用期間が無期限と判断される資産は、以下のような規準を満たしたものである。
—商標権や流通網が、活動ボリューム、国際的存在、名声をその市場において世界的に保有する場合
—長期にわたる収益予想
—経済情勢の不安定さにさらされる度合い
—商標権や流通網の将来性による主な情勢
—商標権や流通網の歴史の古さ

営業権

フランス商法上の営業権及びグループの製品の流通網の取得のための支出である販売権は、フランス会計基準では、取得差額に計上していた。IFRSでは、営業権及び販売権は流通網として無形資産計上する。

2005年　注記より

商標権と販売網
　識別可能で有名な取得商標権と流通網は、取得時の評価額により資産計上する。
　新しい流通網の創設や既存の販売網の開発のための支出は、費用処理する。
　使用期間が限定されている商標権やその他の無形資産は、その期間に応じて償却する。
　使用期間が無限のものは、償却しないが、年1回の減損テストの対象となる。
　使用期間が限定的か無限限かは、一定の基準により判断される。
　商標権の償却期間は5年から40年である。

研究開発費
　研究費は、資産化されない。
　新製品の開発費は、商品化が決定された場合にのみ、資産化する。

その他の無形資産
　償却期間は以下のようである。
　　賃借権、pas de porte：市場状況によるが、往々にして賃借契約期間の1—2倍の期間
　　開発費：最長3年
　　ソフトウェア：1—5年

資料5

Sanofi-Aventis　（2005年アニュアルレポートより）

(1) 連結

（百万 Euro）

	31.12.2004				31.12.2005		
	フランス基準	振替	IFRS				
固定資産合計	64,230	8,687	73,444	85.99%	73,537	84.86%	
取得差額（のれん）	23,475	4,863	28,338	33.18%		0.00%	
無形固定資産	29,600	3,629	33,229	38.91%	60,463	69.77%	*1
有形固定資産	5,886	6	5,892	6.90%	6,184	7.14%	
金融資産	940	30	970	1.14%	6,890	7.95%	*2
繰延税金資産	1,925	159	2,084	2.44%		0.00%	
その他	2,404	527	2,931	3.43%		0.00%	
流動資産合計	12,525		11,963	14.01%	13,121	15.14%	
資産合計	76,755		85,407	100.00%	86,658	100.00%	

・のれんと無形固定資産（主に研究開発費）の増加は、Sanofi社の合併による。
　*1　のれんを含む
　*2　繰延税金資産を含む

注記（2005 年　IFRS 基準）

・研究開発費

　研究費は、IAS38 の将来の経済的便益がもたらされ、かつ信頼のおける方法により評価される場合、無形資産に計上されるという規準をみたさないので、費用とする。

　IAS38 は 6 つの要件をみたせば、開発費を無形資産として計上できるとしているが、薬事開発は、薬事市場に出す認可を得る前では、法的認可や研究開発過程に関する危険や不確実性があるので、そのような要件のみでは無形資産の規準を満たすとはみなされない。

　化学産業開発費は、市場に出す初度の法的許可を得る前の支出を無形固定資産としている。

・特許権は、取得価額で資産計上し、法的保護期間あるいは経済的寿命がそれより短い場合はその期間を使用期間として償却している。

・取得研究開発費

　取得した開発作業は IAS38、25 項の無形資産の認識規準を満たすので、無形資産として計上している。

　市場に出す許可をまだ得ていない薬事に係る権利の第三者からの取得は、資産として計上している。これらの権利は、市場に出す許可の取得日より、使用期間で定額法により償却している。

　技術やデータベースへのアクセスやジェネリックに関する書類を取得するための支出も、同様に資産とする。

　研究開発の契約や下請けへの支出、あるいは独立した研究開発のコラボレーションへの支出は、役務提供を受ける期間、費用処理する。

損益計算書より

・研究開発費

　2004 年の 2,389 百万ユーロ（＊1）から、2005 年は 4,044 百万ユーロ（＊2）に増加した。主に Aventis との合併による。

　　　　・費用／売上高割合　（＊1）2004 年　16.1%、（＊2）2005 年　14.8%

・無形固定資産の減価償却

　2004 年の 1,581 百万ユーロから、2005 年は 4,037 百万ユーロに増加した。

　この増加は、Aventis との合併による。2004 年は Aventis 分の償却が 4 カ月と 10 日分であったが、2005 年は 12 カ月分であることに起因する。

(2) 個別

(百万ユーロ)

	2004年 改訂前基準		2005年 改訂後基準	
固定資産合計	43,795	91.41%	46,278	85.02%
のれん（Goodwill）		0.00%		0.00%
無形固定資産	170	0.35%	36	0.07%
有形固定資産	147	0.31%	173	0.32%
金融資産	43,478	90.75%	46,069	84.64%
その他				
流動資産合計	4,031	8.41%	8,006	14.71%
その他調整勘定	86	0.18%	145	0.27%
資産合計	47,912	100.00%	54,429	100.00%

無形固定資産　内訳	2005	
営業権	32	4.89%
特許権	59	9.02%
商標権	68	10.40%
その他無形固定資産	478	73.09%
仕掛無形固定資産	17	2.60%
合計　（取得価額）	654	100.00%
増減	10	
償却・減損累計額	608	
合計　（残存価額）	36	

注記（2005　改訂前PCG）
・特許権、商標権
　2005年9月1日、Santé Bucco Dentaireの特許権及び商標権をそれぞれ3つずつ、Procter & Gambleへ譲渡した。

損益計算書より

・研究開発費
　2003年920百万ユーロ、2004年941百万ユーロに対し、2005年は1,138百万ユーロである。

資料6

PSA Peugeot Citroën （2004年、2005年アニュアルレポートより）

連結

(百万 Euro)

	31.12.2004 フランス基準	31.12.2004 IFRS		31.12.2005	
固定資産合計	18,313	23,326	35.52%	24,006	34.70%
取得差額（のれん）	1,969	1,870	2.85%	1,752	2.53%
無形固定資産	270	3,354	5.11%	3,964	5.73%
有形固定資産	12,739	14,392	21.92%	14,957	21.62%
金融資産	2,562	3,058	4.66%	2,628	3.80%
繰延税金資産	48	554	0.84%	95	0.14%
その他	725	98	0.15%	610	0.88%
流動資産合計	42,153	42,335	64.48%	45,169	65.30%
資産合計	60,466	65,661	100.00%	69,175	100.00%

無形固定資産　内訳	2004年 フランス規準		2004年 IFRS		2005年	
開発費		0.00%	4,965	81.09%	5,824	82.16%
ソフト　その他	519	76.32%	1,158	18.91%	1,265	17.84%
その他無形固定資産	161	23.68%				
合計　（取得価額）	680	100.00%	6,123	100.00%	7,089	100.00%
償却・減損累計額	410		2,459		3,125	
合計　（残存価額）	270		3,664		3,964	

P/L　研究開発		2004年 IFRS	2005年
研究開発支出額		2,183	2,151
開発費　資産化		－885	－856
開発費償却額		504	594
合計	2,118（費用計上額）	1,802	1,889
		（売上高＊ 54,745)	（売上高＊ 54,887)

＊除財務売上

注記（2004年　改訂前PCG基準）
・製造方法の研究を含む研究開発費は、その期の費用としている。
・内部使用のソフトの開発費、あるいはソフトの製作や著しい改良にかかる外部費用は、資産に計上している。それらは、2004年1月1日より4年から10年の期間で、定額法により償却する。
その他のソフトの開発費及び取得価額は、費用処理している。
その他の無形固定資産（主に特許権と商標権）は、20年を超えない予想使用期間で、定額法により償却する。

フランス基準からIFRS基準への移行および2005年の注記
・研究開発費
IAS38に拠れば、その要件を満たす開発費は、無形固定資産としなければならない。
自動車事業部における、車体、機械部分（モーターやギア）、試作の製造などに係る開発費は、無形固定資産とする。これらの費用は、シリーズの生産の合意が得られた後、車体は5年、機械部分は10年で償却する。資産化される支出には、計画、試作に係る人件費や計画に関わる外部からの請求を含む。全ての協力体制にあるパートナーからの請求も含む。
間接的な費用の支出は除く。特に賃借料、建物の減価償却費、情報システムの利用料など。

資料7

Renault　（2004年、2005年アニュアルレポートより）

連結

（百万 Euro）

	31.12.2004				31.12.2005	
	フランス基準		IFRS			
固定資産合計	24,214	39.73%	25,631	41.49%	29,359	42.92%
のれん				0.00%		0.00%
無形固定資産	1,969	3.23%	2,657	4.30%	2,972	4.34%
有形固定資産	10,595	17.39%	11,597	18.77%	12,691	18.55%
金融資産	769	1.26%	696	1.13%	577	0.84%
繰延税金資産	451	0.74%	565	0.91%	309	0.45%
その他	10,430	17.11%	10,116	16.38%	12,810	18.73%
（うち日産）	*8,259*		*7,929*		*10,477*	
流動資産合計	36,728	60.27%	36,144	58.51%	39,052	57.08%
資産合計	60,942	100.00%	61,775	100.00%	68,411	100.00%

無形固定資産　内訳	2004年　フランス規準		2004年　IFRS		2005年	
のれん	285	11.38%	197	4.55%	247	4.75%
開発費	1,964	78.43%	3,882	89.57%	4,647	89.45%
その他無形固定資産	255	10.18%	255	5.88%	301	5.79%
合計（取得価額）	2,504	100.00%	4,334	100.00%	5,195	100.00%
償却・減損累計額	535		1,677		2,223	
合計（残存価額）	1,969		2,657		2,972	

P/L　研究開発		2004年　IFRS	2005年
研究開発支出額		1,961	2,264
開発費　資産化		−749	−833
開発費償却額		464	603
合計	2,118（費用計上額）	1,676	2,034
		（売上高＊ 38,923）	（売上高＊ 39,978）

＊除財務売上

注記（2004年　改訂前PCG基準）

・研究開発費 Indesign_FILTER

2002年1月1日より、新車体と新機械（エンジン、ギアボックス）の開発と製造を開始する決定とその車体と機械の生産開始までの間の支出は、無形固定資産として計上している。それ以前は、その期の費用として計上していた。

この研究開発費は、生産の決定から7年を最長として、その車体と機械の予想される販売期間で償却される。

開発費の償却期間は、2004年1月1日に変更された。変更により、あるものは短縮され、一方延長されるものもあった。しかし、これはグループにとり大きな影響を及ぼすものではない。

製品開発の明白な決定前の費用は、研究費と同じく、その期の費用として処理する。

製造が始まれば、製造原価を構成する費用となる。

注記（2005年　IFRS基準）

・研究開発費

新車体と新機械（エンジン、ギアボックス）の開発と製造を開始する決定とその車体と機械の生産開始までの間の支出は、無形固定資産として計上している。この費用は、生産の決定から7年を最長として、その車体と機械が販売される期間で定額法により償却される。

製品開発の明白な決定が下される前の費用は、研究費と同じく、その期の費用として処理される。製造開始後は、製造原価を構成する費用となる。

資料 8
花王株式会社　(有価証券報告書より)
(1) 連結

(百万円)

	2004 年 3 月 31 日		2005 年 3 月 31 日	
固定資産合計	399,672	58.01%	855,871	70.12%
有形固定資産	260,233	37.77%	282,796	23.17%
無形固定資産	86,222	12.51%	466,221	38.20%
投資その他の資産	53,217		106,854	
流動資産合計	289,180	41.97%	364,613	29.87%
繰延資産	130	0.02%	77	0.01%
資産合計	688,982	100.00%	1,220,561	100.00%

無形固定資産　内訳	2004 年 3 月 31 日		2005 年 3 月 31 日	
営業権	26,010	30.17%	56,446	12.11%
商標権	44,348	51.44%	156,241	33.51%
連結調整勘定			210,706	45.19%
その他	15,863	18.40%	42,827	9.19%
合計	86,221	100.00%	466,220	100.00%

注記 (2005 年)
・連結の範囲に関する事項
　(株)カネボウ化粧品及びそのグループ会社 17 社については、平成 18 年 1 月 31 日に株式を取得しましたが、決算日が 12 月 31 日であるため連結損益計算書への反映は翌連結年度からとなり、当連結会計年度は取得時の貸借対照表のみ連結している。
・無形固定資産の減価償却の方法
　定額法を採用している。
　　主な耐用年数は以下のとおり。
　　　　営業権…15 年、20 年　　特許権…8 年　　商標権…10 年
　　　　自社利用のソフトウェア…5 年

(2) 個別

(百万円)

	2004年3月31日		2005年3月31日	
固定資産合計	424,574	70.18%	859,649	83.94%
有形固定資産	172,717	28.55%	167,776	16.38%
無形固定資産	52,222	8.63%	190,374	18.59%
投資その他の資産	199,635	33.00%	501,499	48.97%
流動資産合計	180,430	29.82%	164,506	16.06%
		0.00%		0.00%
資産合計	605,004	100.00%	1,024,155	100.00%

無形固定資産 内訳	2004年3月31日		2005年3月31日	
特許権	544	1.04%	21,610	11.35%
借地権	24	0.05%	24	0.01%
商標権	44,285	84.80%	156,183	82.04%
実用新案権			599	0.31%
意匠権			4,602	2.42%
ソフトウェア	5,725	10.96%	5,948	3.12%
その他	1,643	3.15%	1,404	0.74%
合計 (取得価額)	52,221	100.00%	190,370	100.00%

付属明細表より (2005年)
・(株)カネボウ化粧品から取得した特許権… 21,605百万円
・(株)カネボウ化粧品から取得した商標権…121,160百万円

カネボウ株式会社 (有価証券報告書より)

(1) 連結

(百万円)

	2004年3月31日		2005年3月31日	
固定資産合計	115,298	59.03%	32,892	40.12%
有形固定資産	86,340	44.20%	24,201	29.52%
無形固定資産	1,261	0.65%	664	0.81%
投資その他の資産	27,697		8,027	
流動資産合計	80,034	40.97%	49,097	59.88%
資産合計	195,332	100.00%	81,989	100.00%

連結損益計算書より (2005年)
  特別利益
    コーポレート商標権譲渡益　12,500百万円

(2) 個別

(百万円)

	2004年3月31日		2005年3月31日	
固定資産合計	49,537	41.67%	22,232	29.65%
有形固定資産	14,841	12.48%	15,543	20.73%
無形固定資産	860	0.72%	339	0.45%
投資その他の資産	33,836		6,350	
流動資産合計	69,336	58.33%	52,749	70.35%
資産合計	118,873	100.00%	74,981	100.00%

無形固定資産　内訳	2004年3月31日		2005年3月31日	
借地権	50	5.81%	1	0.29%
商標権	7	0.81%	5	1.47%
ソフトウェア	638	74.19%	314	92.63%
電話加入権	77	8.95%	2	0.59%
その他	88	10.23%	17	5.01%
合計　(取得価額)	860	100.00%	339	100.00%

連結損益計算書より (2005年)
  特別利益
    コーポレート商標権譲渡益　12,500百万円

資料9
資生堂株式会社 （有価証券報告書より）

(1) 連結

（百万円）

	2005年3月31日		2006年3月31日	
固定資産合計	387,174	55.22%	371,237	55.26%
有形固定資産	164,028	23.40%	160,197	23.84%
無形固定資産	55,478	7.91%	49,794	7.41%
投資その他の資産	167,668	23.92%	161,246	24.00%
流動資産合計	313,920	44.78%	300,604	44.74%
繰延資産		0.00%		0.00%
資産合計	701,094	100.00%	671,841	100.00%

無形固定資産　内訳	2005年3月31日		2006年3月31日	
営業権	23,370	42.12%	21,471	43.12%
連結調整勘定	2,412	4.35%	2,270	4.56%
その他	29,696	53.53%	26,053	52.32%
合計　（取得価額）	55,478	100.00%	49,794	100.00%

(2) 個別

（百万円）

	2005年3月31日		2006年3月31日	
固定資産合計	344,643	63.79%	362,068	67.45%
有形固定資産	94,003	17.40%	87,440	16.29%
無形固定資産	7,520	1.39%	7,398	1.38%
投資その他の資産	243,120	45.00%	267,230	49.78%
流動資産合計	195,624	36.21%	174,765	32.55%
繰延資産		0.00%		0.00%
資産合計	540,267	100.00%	536,833	100.00%

無形固定資産　内訳	2005年3月31日		2006年3月31日	
借地権	90	1.20%	90	1.22%
商標権	80		63	
ソフトウエア	7,216	95.98%	7,111	96.15%
電話加入権	132	1.76%	132	1.78%
合計　（取得価額）	7,518	98.94%	7,396	99.15%

注記より
・無形固定資産の減価償却の方法
　法人税法に規定する定額法
　なお、自社利用のソフトウエアについては、社内における利用可能期間（5年）に基づく定額法

資料10
ソフトバンク株式会社　（有価証券報告書より）
(1) 1999—2002　連結

	1999年3月31日		2000年3月31日		2001年3月31日		2002年3月31日	
固定資産合計	648,554	68.42%	651,411	55.76%	672,517	64.77%	768,472	66.04%
有形固定資産	16,119	1.70%	8,243	0.71%	13,529	1.30%	28,408	2.44%
無形固定資産	479,315	50.56%	131,784	11.28%	11,974	1.15%	31,531	2.71%
投資その他の資産	153,120	16.15%	511,384	43.77%	647,014	62.32%	708,533	60.89%
流動資産合計	299,339	31.58%	516,458	44.21%	365,166	35.17%	394,447	33.90%
繰延資産	74	0.01%	436	0.04%	598	0.06%	757	0.07%
為替換算調整勘定	4,608	0.49%		0.00%				
資産合計	947,967	100.00%	1,168,305	100.00%	1,038,281	100.00%	1,163,676	100.00%

無形固定資産　内訳	1999年3月31日		2000年3月31日		2001年3月31日		2002年3月31日	
営業権	166,894	34.82%	56,664	43.00%	41,680	18.97%	0	0.00%
商標商号権	155,661	32.48%	38,438	29.17%	41,093	18.70%	0	0.00%
広告主名簿	94,537	19.72%	2,514	1.91%	0	0.00%	0	0.00%
連結調整勘定		0.00%	15,940	12.10%	115,079	52.36%	16,190	51.35%
その他	62,221	12.98%	18,225	13.83%	21,920	9.97%	15,341	48.65%
合計　（取得価額）	479,313	100.00%	131,781	100.00%	219,772	100.00%	31,531	100.00%

| 無形固定資産償却費(特損) | | | 119,126 | | 0 | | 19,978 | |

注記
・営業権は5年から40年、広告主名簿は28年から34年、商標商号権は30年から40年で償却
・無形固定資産に表示されている「広告主名簿」（Advertiser List）とは、米国 Ziff-Davis Publishing Company の買収時に評価されたものであり、出版事業における将来の広告収入を生む資産の現在における経済価値を示す。
・「商標商号権」(Tradenames)とは、米国 The Interface Group の展示会部門、米国 Ziff-Davis

Publishing Company 及び Kingston Technology Company の買収時に発生したものであり、それぞれの社名等のブランドとしての経済価値を評価したものである。

(2) 2005/2006 連結

(百万円)

	2005年3月31日		2006年3月31日	
固定資産合計	1,097,231	64.36%	1,062,274	58.74%
有形固定資産	451,717	26.50%	418,605	23.15%
無形固定資産	103,540	6.07%	102,286	5.66%
投資その他の資産	541,974	31.79%	541,383	29.94%
流動資産合計	606,118	35.55%	745,130	41.20%
繰延資産	1,504	0.09%	993	0.05%
資産合計	1,704,853	100.00%	1,808,397	100.00%

無形固定資産　内訳	2005年3月31日		2006年3月31日	
連結調整勘定	48,313	46.66%	44,136	43.15%
その他	55,227	53.34%	58,149	56.85%
合計　(取得価額)	103,540	100.00%	102,285	100.00%

連結損益計算書（アニュアルレポートより）
　研究開発費　3,698百万円
　主にブロードバンドインフラ事業と固定通信事業における研究開発費

(3) 2005/2006 個別

(百万円)

	2005年3月31日		2006年3月31日	
固定資産合計	983,572	89.02%	927,085	78.84%
有形固定資産	725	0.07%	9,643	0.82%
無形固定資産	329	0.03%	385	0.03%
投資その他の資産	982,518	88.92%	917,057	77.99%
流動資産合計	120,474	10.90%	248,297	21.12%
繰延資産	857	0.08%	465	0.04%
資産合計	1,104,903	100.00%	1,175,847	100.00%

無形固定資産　内訳	2005年3月31日		2006年3月31日	
商標権	6	1.82%	117	30.47%
ソフトウエア	268	81.46%	208	54.17%
その他	55	16.72%	59	15.36%
合計　(取得価額)	329	100.00%	384	100.00%

(4) 中間連結財務諸表

	2005年9月30日		2006年9月30日	
固定資産合計	1,068,040	67.64%	3,041,605	76.29%
有形固定資産	457,471	28.97%	973,294	24.41%
無形固定資産	104,630	6.63%	1,370,794	34.38%
投資その他の資産	505,939	32.04%	697,517	17.49%
流動資産合計	509,473	32.27%	942,285	23.63%
繰延資産	1,411	0.09%	3,101	0.08%
資産合計	1,578,924	100.00%	3,986,991	100.00%

無形固定資産　内訳	2005年9月30日		2006年9月30日	
連結調整勘定	46,377	44.32%	0	
のれん			1,152,108	84.05%
ソフトウエア		0.00%	167,015	12.18%
その他	58,253	55.68%	51,671	3.77%
合計（取得価額）	104,630	100.00%	1,370,794	100.00%

資料11
武田薬品工業株式会社　（有価証券報告書より）
(1) 連結

（百万円）

	2005年3月31日		2006年3月31日	
固定資産合計	575,520	22.61%	670,324	22.03%
有形固定資産	220,133	8.65%	215,670	7.09%
無形固定資産	8,092	0.32%	5,330	0.18%
投資その他の資産	347,295	13.64%	449,324	14.77%
流動資産合計	1,969,915	77.39%	2,371,970	77.97%
繰延資産		0.00%		0.00%
資産合計	2,545,435	100.00%	3,042,294	100.00%

無形固定資産　内訳	2005年3月31日		2006年3月31日	
連結調整勘定	3,136	38.76%	1,568	29.42%
その他	4,955	61.24%	3,762	70.58%
合計（取得価額）	8,091	100.00%	5,330	100.00%

アニュアルレポートより
研究開発費

研究開発費は、発生時の費用としている。

2004 年 3 月	141,453 百万円
2005 年 3 月	169,645 百万円
2006 年 3 月	129,652 百万円

トヨタ自動車株式会社 （有価証券報告書より）

連結財務諸表（米国基準）及び個別財務諸表の無形固定資産の計上なし。（百万円単位）
個別損益計算書の注記より、一般管理費及び当期製造費用に含まれている研究開発費は、

2005 年期	657,988 百万円
2006 年期	704,519 百万円

日産自動車株式会社 （有価証券報告書より）
(1) 連結

（百万円）

	2005 年 3 月 31 日		2006 年 3 月 31 日	
固定資産合計	4,708,078	47.80%	5,458,664	47.54%
有形固定資産	3,796,947	38.55%	4,438,808	38.66%
無形固定資産	178,160	1.81%	186,949	1.63%
投資その他の資産	732,971	7.44%	832,907	7.25%
流動資産合計	5,139,394	52.18%	6,022,254	52.45%
繰延資産（社債発行差金）	1,051	0.01%	508	0.00%
資産合計	9,848,523	100.00%	11,481,426	100.00%

無形固定資産　内訳	2005 年 3 月 31 日		2006 年 3 月 31 日	
連結調整勘定	75,469	42.36%	86,719	46.39%
その他	102,691	57.64%	100,230	53.61%
合計　（取得価額）	178,160	100.00%	186,949	100.00%

連結損益計算書注記より
一般管理費及び当期製造費用に含まれる研究開発費

2005 年 3 月期	398,148 百万円
2006 年 3 月期	447,582 百万円

(2) 個別

(百万円)

	2005年3月31日		2006年3月31日	
固定資産合計	2,433,600	61.12%	2,457,922	63.92%
有形固定資産	748,773	18.80%	775,073	20.16%
無形固定資産	45,546	1.14%	49,827	1.30%
投資その他の資産	1,639,281	41.17%	1,633,022	42.47%
流動資産合計	1,545,768	38.82%	1,385,576	36.04%
繰延資産（社債発行差金）	2,544	0.06%	1,543	0.04%
資産合計	3,981,912	100.00%	3,845,041	100.00%

無形固定資産　内訳	2005年3月31日		2006年3月31日	
特許権	4	0.01%	136	0.27%
借地権	773	1.70%	773	1.55%
商標権	31	0.07%	29	0.06%
ソフトウエア	44,575	97.87%	48,727	97.79%
施設利用権	161	0.35%	161	0.32%
合計（取得価額）	45,544	100.00%	49,826	100.00%

損益計算書注記より
　一般管理費及び当期製造費用に含まれる研究開発費
　　2005年3月期　　　354,722百万円
　　2006年3月期　　　383,450百万円

三菱自動車工業株式会社　（有価証券報告書より）

(1) 連結

(百万円)

	2005年3月31日		2006年3月31日	
固定資産合計	767,347	48.28%	715,262	45.92%
有形固定資産	530,903	33.41%	506,007	32.49%
無形固定資産	32,107	2.02%	25,836	1.66%
投資その他の資産	204,337	12.86%	183,419	11.78%
流動資産合計	821,937	51.72%	842,306	54.08%
繰延資産		0.00%		0.00%
資産合計	1,589,284	100.00%	1,557,568	100.00%

連結損益計算書注記より
　販売費及び一般管理費に含まれる研究開発費
　　2005年3月期　　68,775百万円
　　2006年3月期　　60,345百万円

(2) 個別

(百万円)

	2005年3月31日		2006年3月31日	
固定資産合計	478,207	42.57%	456,578	43.70%
有形固定資産	214,475	19.09%	196,832	18.84%
無形固定資産	15,691	1.40%	14,638	1.40%
投資その他の資産	248,041	22.08%	245,108	23.46%
流動資産合計	645,226	57.43%	588,203	56.30%
繰延資産		0.00%		0.00%
資産合計	1,123,433	100.00%	1,044,781	100.00%

無形固定資産　内訳	2005年3月31日		2006年3月31日	
特許権	2,968	18.92%	2,435	16.64%
借地権	873	5.56%	866	5.92%
商標権	11	0.07%	10	0.07%
意匠権	122	0.78%	98	0.67%
ソフトウエア	6,716	42.81%	10,174	69.51%
その他	4,999	31.86%	1,054	7.20%
合計　(取得価額)	15,689	100.00%	14,637	100.00%

損益計算書より
　販売費及び一般管理費に含まれる研究開発費
　　2005年3月期　　43,149百万円
　　2006年3月期　　44,990百万円

【著者略歴】

仁木久惠(にき・ひさえ)

1981年　慶應義塾大学文学部文学科フランス文学専攻卒業
1983年　Université de Paris III（Sorbonne Nouvelle）
1992年　成城大学大学院法学研究科修士課程、法学修士
1994年　ENOES（在パリ会計専門学校）
1997年　パリにてコンサルティング会社設立（T.O.P. Consulting SARL）
2007年　中央大学専門職大学院国際会計研究科、国際会計修士
2013年　愛知工業大学大学院経営情報科学研究科博士後期課程、
　　　　博士（経営情報科学）

フランス会計の展開
複式簿記の生成から現代

2018年4月7日　初版第1刷発行

著　者　仁木久惠
発行者　千倉成示
発行所　株式会社 千倉書房
　　　　〒104-0031　東京都中央区京橋2-4-12
　　　　TEL 03-3273-3931／FAX 03-3273-7668
　　　　http://www.chikura.co.jp/

印刷・製本　三美印刷株式会社
装丁デザイン　冨澤 崇

© NIKI Hisae 2018 Printed in Japan
ISBN 978-4-8051-1133-8　C3034

JCOPY〈(社)出版者著作権管理機構 委託出版物〉

本書のコピー、スキャン、デジタル化など無断複写は著作権法上での例外を除き禁じられています。複写される場合は、そのつど事前に、(社)出版者著作権管理機構（電話 03-3513-6969、FAX 03-3513-6979、e-mail : info@jcopy.or.jp）の許諾を得てください。また、本書を代行業者などの第三者に依頼してスキャンやデジタル化することは、たとえ個人や家庭内での利用であっても一切認められておりません。